普 通 高 等 职 业 教 育 规 划 教 材
21世纪卓越汽车应用型人才培养专用教材

汽车性能检测技术

组　编　华汽教育
主　编　党宝英
副主编　徐　东　高　明
主　审　夏令伟

同济大学出版社
TONGJI UNIVERSITY PRESS

内容提要

本书系统介绍了汽车性能评价指标、检测设备结构原理、检测方法以及检测标准规范等，全书共分8章，主要内容包括汽车性能检测概述、汽车动力性能检测、汽车燃油经济性检测、汽车制动性能检测、汽车转向操纵性能检测、汽车悬架特性和车轮动平衡检测、汽车排气污染物与噪声检测、汽车前照灯和车速表检测。

本书以“必需、够用”为原则选编相关理论内容，并融入较强的实践性，可作为高职高专汽车运用技术、汽车检测与维修技术、汽车技术服务与营销、汽车电子技术等专业教学使用，也可供汽车检测、维修技术人员参考阅读。

图书在版编目(CIP)数据

汽车性能检测技术/党宝英主编. --上海：同济大学出版社，2011.8（2020.1重印）

普通高等职业教育规划教材.21世纪卓越汽车应用型人才培养专用教材

ISBN 978-7-5608-4615-6

Ⅰ.①汽… Ⅱ.①党… Ⅲ.①汽车—性能检测—高等职业教育—教材 Ⅳ.①U472.9

中国版本图书馆CIP数据核字(2011)第138306号

普通高等职业教育规划教材

21世纪卓越汽车应用型人才培养专用教材

汽车性能检测技术

组编 华汽教育 **主编** 党宝英 **副主编** 徐 东 高 明 **主审** 夏令伟

责任编辑 陈佳蔚 **责任校对** 徐春莲 **封面设计** 庞 波 **项目执行** 陈佳蔚 周群飞

出版发行 同济大学出版社(www.tongjipress.com.cn 地址：上海市四平路1239号 邮编200092 电话021-65985622)

经 销 全国各地新华书店

印 刷 常熟市大宏印刷有限公司

开 本 889 mm×1 194 mm 1/16

印 张 12.5

印 数 22901-24000

字 数 400 000

版 次 2011年8月第1版 2020年1月第14次印刷

书 号 ISBN 978-7-5608-4615-6

定 价 27.00元

普 通 高 等 职 业 教 育 规 划 教 材
21世纪卓越汽车应用型人才培养专用教材

专业建设指导委员会

普通高等职业教育规划教材
21世纪卓越汽车应用型人才培养专用教材

编审委员会

序

汽车产业是我国最重要的支柱产业之一,对国民经济的发展起着重要的作用。经过几代人的共同努力,20世纪90年代初,我国的汽车产业进入了前所未有的全面快速发展阶段。2009年,国内汽车产业实现了历史性跨越,以年产、销量均超1 000万辆而居全球之首。

我们国家虽已成为汽车大国,但还远不是汽车强国。我们还没有大型国际化汽车公司,没有世界知名的自主汽车品牌,没有完全掌握汽车工业的核心技术,对国外汽车市场的开拓尚处于起步阶段。显然,要成为汽车强国,任重而道远。

汽车产业具有人才密集、资金密集、技术密集、装备集约化和生产规模化的特点。在这些产业要素中,专业人才具有极为重要的地位。无论是在汽车的研发、制造等汽车产业链的前端,还是在汽车的销售、应用、维修乃至报废处理等汽车产业链的后端,都需要大批具备基本理论知识、掌握现代汽车核心技术、具有熟练操作技能的工程技术人员和技术工人。

就汽车后市场而言,随着我国汽车产业的加速发展、汽车技术的不断进步、汽车社会保有量的持续增加,从事汽车技术服务与营销、汽车检测与维修的从业人员已日益增多,对高质量、高技能人才的需求仍将不断增加,各类训练有素的高技能人才的短缺是不争的事实,这已引起全国上下的广泛关注。

开展多层次、多种形式的职业教育,加强从业人员的职前和职后培训,是解决汽车专业人才紧缺的有效途径。为此,许多高等职业院校增设了汽车专业,与汽车技术普及和提高相关的各类培训机构和技能鉴定机构亦大量涌现,职业教育呈现出良好的发展势头。然而,由于传统教学体制和教学理念的局限性,高等职业院校的专业建设水准与汽车产业发展的实际需要还有很大差距;各类培训机构也同样面临提高培训质量的问题。诚如教育部"教高[2006]16号文件《关于全面提高高等职业教育教学质量的若干意见》"中所指出的,"随着我国走新型工业化道路、建设社会主义新农村和创新型国家对高技能人才要求的不断提高,高等职业教育既面临着极好的发展机遇,也面临着严峻的挑战"。显然,如何提高教育质量和技能培训质量是当前高等职业教育面临的最大挑战。

教材建设是高等职业院校专业建设的基石,是人才培养计划得以成功的必要条件,是提高高等职业教育质量的重要保障。为认真贯彻党的十七大会议精神和《国务院关于大力推进职业教育改革与发展的决定》,根据教育部大力推动技能型紧缺人才培养培训工程的指导思想,同济大学出版社联合上海中锐教育集团旗下的华汽教育、无锡南洋职业技术学院以及与中锐教育集团合作开办汽车相关专业的全国15所高等职业院校,在总结近几年教学经验的基础上,组织编撰了"普通高等职业教育规划教材·21世纪卓越汽车应用型人才培养专用教材"丛书。

为了做好教材的组编工作,编撰人员深入探讨了国内高等职业院校的特点和教学规律,对德国、美国、日本等7个发达国家的汽车职业教育进行了多次考察,同时结合中锐教育集团为汽车生产厂商开发企业内部培训课程的经验,力求在"因材施教、学以致用"上有所突破;力求在"淡化学科分类、突出综合应用”上有所突破；力求在高等职业院校教材的内容、体例、风格上有所突破。

本丛书是为培养高素质、高技能紧缺人才而编写的，为此组建了以高等院校、高等职业技术学院、汽车工程学术组织、汽车技术研究机构、汽车生产企业、汽车经销服务企业、汽车维修行业协会、汽车流通行业协会以及汽车职业技能培训机构等各方人士相结合的教材编审委员会，以保证教材质量，促进我国高等职业教育事业的发展，造福于莘莘学子。

真诚地希望本丛书的出版能对我国的职业教育和技能培训有所裨益，热切期待广大读者提出宝贵意见和建议，使教材更臻完善。

李理光

2010年7月

前 言

随着汽车使用性能的不断完善和检测技术的快速发展，对汽车运用、性能检测和维修等各方面的要求不断提高，汽车运用与检测能力已是汽车专业类人才能力评价的重要指标。“汽车性能检测技术”是汽车类各专业必修的一门核心专业课程，系统介绍汽车在不解体情况下如何利用专业检测仪器设备准确检测汽车技术状况，为汽车故障诊断和维修提供依据。本书是根据国家教育部对高职高专教学的有关规定，以及从事汽车运用与检测工作所需的基本专业知识及技能要求，组织各高职院校有多年教学经验的专业教师和汽车维修与检测技术人员，参考大量相关资料的基础上编写完成的。

本书主要内容包括汽车性能检测概述、汽车动力性能检测、汽车燃油经济性检测、汽车制动性能检测、汽车转向操纵性能检测、汽车悬架特性和车轮动平衡检测、汽车排气污染物与噪声检测、汽车前照灯和车速表检测，以汽车不解体性能检测为主线，系统介绍了汽车性能评价指标、检测设备结构原理、检测方法，以及检测标准规范等，有较强的理论性和实践性，注重内容的实用性和针对性，力求把传授专业知识和培养专业技术应用能力有机结合起来。根据人才培养方案的要求，尊重高职学生的学习特点和认知规律来设计此教材，以“必需、够用”为原则选编了相关的理论内容。除了正文外，每个章节都设有学习目标、本章小结及复习思考题。学习目标分为知识目标和能力目标，每章后附有本章小结，目的是帮助教师和学生掌握该章重点；复习思考题题型包括判断题、选择题、填空题和问答题，融入相应章节的重要知识点。“汽车性能检测技术”课程有配套实训项目作业书，帮助学生训练汽车主要性能检测方法，掌握必要的规范。本书适当多地反映了汽车新知识、新技术、新标准等内容，使本书的内容具有实用性和宽广性；选用的检测器设备具有代表性，在本书不断地改版过程中，力求做到内容与行业技术使用上同步更新。

本书由党宝英任主编，徐东、高明任副主编，党宝英编写第 1 章、第 5 章、第 6 章，徐东编写第 4 章、第 8 章，高明编写第 2 章、第 7 章，张映桥编写第 3 章。党宝英负责全书的统稿工作，夏令伟担任主审。

本书在编写过程中，广泛征求了华汽教育各相关院校和大量专业维修技术人员的意见，并且得到了华汽教育教材编写委员会委员和许多同行的大力支持，在此表示诚挚的感谢。本书参考了许多国内公开出版的相关著作和文献资料以及检测设备使用说明书等，在此向所有参考文献的作者及相关资料的原作者表示诚挚的谢意。

由于编者水平有限，书中不足之处在所难免，敬请读者及有关专家批评指正。

编 者

2011 年 5 月

目　　录

1 汽车性能检测概述

学习目标

知识目标

(1) 熟悉汽车主要使用性能及汽车技术状况变化的原因；

(2) 掌握汽车检测的概念、检测参数及其标准；

(3) 了解汽车检测站的类型、检测项目及检测工位布局。

能力目标

(1) 学会正确应用汽车使用性能指标评价汽车性能；

(2) 学会正确选择检测参数进行汽车技术状况的检测分析；

(3) 能根据检测结果进行汽车技术状况的分级与评定。

随着汽车设计、制造技术的提高和大量新技术的使用，越来越多的高性能汽车推向市场，使人们能够以更高效率从事专业运输，也使更多家庭享受汽车带来的便利，汽车已成为人们工作、生活中不可缺少的一种交通工具。现代汽车技术能够满足人们对汽车动力性、经济性、安全性、可靠性、舒适性和环保性不断提高的要求。

尽管汽车的性能有了很大提高，但汽车的使用效果并不相同，这与使用条件、使用技术，以及检测维修等方面有直接关系。随着行驶里程的增加和使用时间的延续，汽车技术状况会逐渐发生变化。因此，一方面要不断研制性能优良的汽车，另一方面要对汽车做到合理使用、定期检测、强制维护、视情修理，以保证汽车技术状况完好，发挥汽车的最大效能。

1.1 汽车使用性能

汽车的使用性能是指汽车在一定的使用条件下，能够以最高效率工作的能力。汽车的使用性能主要有汽车的动力性、燃油经济性、制动性、操纵稳定性、安全性、舒适性、通过性及环保性等。合理利用或改善汽车的使用性能，可以充分发挥汽车的功能，提高汽车的运用效率。

1.1.1 汽车动力性

汽车作为一种高效率的载人和运输工具，其载人和运输效率的高低在很大程度上取决于汽车的动力性。汽车的动力性是指汽车在良好路面上直线行驶时，由汽车受到的纵向外力决定的所能达到的平均行驶速度。动力性能好，汽车就会具有较高的行驶速度、较好的加速能力和上坡能力。动力性是汽车各种性能中最基本、最重要的性能。随着汽车性能的提高和我国公路状况的改善，汽车行驶的平均技术速度逐步提高，但在用汽车随使用时间的延长，其动力性会逐渐下降，不能达到高速行驶的要求。汽车动力性主要由最高车速、加速能力和爬坡能力等三项指标来评定，最高车速高，通过相同距离时可以缩短运行时间，提高效率，较快到达目的地；加速能力强，汽车起步时能够抢占先机，比其他汽车提前进入车道，或在超车时，与被超越车辆并行时间缩短、并行距离减少，有利于行车安全；爬坡能力大，在山区或遇到较大坡道时，能够顺利驶上坡道，避免因动力不足而在坡道上溜坡等危险现象发生。

几款国产轿车最高车速和加速时间，如表 1－1 所示。

表 1－1　　几款国产轿车最高车速和加速时间

车　　型	最高车速/(km/h)	原地起步加速时间/s
奥迪 A4L 2.0T	235	7.3
奥迪 A6 2.4	216	11.1
宝来 1.4T AT	200	9.7
朗逸 1.4T	200	9.8
途安 1.4T	190	11.0
英朗 1.6 L	185	12.3
君威 2.0	197	11.4
丰田锐志 2.5S	220	9.0

1.1.2 汽车燃油经济性

汽车燃油经济性是指汽车以最少的燃油消耗完成单位运输工作量的能力，常用每百公里燃油消耗量(L/100 km)作为评价指标。对于货车和大型客车，由于载质量和座位的不同，每百公里燃油消耗量相差较大，因而，从汽车的使用角度，又采用单位运输工作量的燃料消耗量，即每百吨公里或每千人公里的燃油消耗量[L/(100 t·km)或 L/(kP·km)]作为评价指标。这两个指标的数值越大，汽车的燃料经济性越差。

等速百公里燃油消耗量是常用的一种评价指标，指汽车在一定载荷(我国标准规定轿车为半载，货车为满载)，以最高挡在水平良好路面上等速行驶 100 km 的燃油消耗量。但是，等速行驶工况并没有全面反映汽车的实际运行情况，特别是在市区行驶中，汽车频繁出现加速、减速、怠速停车等行驶工况，因此，在对实际行驶车辆进行跟踪测试统计基础上，各国都制定了一些典型的循环行驶试验工况来模拟汽车实际运行工况，并以其百公里燃油消耗量来评定相应行驶工况的燃油经济性。

目前，汽车出厂时，汽车厂家在产品说明书中都标明了汽车的油耗，汽车厂家标示的油耗几乎都是等速情况下测定的百公里燃油消耗量，是“理论油耗”，汽车在实际行驶过程中很难达到这种理想状态。按照国家发改委发布的汽车行业推荐性标准《汽车燃油消耗量标识》，要求汽车在出厂时加贴统一的油耗标识，汽车厂家在标识上分别向消费者说明一款车在市区、市郊的行驶油耗和综合油耗，以及这款车的最低油耗和最高油耗，而理论油耗与实际油耗之间的差距，汽车厂家同样需在标识上作出说明。该标准的实施将会对汽车油耗的技术状态有较为真实的反映，不再是厂家在说明书中标出的理论油耗，它为消费者提供比较客观的、系统的信息，让消费者在辨别产品性能时有更客观的标准，对车辆的燃油经济性有比较全面的了解。因该标准属于行业内的推荐性标准，目前企业不必强制执行。下面列举汽车厂家标明的部分轿车和载货汽车的油耗：丰田 RAV4 越野车综合油耗 9.1 L/100 km，别克君威 1.6T 轿车综合油耗 7.0 L/100 km，解放 CA1201 载货汽车综合油耗 25 L/100 km。

1.1.3 汽车制动性

汽车制动性能是指汽车行驶时，能在短距离内迅速停车，并维持行驶方向稳定性和下长坡时能维持一定安全车速，以及在坡道上长时间保持停驻的能力。汽车具有良好的制动性是安全行驶的保证，也是汽车动力性得以很好发挥的前提。汽车的制动性能的评价指标主要有制动效能、制动效能的恒定性和制动时的方向稳定性。

制动效能是指汽车在行驶中能强制地减速以致停车，或下长坡时维持一定速度的能力。常用制动过程中的制动力、制动距离、制动减速度和制动时间来评价。汽车的制动效能除和汽车技术状况有关外，还与汽车制动时的速度以及轮胎和路面的情况有关。

制动效能的恒定性是指汽车高速行驶或下长坡连续制动时制动效能保持的程度，称为制动抗热衰退性。

制动时的方向稳定性是指汽车在制动过程中不发生跑偏、侧滑和失去转向的能力。当左右车轮制动力不一样时，容易发生跑偏；当车轮“抱死”时，易发生侧滑或者失去转向能力。前轮抱死后，汽车将失去转向操纵能力；后轮抱死后，汽车后部很可能发生侧滑甩尾。可见，在车轮抱死时，会影响汽车制动的方向稳定性。

1.1.4 汽车操纵稳定性

汽车操纵稳定性是指驾驶人不感到过分紧张、疲劳的条件下，汽车能遵循驾驶人通过转向系统及转向车轮给定的方向行驶，且当遭遇外界干扰时，汽车能抵抗干扰而保持稳定行驶的能力。汽车操纵稳定性包括操纵性和稳定性，汽车操纵性和稳定性两者关系密切，若汽车操纵性变坏，则汽车容易产生侧滑、翻车而失去稳定性；而汽车稳定性变坏，则汽车又难以操纵。

汽车的稳定性是汽车在受到外界干扰后恢复原来运动状态的能力，以及抵御发生倾覆和侧滑的能力。对于汽车来说，侧向稳定性尤为重要。当汽车在横向坡道上行驶、转弯以及受其他侧向力时，容易发生侧滑或者侧翻。汽车重心的高度越低，稳定性越好。合适的前轮定位角度使汽车具有自动回正和保持直线行驶的能力，提高了汽车直线行驶的稳定性。如果装载超高、超载，转弯时车速过快，横向坡道角过大以及偏载等，容易造成汽车侧滑及侧翻。汽车操纵稳定性不仅影响汽车驾驶的操纵方便程度，而且也是决定汽车安全行驶的一个主要性能。

1.1.5 汽车安全性

汽车安全性是衡量汽车品质优劣的重要指标，目前，汽车安全性能主要分为主动安全性（避免事故的性能）和被动安全性（事故发生后对驾乘者的保护作用）。

1. 主动安全性

所谓主动安全性，可理解为防患于未然，提高主动安全性的重点是使车轮悬架、制动和转向等性能达到最好的程度，尽量提高汽车行驶的稳定性和舒适性，减少行车时所产生的偏差。主动安全性主要体现在汽车的制动系统中，制动系统在传统制动系统上，再配备制动防抱死系统（ABS）、电子制动力分配系统（EBD）等先进的电子控制系统，便可以根据汽车的重量和路况变化来控制制动过程，使各轮的制动力和前后轮的制动力分配接近理想化，从而大幅度提高制动性能，特别是增强紧急制动时的稳定性和安全性，防止甩尾现象的发生。

汽车主动安全性方面，主要采用了如下电子控制系统：

(1) 防抱死制动系统（ABS）。目前大多数轿车都装有 ABS，在遇到紧急制动时，经常需要立刻停车，但大力制动容易发生车轮抱死状况，如前轮抱死，会引起汽车失去转向能力，后轮抱死容易发生甩尾事故，等等。安装 ABS 就是为解决制动时车轮抱死问题，从而提高制动时汽车的稳定性及较差路面条件下的汽车制动性能。

(2) 电子制动力分配系统（EBD）。汽车制动时，能够根据汽车产生轴荷转移的不同，自动调节前、后轴的制动力分配比例，提高制动效能，并配合 ABS 提高制动稳定性。EBD 用高速计算机在汽车制动的瞬间，分别对各车轮轮胎附着的不同地面进行感应、计算，得出不同的摩擦力数值，使各轮轮胎的制动装置根据不同情况用不同方式和力量制动，并在行驶中不断调整，从而保证车辆的平稳和安全。

(3) 牵引力控制系统（TCS）。TCS 又称循迹控制系统，当电子传感器探测到从动轮速度低于驱动轮时，就会发出信号，调节点火时间、减小节气门开度、减小油门、降挡或制动车轮，从而使车轮不再打滑。TCS 不但可以提高汽车行驶稳定性，而且能够提高加速性和爬坡能力。TCS 与 ABS 配合使用，将进一步增强汽车的安全性。

(4) 电子稳定装置（ESP）。ESP 也是一种控制牵引力系统，不但控制驱动轮，而且可以控制从动轮。这一组系统通常具有支援 ABS 及 ASR（驱动防滑系统）的功能，它通过对各传感器传来的车辆行驶状态信息进行分析，然后向 ABS、ASR 发出纠偏指令，来帮助车轮维持动态平衡。

2. 被动安全性

所谓被动安全性指的就是一旦事故发生时，汽车保护内部乘员及外部人员的安全程度。特别要指出的是，目前一般人大都忽略了现代汽车对外部人员（指行人、自行车等）的保护措施，认为汽车的安全性能里里外外都是为车内乘员考虑的，这同样也是很不全面的。一旦发生汽车撞人事故，车内车外都是同等无价的生命。因此,被动安全性必须要考虑两方面的问题：一个是汽车外部安全性,另一个就是汽车内部安全性。在外部安全性方面,应减少凸出物体,物体外形采用圆弧形,增大点接触面等方式,尽量在发生事故时减少对外部人员的伤害。内部安全性是指一切旨在减少在事故中作用于车内乘员的冲击力,事故发生后能提供足够的生存空间而专门设计的防范措施,例如,高强度车厢结构、转移撞击力方向的车架结构、吸能保险杠等汽车自我保护方式,以及安全带、安全气囊等辅助安全设备。据分析,在汽车碰撞事故中,发生正面碰撞的约占 64%,侧面碰撞的占 20%,尾部碰撞的占 16%,在最容易发生的正面碰撞事故里,汽车的内部安全性首先体现在冲击动能被保险杠、车厢前围板区域所吸收的程度,以及车厢结构强度等汽车的自我保护上,然后才是安全气囊、安全带等辅助设备的作用,因此在很多不是很严重的碰撞中,安全气囊不一定会弹出。另外,辅助安全设备对于安全性的重要作用同样不能忽略。有关调查显示,"安全带+安全气囊"的有效保护率达到了 65%。目前,大部分汽车都已装备安全带与安全气囊。

1.1.6 汽车舒适性

随着科技的进步和人们生活水平的提高,汽车的功用正在日益扩大,人们对汽车舒适性的要求越来越高。汽车在行驶过程中,由于自身和路面不平等因素存在,会使汽车产生振动,这种振动达到一定程度时,将使驾乘者感到不舒适、疲劳或使运载货物损坏,因而有必要采取措施改善汽车的舒适性。

汽车舒适性是指汽车为驾乘者提供方便的操作条件和舒适的驾乘环境。舒适性包括行驶平顺性、车内噪声、空气条件和乘坐舒适性等。

汽车行驶平顺性是指汽车在一定的速度范围内行驶时,能保证驾乘人员不会因车身振动而引起不舒服和疲劳的感觉,以及保持运载货物完整无损的性能。客车和轿车采用"舒适降低界限"车速特性,作为汽车行驶平顺性的物理量评价指标。当汽车速度超过此界限时,就会降低乘坐舒适性,使人感到疲劳不舒服。该界限值越高,说明平顺性越好。货车采用"疲劳—降低工效界限"车速特性。汽车车身的固有频率也可作为平顺性的评价指标。从舒适性出发,车身的固有频率在 600～850 Hz 的范围内较好。

汽车车内噪声是指行驶中的汽车车厢内存在的各种噪声。车内噪声极易使驾乘人员感到疲劳,对汽车的舒适性有很大影响。车内噪声有两个传播途径：一是车厢外的噪声通过车厢壁板(包括地板、顶板和四周壁板),门窗上的孔、缝,直接传入车厢内。二是车厢外的生源或振动源作用于车身壁板,激发壁板振动,并向车厢内辐射噪声。汽车上几乎所有的噪声源都对车内辐射噪声,加上车身产生的噪声及车身对外部噪声的放大作用,所以车内噪声控制是一项相当复杂的工作,控制噪声主要有减弱声源强度、隔绝传播途径和吸声处理等几个方面。

为了使驾乘人员保持舒适的状态,必须在车内进行空气调节,使车厢内的空气温度、湿度、流速和清洁度等各项指标保持在一定范围内。一般冬季温度为 16℃～20℃,湿度为 55%～70%;夏季温度为 19℃～23℃,湿度为 60%～75%,人会感到舒适。车内空气应有一定的更换强度,空气流动应均匀,以保持车厢内有足够的新鲜空气,对于每位乘客所需的空气更换量,冬季约为 20～30 m^3/h,夏季应比冬季高 2～3 倍。应定期清除车内的灰尘、烟雾和异味,增加舒适性。

为了确保长时间行驶不感到疲劳,要求汽车有良好的乘坐舒适性。车内空间应保证驾乘人员有较大的空间,能根据需要变化姿势,操纵机构方便、省力,座椅可调节。车内装饰要符合美学要求,表面进行软化处理。要保证视野宽阔,有足够的夜间照明,仪表和信号灯识认性好。要有良好的密封性及隔热、隔振能力,有较低的噪声和合适的音响。

1.1.7 汽车通过性

汽车通过性是指汽车以足够高的平均车速通过各种坏路和无路地带(如松软土壤、沙漠、雪地、冰面、沼泽等)及各种障碍(如陡坡、侧坡、壕沟、台阶等)的能力。各种汽车的通过能力是不一样的。轿车和客车由于经常在市内行驶,通过能力就差;而越野汽车、军用车辆、自卸汽车和载货汽车,就必须有较强的通过能力。

汽车的通过性可分为轮廓通过性和牵引支承通过性。前者是表征车辆通过坎坷不平路段和障碍的能力;后者是指车辆顺利通过松软土壤、沙漠、雪地、冰面、沼泽等路面的能力。

1. 轮廓通过性

汽车行驶时,由于汽车与地面间的间隙不足而被地面托住,无法通过的情况,称为间隙失效。当车辆中间底部的零部件碰到地面而被托住时,称为"顶起失效";当车辆前端或尾部触及地面而不能通过时,则分别称为"触头失效"或"托尾失效"。与间隙失效有关的汽车整车几何尺寸,称为汽车通过性的几何参数。

汽车通过性的几何参数,如图 1-1 所示,主要包括最小离地间隙、接近角、离去角、纵向通过角、横向通过半径等。另外,汽车的最小转弯半径、最大通道宽度等,也是汽车通过性的重要轮廓参数。

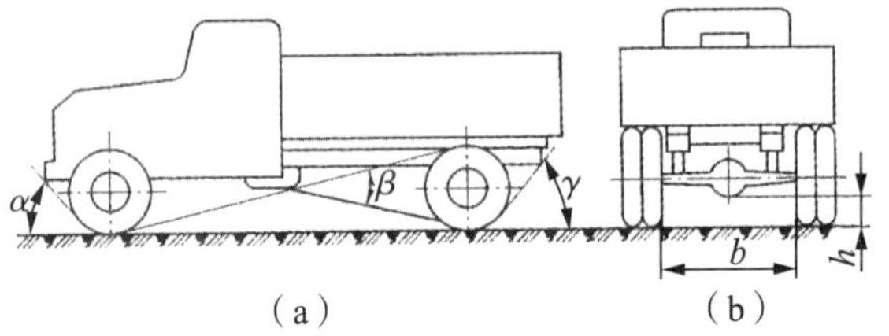

图 1-1　汽车通过性的几何参数

h—最小离地间隙;b—两侧轮胎内缘距离;α—接近角;γ—离去角;β—纵向通过角

2. 牵引支承通过性

车辆支承通过性的主要评价指标包括附着质量、附着系数和车轮接地比压。

汽车行驶时,若附着条件好,则汽车动力性可以充分发挥,汽车通过性可以得到提高。附着质量和附着系数越大,汽车的附着条件越好,获得的驱动力就越大,克服道路阻力的能力越强,在坏路面上行驶的通过性就越好。

车轮接地比压是指车轮对地面的单位压力。车辆在松软路面上行驶的滚动阻力系数和附着系数都与车轮接地比压有关。车轮接地比压小,轮辙深度小,车轮的行驶阻力和车轮沉陷失效的概率就小。同样,当汽车行驶在黏性土壤和松软雪地上时,降低车轮接地比压可使车轮接地面积增加,提高地面承受的剪切力,使车轮不易打滑。

在实际使用中经常会看到驱动轮原地滑转而汽车无法行驶的现象,这种情况的出现并不是由于发动机的扭矩不够,而是由于地面不能提供足够的切向反力。它受地面附着能力的限制。在附着力范围内,驱动力大于外部阻力,汽车就可以正常行驶;否则,如果驱动力小于外部阻力,正在行驶的汽车将会被迫减速,静止的汽车则无法起步。另外,如果汽车的驱动力达到附着力但小于外部阻力,而发动机的动力足够,即表示驱动轮的扭矩还可增加,这时驱动力却不能随之增加。增加的扭矩只能使驱动轮加速滑转。在一些泥泞、滑溜的地段,由于附着条件很差,就容易出现驱动轮原地滑转的现象。在这种情况下,用猛踩油门的办法企图起步往往是不能通过的,有时会使通过状况更加恶化。经验好的驾驶人往往是设法改善附着条件,增大附着力来提高通过性。

采用宽断面胎、多胎可以减小滚动阻力;较深的轮胎花纹可以增加附着系数而不容易打滑,全轮驱动的方式可使汽车的动力性得以充分的发挥;结构参数的合理选择,可以使汽车具有优良的克服障碍的能力,如较大的最小离地间隙、接近角、离去角、车轮半径和较小的转弯半径、横向和纵向通过半径等,都可提高汽车的通过能力。

为了保证各驱动车轮能以不同的角速度旋转，在传动系统装有差速器，但普通齿轮差速器具有使驱动车轮之间转矩平均分配的特性，当某一驱动轮陷入泥泞或冰雪路面时，得到较小的附着力，则与之对应的另一驱动轮也只能以同样小的附着力限制其驱动力。为了避免这种情况的发生，某些越野汽车上装有差速锁，以便必要时能锁止差速器。为增加差速器的内摩擦，越野汽车常采用高摩擦式差速器，以提高汽车通过性。

驾驶方法对提高汽车通过性也有很大影响。在通过沙漠、泥泞、雪地等松软地面时，应该使用低速挡，以保证车辆有较大的驱动力和较低的行驶速度；在行驶中应避免换挡和加速，并保持直线行驶。

1.1.8 汽车环保性

汽车环保性是指汽车运行对周围和环境产生不利影响的程度，如汽车排放污染、噪声污染和电磁辐射污染。汽车的发展和普及，给人类活动提供极大便利的同时，会排出大量污染人类生存环境的有害气体，产生扰乱人们平静生活和工作的噪声，以及电气设备对通讯设施的电波干扰和电磁辐射危害等。

1. 汽车排放污染

1）汽车排放污染的成因及危害

汽车排放污染主要有三个来源：一是发动机经排气管排出的燃烧废气，汽油车的主要污染物成分是CO、HC和NO_x，而柴油车除了这三种有害物外，还排放大量的颗粒物；二是曲轴箱排放物，由发动机在压缩及燃烧过程中未燃的碳氢化合物从燃烧室进入曲轴箱而排向大气，主要是碳氢化合物；三是燃料蒸发排放物，主要由发动机供油系统的燃料蒸发所产生。

汽车排放污染物的成因及对人体的影响，如表1－2所示。

表1－2　汽车排放污染物的成因及对人体的影响

排放污染物	成　因	影　响
一氧化碳CO	CO是汽油中烃类燃烧的中间产物。理论上，当空燃比等于或大于理论空燃比时，混合气将实现完全燃烧，生成CO_2和H_2O；现实中，由于混合气分布不匀，会出现局部缺氧情况，不可避免地产生CO。同时，就算燃料和空气混合很均匀，由于燃烧的高温也会使一部分CO_2分解成CO和O_2。另外，排气中的H_2和未燃烧的HC也可使排气中的一部分CO_2还原成CO	CO与血蛋白的亲和力为氧的300倍，形成碳氧血蛋白，削弱血蛋白向人体各组织输送氧的能力，神经中枢受损最大。人体通过呼吸道吸入CO，并经肺部吸收进入血液，能很快形成碳氧血蛋白，使血蛋白丧失输氧能力。当进入血液中的CO达到一定浓度后，人体会因缺氧出现中毒症状，如头晕、恶心、四肢无力，严重时甚至昏迷不醒，直至死亡
碳氢化合物HC	汽车排气污染物中的HC是由发动机未燃尽的燃料分解产生的气体。另外，由于发动机气缸壁淬冷作用使缸壁表面约0.5 mm厚度（称为淬冷层）的混合气无法燃烧，而由排气管排出	HC中包含多种烃类化合物，进入人体后，会使人产生慢性中毒；有些化合物会直接刺激人的眼、鼻黏膜，使其功能减退；更重要的是HC和NO_x在阳光照射下，会产生光化学反应，生成O_3、醛类等对人及生物产生严重危害的光化学烟雾
氮氧化物NO_x	NO_x是空气在燃烧室的高温条件下，由空气中的N和O反应生成。燃烧废气的温度越高，燃烧后残留的氧气浓度越大，高温维持时间越长，NO_x的生成量越多。发动机刚排出NO_x中，有少量的NO_2，但大部分是NO。在大气中，NO会很快氧化成NO_2。通常把NO和NO_2统称为NO_x	NO_x（NO、NO_2）中的NO与血液中血蛋白的亲和力比CO还强。通过呼吸道及肺进入血液，使其失去输氧能力，产生与CO相似的严重后果。NO_2侵入肺部深处的肺毛细血管，引起肺气肿，同时还能刺激眼、鼻黏膜，麻痹嗅觉

（续表）

排放污染物	成　因	影　响
颗粒物 PM_{10}	PM_{10}是柴油机燃烧不完全的产物，它是由直径较小的多孔性碳粒构成	碳粒中对人体和大气环境危害最大的是2.5 μm左右的微粒，它悬浮于离地面1～2 m高的空气中，容易被人体吸收。对人体危害大的是碳烟颗粒上夹附的SO_2和多环芳香烃、苯并芘等有害物质

2）控制排放污染的主要技术措施

汽车排放控制的主要技术措施可分为两类：一是机内净化技术，即改进发动机燃烧过程以减少有害物质生成；二是机外净化技术，即在排气系统中采用化学或物理方法对已生成的有害物质进行净化，以及对来自曲轴箱和供油系统的有害排放物进行净化。

对于汽油机，机内净化技术主要有EFI电控汽油喷射系统、推迟点火提前角、EGR废气再循环、燃烧系统优化设计（包括紧凑的燃烧室形状、改善气缸内气流运动、合理提高压缩比、提高进气充量、减小不参与燃烧的缝隙容积）、提高点火能量、可变进排气系统（包括可变进气系统、可变进气门机构）、可变排量发动机、稀薄燃烧及缸内直喷式汽油机等。机外净化技术主要有三元催化器、曲轴箱强制通风装置、燃油蒸发控制系统。

对于柴油机，机内净化技术主要有推迟喷油提前角、增压及增压中冷、改善喷油特性（预喷射、多段喷射、提高喷油压力、柴油机电子控制燃油喷射系统）、改进燃烧方法和燃烧室（直喷式燃烧室、非直喷式燃烧室及浓稀两段燃烧）、预混合燃烧。机外净化技术有氧化催化转化器、微粒捕集器、催化转化器。

此外，随着汽车技术的进步，以及环保要求的提高，目前控制、降低排放污染的方法，一是采用高质量车用燃油，或采用天然气、液化石油气、醇类燃料、氢气等代用燃料；二是发展混合动力型汽车、电动汽车，逐步取代燃油汽车。

2. 汽车噪声污染

汽车噪声主要包括：发动机的机械噪声、燃烧噪声、进排气噪声和风扇噪声，底盘的机械噪声，传动噪声和轮胎噪声，车厢振动噪声，货物撞击噪声，喇叭噪声和转向、倒车时的蜂鸣声等。

汽车噪声一般在70～85 dB，重型车会超过90 dB。汽车噪声对驾乘人员影响时间长，危害较大。长期处在强噪声环境中，会诱发各种疾病，噪声对中枢神经系统、心血管系统、消化系统的影响表现在多种症状上，如头痛、头晕、脑涨、耳鸣、多梦、失眠、记忆力衰退等。试验结果表明，噪声在88 dB时，驾驶人的注意力下降10%，在90 dB时，下降20%。汽车的高噪声不仅影响周围环境，还会使驾驶人工作效率下降，反应时间加长。

由于噪声与汽车的技术状况和运行条件有关，因此，对于在用汽车可通过合理使用来控制和降低噪声。其主要措施有：

(1) 保持发动机良好的技术状况。汽车使用过程中，加强发动机的维护和修理，保持各零部件配合间隙符合要求，传动正常，减少发动机运转时的机械噪声；保证发动机电控系统正常工作，具有合适的点火提前角或供油提前角，避免爆燃或工作粗暴，以减少发动机的燃烧噪声；经常检查冷却风扇状况，风扇叶片应无变形或损坏；应注意检查发动机机油质量，确保发动机润滑良好。

(2) 保持汽车底盘良好的技术状况。汽车维修时，提高装配质量，保证轴与轴承的配合间隙和传动齿轮的啮合间隙，以减少轴承运转和齿轮传动噪声；确保传动轴和车轮动平衡，以减少动不平衡引起的振动和噪声；做好变速器、主减速器、万向传动装置、轮毂轴承、钢板弹簧等部位的润滑；经常检查减振器的性能，使其具有良好的效果，减少车体振动引起的噪声；加强制动器的维护，采用正厂件，保持制动器技术状况良好，减少制动噪声。

(3) 保持车体具有良好的密封性。车体良好的密封性，可以降低汽车高速行驶时车体噪声对车内噪声的影响。另外，在发动机底盖镶嵌隔声材料，隔离发动机机体产生的噪声；在排气管中设置两个或多个排气消声器，有效降低排气系统的噪声等。

1.2 汽车技术状况变化与评定

汽车技术状况是指定量测得的表征某一时刻汽车外观和性能参数值的总和，它随汽车行驶里程或使用时间而变化。

汽车在使用过程中，内部零件之间、零件与工作介质之间、汽车与外部环境之间均存在着相互作用，其结果是在机械负荷、热负荷和化学腐蚀作用下，引起零件磨损、发热、腐蚀等一系列物理和化学的变化，使零件尺寸、零件相互装配位置、配合间隙、表面质量等发生变化。如发动机气缸活塞组零件配合尺寸及间隙、曲轴与轴承配合尺寸及间隙、制动鼓(或制动盘)与制动蹄片配合尺寸及间隙等，在汽车使用中都会发生变化，随着行驶里程的增加，汽车的技术状况将逐渐变坏，使汽车的动力性、燃油经济性、行驶安全性、使用可靠性明显下降。

汽车技术状况变差的主要外观症状有：汽车动力性下降；汽车燃油和润滑油消耗量显著增加；汽车制动性能变差；汽车操纵稳定性能降低；汽车排放污染物和噪声超过限值；汽车行驶中出现异响和异常振动；汽车可靠性变差，运行中因故障停驶时间增加。

1.2.1 汽车技术状况变化的原因

汽车技术状况的变化是汽车诸多内在原因综合作用的结果。主要原因有：零件之间相互摩擦而产生的磨损，零件与有害物质接触而产生的腐蚀，零件在交变载荷作用下产生疲劳，零件在外载、温度和残余内应力作用下发生变形，橡胶及塑料等非金属零件和电器元件因长时间使用而老化，由于偶然事件造成零件损伤等。这些原因使零件原有尺寸和几何形状及表面质量发生改变，破坏了零件原来的配合特性和正确位置关系，从而引起汽车(或总成)技术状况变坏。

1. 零件磨损

影响汽车技术状况变化的零件磨损形式主要有磨料磨损、黏着磨损和腐蚀磨损等三种形式。

磨料磨损是指在摩擦表面间，由于硬质固体颗粒使相对运动的零件表面产生的磨损。这些硬质固体颗粒称为磨料，磨料来自空气中的尘埃、燃油及润滑油中的杂质及黏着磨损脱落的金属颗粒。磨料磨损的现象是在两个工作表面上存在有许多直线槽，它们可以是很轻的擦痕或是很深的沟槽。磨料磨损的机理是属于磨料颗粒的机械作用，它在很大程度上与磨料的相对硬度、形状、大小、固定程度以及载荷作用下磨料与被磨表面的力学性能有关。为了减少零件的磨料磨损，一般从两方面采取措施：一是防止或减少空气、燃料和润滑油中的磨料进入摩擦表面；二是保证零件的表面质量，提高其耐磨性。气缸表面、曲轴轴颈常发生磨料磨损。

黏着磨损是指摩擦副相对运动时，由于摩擦表面间接触点黏着作用，使一个零件表面的金属转移到另一个零件表面所引起的磨损。金属表面经过机械加工后，不可避免地留下了宏观及微观的不平度，当金属受有一定外载荷作用而相互摩擦运动时，实际的表面接触面受到宏观粗糙度的限制，实际的接触面积很小，单位面积的平均压力很大，使各接触点处的氧化膜被破坏，造成纯金属的直接接触，并产生一定的弹性及塑性变形，接触部位两表面间的分子吸引力增强。同时，摩擦所产生的局部高温，也将导致接触点处发生组织变化、软化甚至熔化，引起接触点的黏附和熔合。在运动过程中，黏着点将被从其薄弱部位撕开，使强度较小的零件表面被撕去部分金属，并黏附到强度较大的零件表面上，出现黏着—剪断—再黏着—再剪断的循环过程，从而造成热黏着磨损。发动机气缸“拉缸”和曲轴“烧瓦”是典型的黏着磨损。

腐蚀磨损是指在摩擦过程中，摩擦表面在酸、碱等腐蚀物质作用下产生材料损失的现象。腐蚀磨损是腐蚀和摩擦共同作用的结果；腐蚀物质对零件表面的腐蚀可使表面形成薄而脆的氧化层，而在摩擦力作用下，氧化层脱落，腐蚀作用进一步向零件深部发展，再形成氧化层。如此氧化层不断生成，不断脱落，从而造成了零件表面的磨损。如气门、气门座的磨损。

2. 零件疲劳

零件疲劳损坏是指零件在交变应力作用下，零件承受的循环应力超过了材料的疲劳极限而造成的损坏。汽车零件在长期承受较大交变载荷作用时，易产生疲劳损坏。在交变载荷作用下，零件表面易产生疲劳裂纹，当裂纹不断积累、加深、扩展至一定程度，则零件在循环应力作用下产生疲劳损坏。汽车钢板弹簧断裂是一种典型的疲劳损坏，还有主减速器齿轮齿面的疲劳点蚀等。

3. 零件腐蚀

零件腐蚀损坏是指零件表面与腐蚀性物质接触受到腐蚀而产生的损坏。汽车容易产生腐蚀损坏的主要部件有燃料供给系统和冷却系统管道、车身、车架等。汽车使用环境中的潮湿空气、尘埃，对车身及裸露的金属零件具有一定的腐蚀作用。车身表面的鸟粪、昆虫尸体等污物有很强的酸性，对漆膜和车身具有很强的腐蚀性，能使漆膜失去光泽。

4. 零件变形

零件变形损坏是指零件在载荷作用下，因零件的内应力超过零件材料的弹性极限而产生的变形失效。零件在制造和加工过程中产生的残余内应力和零件受热不匀而产生的热应力足够大时，也会导致零件变形或加剧变形过程，使零件产生变形损坏。

5. 零件老化

零件老化损坏是指零件材料在物理、化学和温度变化的影响下，逐渐变质或性能下降的故障形式。汽车上的橡胶零部件（如轮胎、油封、膜片等）和电器元件（如晶体管、电容器等），长期受环境和温度变化的影响，会逐渐老化而失去原有性能。

1.2.2 影响汽车技术状况变化的使用因素

汽车技术状况的变化不仅取决于汽车的结构设计与制造工艺的合理性和零件材料选择，还与各种使用因素有关。影响汽车技术状况变化的使用因素有运行条件、燃油和润滑油的品质、汽车运用的合理性等。

1. 汽车运行条件

1）气候条件

在低温条件下，润滑油黏度增大，其流动性变差，起动时到达润滑表面时间变长，使润滑表面处于干摩擦或半干摩擦状态，导致机件磨损加剧。另外，燃油雾化性差，并以液滴的形式进入气缸，吸附在缸壁上，冲刷缸壁上的油膜，导致气缸磨损加剧。

非金属元件在低温时易出现硬化、开裂、弹性下降或降低零件的结构强度等。

气温过高时，发动机散热性能变差，造成发动机过热，使润滑油黏度降低，机油压力减小，并加速机油氧化变质过程，导致机件磨损严重。高温产生爆燃和早燃，加速发动机磨损。气温高还会使发动机供油系产生气阻，使车辆启动困难，工作可靠性下降。气温过高还易使轮胎出现爆裂。

2）道路状况

汽车在良好道路上行驶时，行驶阻力小，承受的冲击和动载荷小，汽车的速度、性能得以发挥，燃油经济性好，零件磨损速率小，汽车的使用寿命就长。

汽车在坏路面上行驶，行驶阻力大，低挡使用时间长，发动机转速和负荷增大，加剧气缸活塞组零件的磨损；凹凸不平的路面对车辆的冲击振动将严重影响车辆行驶的平顺性和乘坐的舒适性，底盘各总成，如车轮、悬架、车桥等受到冲击载荷，使零部件损伤甚至遭到破坏；汽车在不良道路上行驶，由于离合器、变速器、制动器等操作次数增加和使用时间增长，会加剧这些总成零部件的磨损。因此，汽车经常在坏路面上运行，其使用寿命大大缩短。

3）交通环境

在交通状况良好的道路上行驶时，汽车经常采用高挡，在经济工况下运行，操纵次数减少，因而汽车运行平稳，所承受的冲击载荷大大减轻；而在不良交通状况下运行时，如在市区运行，常因车多路窄、交通流量大、交叉路口多而不能以最佳工况运行。据统计，在同样路面条件下，货车在市内的行驶速度较郊区降低50％左右，换挡次数增加2～2.5倍，制动消耗的能量增加7～7.5倍。显然，汽车在交通状况不良的道路上行驶时，汽车技术状况的恶化进程加剧。

2. 燃油和润滑油的品质

1）汽油品质

汽油的辛烷值、馏分温度、蒸发性和含硫量是与汽车技术状况的变化有直接联系的指标。若汽油辛烷值低，则抗爆性差，易产生爆燃，使发动机承受的机械负荷和热负荷增大，同时破坏缸壁上的润滑油膜，使气缸磨损加剧，严重时还会引起气门烧蚀、连杆变形、火花塞绝缘部分损坏等故障。馏分温度的高低表示汽油中所含重质馏分的多少。馏分温度越高，说明汽油中不易挥发、雾化和燃烧的重质馏分越多。重质馏分易以液滴状态进入气缸，冲刷缸壁润滑油膜，窜入曲轴箱稀释机油，加速机油变质，使发动机磨损加剧。汽油中的含硫量超标时，会对零件产生腐蚀作用，加快发动机的磨损。

2）柴油品质

车用柴油中，十六烷值的高低对发动机工作的平稳性影响很大。若柴油的十六烷值过低，其燃烧性差，柴油机工作粗暴，所承受的载荷增大。柴油中重质馏分过多.会使燃烧不完全而形成碳粒，排放烟度增大，气缸磨损增加，还易堵塞喷油器喷孔。柴油的黏度应适宜，黏度大，则柴油的低温流动性和雾化性差，燃烧不完全，积炭和黑烟排放多；黏度小，则柴油对于喷油泵柱塞偶件的润滑作用下降，磨损加剧。柴油中硫的含量从0.1％增加到0.5％时，柴油机气缸和活塞环的磨损量将增加20％～25％。

3）润滑油(脂)品质

润滑油(脂)品质对汽车技术状况变化的影响显著，品质良好的润滑油(脂)可以保证汽车运动部件的可靠润滑，减少运动部件的摩擦阻力，延缓运动部件的磨损。

应根据汽车的工作条件和环境温度合理选用发动机机油的黏度等级和使用性能等级。若发动机机油黏度大，则机油流动性差，低温时润滑条件差，磨损加剧；黏度小，则机油流动性好，但油性差，润滑油吸附金属表面的能力差，易使工作表面出现边界摩擦或半干摩擦状态，也会使发动机的磨损增加。若发动机机油的清净分散性差，易生成积炭和油泥，积炭易使汽油机产生早燃或爆燃，油泥易促进发动机机油变质，堵塞润滑系统。若发动机机油的氧化安定性不良，则易形成胶质沉淀物，使机油润滑性能下降；同时会因胶质物在油管、油道和机油滤清器中的沉积而影响润滑系统的正常工作，从而加剧零件的磨损。

如果车辆齿轮油选择不当，品质不良，如黏度不合适、黏温性不良、油性和极压抗磨性不好，以及低温流动性、抗泡沫性、抗腐蚀性差，则汽车变速器、主减速器等齿轮传动部件的磨损会加剧，使用寿命会降低。

正确选用润滑脂，对轮毂轴承、传动轴万向节、各拉杆球节、水泵轴承、发电机轴承等部位的润滑至关重要。若润滑脂稠度不适宜、高温和低温性能不良、抗水性不好、胶体安定性不适当，以及防锈性、防腐性差，则会使润滑部位零件磨损加剧，使用寿命降低。

3. 汽车的合理运用

1) 驾驶技术

具有良好驾驶技术的驾驶人，在驾驶操作过程中都注意采用预热升温、平稳行驶、及时换挡、合理滑行、温度控制等一系列正确合理的操作方法，并注意根据道路情况合理选择行驶路线和车速，保证车辆经常处于最佳工作状态，从而延缓车辆技术状况变差的速度，延长汽车使用寿命。同时，驾驶人还应有一定的技术素质，能根据汽车使用说明书中所规定的各项使用要求合理使用车辆。

2) 装载质量

汽车装载量应按额定装载量进行控制。在超载状态下，汽车各总成承受的负荷增加，发动机工作不稳定，低速挡使用时间比例增大，冷却系统和润滑系统的工作温度升高，从而导致发动机和其他总成的磨损增大，超载还会损坏汽车底盘系统，减少汽车的使用寿命。

3) 行驶速度

汽车行驶速度过高，发动机经常处于高转速运转，活塞在气缸内平均移动速度增高，气缸磨损相应增大。高速行驶时，汽车底盘特别是行驶机构受到的冲击载荷增加，易使前后桥发生变形；同时，高速行驶时，制动使用更为频繁，汽车制动器磨损加剧。汽车行驶速度过低时，低挡使用时间比例增大，汽车行驶相同里程发动机平均运转次数增多，同时由于润滑条件变差，其磨损强度较大。

1.2.3 汽车技术状况分级与评定

为加强营运车辆的技术管理，根据《营运车辆综合性能要求和检验方法》(GB18565—2001)，定期对营运车辆进行综合性能检测，并依据《营运车辆技术等级划分和评定要求》(JT/T198—2004)对营运车辆的技术状况进行分级评定。

1. 营运车辆技术等级评定内容

营运车辆技术等级分为：一级车、二级车和三级车。三级车是营运车辆技术等级中最低一级要求，是车辆从事道路运输的门槛。

对营运车辆进行技术等级评定，主要评定它的整车装备及外观、动力性、燃料经济性、制动性、转向操纵性、前照灯发光强度和光束照射位置、排放污染物限值、车速表示值误差等。

(1) 整车装备及外观：

装备——整车装备与标识，车门、车窗、驾乘座椅，车身、车架、驾驶室，行李舱，安全出口、安全带，灭火器，车内外后视镜，侧面、后下部防护装置等。

外观——车厢、地板、护轮板(挡泥板)，车轮、轮胎，悬架装置。

运行——传动系统、车桥，转向节及臂、横直拉杆及球销，制动装置(行车、应急、驻车)，螺栓、螺母紧固，灯光数量、光色、位置，信号装置及仪表，漏气、漏油、漏水、漏电，润滑。

异响——发动机异响，底盘异响。

(2) 动力性。包括驱动轮输出功率，滑行性能。

(3) 燃料经济性。以等速百公里油耗为标准。

(4) 制动性。包括制动力，制动力平衡，制动协调时间，车轮阻滞力，驻车制动力等。

(5) 转向操纵性。包括转向轮横向侧滑量，转向盘最大自由转动量，悬架特性等。

(6) 前照灯。包括前照灯发光强度和光束照射位置等。

(7) 排放污染物控制。包括汽油车双怠速排气污染物控制，柴油车自由加速烟度控制，柴油车排气可见污染物控制等。

(8) 喇叭声级。

(9) 车辆防雨密封性。

(10) 车速表示值误差。

2. 营运车辆技术等级评定规则

1) 评定原则

(1) 营运车辆应达到《营运车辆综合性能要求和检验方法》(GB18565—2001)规定的要求。

(2) 营运车辆技术等级评定项目和技术要求按表 1-3 的规定执行。

(3) 营运车辆的技术等级评定的检测方法应按《营运车辆综合性能要求和检验方法》(GB18565—2001)规定的方法执行。

2) 等级划分

营运车辆技术等级划分为一级、二级和三级。

(1) 一级：表 1-3 中分级的项目应达到规定的一级技术要求；没分级的项目应为合格。

(2) 二级：表 1-3 中 1.2、1.9 和 4.2 应达到规定的技术要求；1.1、1.3、2.1、3.1、4.4、5.2、7 和 10 八个项目中至少有三项应达到规定的一级技术要求；没分级的项目应为合格。

(3) 三级：表 1-3 中分级的项目应达到三级技术要求；没分级的项目应为合格。

3. 评定项目和技术要求

营运车辆技术等级的评定项目和技术要求，如表 1-3 所示。

表 1-3　营运车辆技术等级的评定项目和技术要求

序号	项目	技术要求		
		一级	二级	三级
1	整车装备与外观			
1.1	整车装备与标识	(1) 整车装备应齐全、完好、有效，各连接部件紧固完好，车体应周正；车体外缘左右对称部位(在离地高 1.5 m 以内测量)高度差不大于轴距的 1.2/1 000； (2) GB18565—2001 的 11.1.2 和 11.1.3	GB18565—2001 的 11.1	
1.2	车架、车身、驾驶室	(1) GB18565—2001 的 11.8.1、11.8.2、11.8.4、11.8.5 和 11.8.7； (2) 表面无锈迹、无脱掉漆	GB18565—2001 的 11.8.1、11.8.2、11.8.4、11.8.5 和 11.8.7	
1.3	车门、车窗	(1) GB18565—2001 的 11.8.6.1； (2) 玻璃应完好无损		(1) GB18565—2001 的 11.8.6.1； (2) 玻璃不得缺损
1.4	驾乘座椅	GB18565—2001 的 11.8.3 和 11.8.10		
1.5	卧铺	GB18565—2001 的 11.8.12		

（续表）

序号	项　目	技 术 要 求		
		一级	二级	三级
1.6	行李架(舱)	GB18565—2001 的 11.8.11		
1.7	安全出口、安全带	GB18565—2001 的 11.8.9 和 11.11.1		
1.8	车厢、地板、护轮板(挡泥板)	GB18565—2001 的 11.8.3 和 11.8.15		
1.9	车轮、轮胎	微型车辆胎冠花纹深度不小于 3.2 mm，其他车辆转向轮的胎冠花纹深度不小于 3.5 mm，其余轮胎花纹深度不小于2.5 mm	GB18565—2001 的 11.9.1	
1.10	悬架装置	GB18565—2001 的 11.9.2、11.9.3 和 11.9.5		
1.11	传动系、车桥	GB18565—2001 的 11.10 和 11.8.4		
1.12	转向节及臂，横、直拉杆及球销	GB18565—2001 的 7.11		
1.13	制动装置(行车、应急、驻车)	GB18565—2001 的 6.1、6.2、6.9 和 6.13.2.2		
1.14	螺栓、螺母紧固	GB18565—2001 的 11.9.1.8 和 11.9.2		
1.15	灯光数量、光色、位置	GB18565—2001 的 8.4—8.13		
1.16	信号装置与仪表	GB18565—2001 的 8.14—8.20		
1.17	漏气、漏油、漏水、漏电	GB18565—2001 的 10.2 和 8.21		
1.18	底盘异响	GB18565—2001 的 11.6.2		
1.19	发动机异响	GB18565—2001 的 11.6.1		
1.20	润滑	GB18565—2001 的 11.7.1 和 11.7.3		
1.21	灭火器	GB18565—2001 的 11.11.12		
1.22	车内外后视镜、前下视镜	GB18565—2001 的 11.11.2		
1.23	侧面、后下部防护装置	GB18565—2001 的 11.11.9		
2	动力性			
2.1	驱动轮输出功率	GB18565—2001 表 1 中允许值的要求		
2.2	滑行性能	不大于该车型制造厂规定的相应车速等速百公里油耗的 103%	GB18565—2001 的 11.5	
3	燃料经济性			
3.1	等速百公里油耗	不大于该车型制造厂规定的相应车速等速百公里油耗的 103%	GB18565—2001 的 5	

（续表）

序号	项 目	技术要求		
		一级	二级	三级
4	制动性			
4.1	制动力	GB18565—2001 的 6.13.1.1 和 6.13.1.2		
4.2	制动力平衡	在制动力增长全过程中同时测得的左右轮制动力差的最大值，与全过程中测得的该轴左右轮最大制动力中大者之比；对前轴不得大于16％，对后轴不得大于20％；当后轴制动力小于后轴轴荷的60％时，在制动力增长全过程中，同时测得的左右轮制动力之差的最大值不得大于后轴轴荷的5％		GB18565—2001 的 6.13.1.3
4.3	制动协调时间	GB18565—2001 的 6.13.1.4		
4.4	车轮阻滞力	各轴的阻滞力均不得大于该轴轴荷的2.5％	GB18565—2001 的 6.13.1.5	
4.5	驻车制动力	GB18565—2001 的 6.13.3		
5	转向操纵性			
5.1	转向轮横向侧滑量	GB18565—2001 的 7.3		
5.2	转向盘最大自由转动量	最大设计车速大于或等于 100 km/h 的汽车为 15°，最大设计车速小于 100 km/h 的汽车为 20°	GB18565—2001 的 7.1	
5.3	悬架特性	GB18565—2001 的 7.6		
6	前照灯			
6.1	发光强度	GB18565—2001 的 8.2		
6.2	光速照射位置	GB18565—2001 的 8.1.1—8.1.3		
7	排放污染物控制			
7.1	汽油车怠速污染物排放	轻型 CO≤3.5％；HC≤700×10^{-6} 重型 CO≤4.0％；HC≤1000×10^{-6}	GB18565—2001 的 9.1.1.2	
7.2	汽油车双怠速污染物排放	M_1 类怠速： CO≤0.7％；HC≤135×10^{-6} 高怠速： CO≤0.25％；HC≤90×10^{-6} N_1 类怠速： CO≤0.85％；HC≤180×10^{-6} 高怠速： CO≤0.45％；HC≤130×10^{-6}	GB18565—2001 的 9.1.1.1 表 4	
7.3	柴油车自由加速烟度	R_b≤3.6	GB18565—2001 的 9.1.2.2 表 8	
7.4	柴油车排气可见污染物	光吸收系数(m^{-1})：2.2	GB18565—2001 的 9.1.2.1 表 7	

（续表）

序号	项　目	技 术 要 求		
		一级	二级	三级
8	喇叭声级	GB18565—2001 的 9.2.4		
9	车辆防雨密封性	QC/T476—1999《客车防雨密封性限值》		
10	车速表示值误差	车速表示值误差 0～+15%	GB18565—2001 的 11.4	

注：引自《营运车辆技术等级划分和评定要求》(JT/T198—2004)。

1.3　汽车检测诊断基础知识

汽车检测诊断技术是指在汽车使用、维护和修理过程中对汽车技术状况进行测试和检验的一门综合技术，不仅要求有完善的检测、分析、判断的手段和方法，而且在检测诊断汽车技术状况时，必须选择合适的检测参数，确定合理的检测参数标准和最佳检测诊断周期。

1.3.1　汽车检测诊断及其方法

1. 汽车检测诊断的概念

汽车检测是指确定汽车技术状况或工作能力所进行的检查和测量。汽车检测侧重于汽车使用、维修过程中的定期检测，是一种主动检查行为，如机动车的年度检验、汽车技术状况等级的评定、汽车维修前的检测和竣工质量检验等。

汽车诊断是指汽车发生故障后，在不解体(或仅拆卸个别小件)条件下，为确定汽车技术状况或查明故障部位、故障原因进行的分析和判断。汽车诊断侧重于汽车发生故障后的分析和判断，是一种被动检查行为，如通过汽车故障现象的具体表现，分析可能产生故障的原因，按照一定的程序判断故障部位。

2. 汽车检测诊断的方法

1) 人工经验检测诊断法

检测人员凭丰富的实践经验和一定的理论知识，在汽车不解体或局部解体情况下，借助简单工具，用眼看、耳听、手摸和鼻子闻等手段，边检查、边试验、边分析，进而对汽车技术状况做出判断的一种方法。

人工经验检测诊断法的优点是不需要专用仪器设备，依据检测人员的修车经验确认故障现象，检测分析故障原因，制定维修方法。人工经验检测诊断法依赖于检测人员的技术水平，检测人员的维修和检测技术水平的高低，决定了检测诊断结果的准确性和检测诊断的时间，人工经验检测诊断法不能进行定量分析。在汽车维修企业中，对普通常见故障、发动机异响、底盘异响等，基本都采用人工经验检测诊断法，对汽车各电控系统、疑难杂症等，则需结合仪器设备检测诊断法对故障进行检测诊断。

2) 现代仪器设备检测诊断法

在汽车不解体情况下，用专用仪器设备检测整车、总成和机构的参数、曲线或波形，为分析、判断汽车技术状况提供定量依据。

现代仪器设备检测诊断法的优点是检测速度快，准确性高，能定量分析，可实现快速检测诊断。在汽车维修企业，采用检测仪器与设备对汽车电控系统、疑难杂症进行检测诊断。在汽车检测站，代表国家相关执法机构，采用各类检测仪器和设备，对汽车的各项性能进行检测。

1.3.2 汽车检测诊断的目的

汽车检测诊断主要有安全环保检测、综合性能检测、故障诊断与维修检测等。不同的类型，其检测诊断的目的也有所区别。

1. 安全环保检测

对汽车定期或不定期进行安全运行和环境保护方面的检测，其目的是在汽车不解体情况下，建立安全和公害监控体系，确保车辆具有符合要求的外观容貌、良好的安全性能和符合标准的废气排放，使汽车在安全、高效和低污染下运行。

2. 综合性能检测

对汽车定期或不定期进行综合性能方面的检测，其目的是在汽车不解体情况下，对运行车辆确定其工作能力和技术状况，查明故障或隐患的部位和原因；对维修车辆实行质量监督，建立质量监控体系，确保车辆具有良好的动力性、安全性、燃料经济性、使用可靠性和排气净化性，以创造更大的经济效益和社会效益。

3. 故障诊断与维修检测

汽车故障诊断和维修检测分为维修前检测和维修后检测，维修前检测的目的是根据检测结果进行故障诊断，查明故障部位和原因，确定车辆维护的附加作业项目和修理范围，以及应采取何种技术措施进行修复；维修后检测的目的是检验汽车使用性能是否得到恢复，各项指标是否达到技术标准的规定，确保维修质量。

1.3.3 汽车检测参数及其标准

1. 检测参数

检测参数，是表征汽车、总成及机构技术状况的量。有些结构参数可以表征汽车技术状况，但在不解体情况下，直接测量往往受到限制，如气缸间隙、曲轴和凸轮轴轴颈的磨损量等，都无法在不解体情况下直接测量。因此，在检测汽车技术状况时，需要采用一种与结构参数有关而又能表征汽车技术状况的间接指标，该间接指标称为检测参数。

1) 汽车检测参数分类

汽车检测参数包括：工作过程参数、伴随过程参数和几何尺寸参数。

(1) 工作过程参数

工作过程参数是汽车、总成或机构工作过程中输出的一些可供测量的物理量或化学量。例如，发动机功率、驱动车轮输出功率或驱动力、汽车燃料消耗量、制动距离或制动力、滑行距离等，往往能表征检测对象总的技术状况。工作过程参数是深入诊断的基础。汽车不工作时，工作过程参数无法测量。

(2) 伴随过程参数

伴随过程参数是伴随工作过程输出的一些可测量，如振动、噪声、异响、温度等。这些参数可提供检测对象的局部信息，常用于复杂系统的深入诊断。汽车不工作时，无法测量该参数。

(3) 几何尺寸参数

几何尺寸参数可提供总成或机构中配合零件之间或独立零件的技术状况，如配合间隙、自由行程、圆度、圆柱度、端面圆跳动、径向圆跳动等。这些参数虽能提供的信息量有限，但能表征检测对象的具体状态。

2) 汽车检测参数选择原则

在汽车的使用过程中，检测参数的变化规律与汽车技术状况的变化规律之间有一定的关系，为了保证检测结果的可信性和准确性，在选择检测参数时应遵循以下原则。

(1) 灵敏性。亦称灵敏度，是指检测对象的技术状况在从正常状态到进入故障状态之前的整个使用期内，检测参数相对于技术状况参数的变化率。选用灵敏性高的检测参数诊断汽车的技术状况，可使诊断的可靠性提高。

(2) 单值性。是指汽车技术状况参数从开始值变化到终了值的范围内，一个检测参数只对应一个技术状况参数。

(3) 稳定性。是指在相同的测试条件下，多次测得同一检测参数的测量值，具有良好的一致性(重复性)。检测参数的稳定性越好，其测量值的离散度越小。稳定性不好的检测参数，其灵敏性也低，可靠性差。

(4) 信息性。是指检测参数对汽车技术状况具有的表征性。表征性好的检测参数，能揭示汽车技术状况的特征和现象，反映汽车技术状况的全部情况。检测参数的信息性越好，包含汽车技术状况的信息量越多，得出的检测参数结论越可靠。

(5) 经济性。是指获得检测参数的测量值所需要的检测作业费用的多少，包括人力、工时、场地、仪器、设备和能源消耗等项费用。经济性高的检测参数，所需要的检测作业费用低。

汽车检测参数需要在一定的检测条件下、采用规定的检测方法进行测量，在检测条件中，一般有温度条件、速度条件和负荷条件等。如制动距离检测需要在一定的制动初速度和载荷下进行，并且采用路试方法检测；点燃式发动机汽车排气污染物检测，首先要使汽车发动机温度达到正常工作温度，采用怠速法和双怠速法进行等。没有规范的检测条件和检测方法，检测结果就无可比性，也就无法评价汽车技术状况。

2. 检测标准

为了定量地评价汽车及其总成或机构的技术状况，确定维修的范围和内容，必须建立检测参数标准，提供一个比较尺度，检测结果与标准值对照后，即可确定汽车技术状况，决定汽车是继续运行还是需要进行维修。检测标准是对汽车检测诊断方法、技术要求和限值的统一规定。

1) 检测标准的分类

(1) 国家标准。国家标准是国家制定的标准，冠以中华人民共和国国家标准(GB)字样。国家标准一般由某行业部委提出，由国家质量监督检验检疫总局发布，全国各级单位和个人都必须贯彻执行，具有强制性和权威性。如《营运车辆综合性能要求及检验方法》(GB18565—2001)、《机动车运行安全技术条件》(GB7258—2004)、《汽车维护、检测、诊断技术规范》(GB/T18344—2001)、《点燃式发动机汽车排气污染物排放限值及测量方法》(GB18285—2005)(双怠速法及简易工况法)等。

(2) 行业标准。行业标准也称为部委标准，是部级制定并发布的标准，在行业系统内贯彻执行，一般冠以中华人民共和国某行业标准，在一定范围内具有强制性和权威性，有关单位和个人必须贯彻执行。如中华人民共和国交通行业标准《营运车辆技术等级划分和评定要求》(JT/T198—2004)等(JT 表示交通部行业标准，T 表示推荐性标准)。

(3) 地方标准。该标准是省级、市级、县级制定并发布的标准，在地方范围内贯彻执行，在一定范围内具有强制性和权威性，所属范围内的单位和个人必须贯彻执行。如北京市地方标准《装用点燃式发动机汽车排气污染物限值及检测方法》(DB11/318—2005)(遥测法)等。

(4) 企业标准。该标准包括汽车制造厂推荐的标准、汽车运输企业和汽车维修企业内部制定的标准、检测仪器设备制造厂推荐的参考性标准。

汽车制造厂推荐的标准是汽车制造厂在汽车使用说明书和维修手册中公布的汽车使用性能参数、结构参数、调整数据和使用极限等，可以把它们作为检测参数标准来使用。

汽车运输企业和维修企业的标准是本企业内部制定的标准，只在企业内部贯彻执行。根据企业具体情况，制定一些上级标准中尚未规定的内容。企业标准中有些参数的限值比上级标准还要严格，以保证汽车维修质量和树立良好的企业形象。

检测仪器设备制造厂推荐的参考性标准是检测仪器设备制造厂，针对本仪器或设备所检测的诊断参数，在尚没有国家标准和行业标准的情况下制定的检测参数的限值，通过产品使用说明书提供给使用者。

2）检测参数标准的组成

检测参数标准一般由初始值、许用值和极限值组成。

(1) 初始值。相当于无故障新车和大修车诊断参数值的大小，往往是最佳值，可作为新车和大修车的检测参数标准。当检测参数测量值处于初始值范围内时，表明检测对象技术状况良好。

(2) 许用值。检测参数若在此范围内，表明检测对象技术状况虽发生变化，但尚属正常，无需修理，按要求维护即可继续运行，超过此值，应及时进行修理。

(3) 极限值。检测参数测量值超过此值后，表明汽车技术状况严重恶化，必须进行修理。此时，汽车动力性、经济性和环保性大大降低，行驶安全得不到保证，有关机件磨损严重，甚至可能发生机械事故。

3. 检测周期

检测周期是汽车诊断的间隔期，以行驶里程或使用时间表示。检测周期的确定，应满足技术和经济两方面的条件，获得最佳检测周期。

最佳检测周期，是能保证车辆完好率最高而消耗费用最少的检测周期。

1）制定最佳检测周期应考虑的因素

(1) 汽车技术状况。汽车新旧程度、行驶里程、技术状况等级、使用性能、结构特点、故障规律、配件质量等。

新车、大修后的车辆、行驶里程较少的车辆、技术等级为一级的车，其最佳检测周期就长；旧车、使用条件恶劣的车辆，其最佳检测周期则短。

(2) 汽车使用条件，包括气候条件、道路条件、装载条件、驾驶技术、拖带挂车、燃润料质量等。

(3) 经济性。包括检测诊断、维护修理、停驶损耗的费用。

2）制定最佳检测周期的方法

大量统计资料表明，实现单位里程费用最小和技术完好率最高，两者是可以求得一致的。

根据交通部《汽车运输业车辆技术管理规定》，汽车实行“定期检测、强制维护、视情修理”的制度。

车辆二级维护前应进行检测诊断和技术评定，依据检测结果，确定附加作业或修理项目，结合二级维护一并进行。

车辆修理要根据检测诊断和技术鉴定结果，视情按不同作业范围和深度进行，既要防止拖延修理造成车况恶化，又要防止提前修理造成浪费。

二级维护周期(间隔里程)是我国目前的最佳检测周期。根据《汽车维护、检测、诊断技术规范》(GB/T18344—2001)，二级维护周期应以行驶里程为基本依据，依据车辆使用说明书的有关规定，同时依据汽车使用条件的不同，由省级交通行政主管部门规定。一般为 10 000～15 000 km。

目前，我国对在用汽车定期检测的规定时间表，如表 1 - 4 所示。

表 1-4　在用汽车定期检测规定时间表

序号	检测类别	车辆类型	检测周期	检测依据
1	新车注册登记检验	所有车辆(包括乘用车、商用车、三轮汽车、低速货车)	申请注册登记时	《机动车运行安全技术条件》(GB7258—2004);《机动车安全技术检验项目和方法》(GB21861—2008)
2	安全技术检验	在用车辆(包括乘用车、商用车、三轮汽车、低速货车)	1年(按汽车尾号分月进行)	
3	技术等级评定	营运车辆(包括从事道路运输的大中型客车、货车、出租汽车、危险品运输车等)	1年(按汽车尾号分月进行)	《营运车辆综合性能要求和检验方法》(GB18565—2001);《营运车辆技术等级划分和评定要求》(JT/T198—2004);《汽车维护、检测、诊断技术规范》(GB/T18344—2001)
4	二级维护竣工质量检验	营运车辆(包括从事道路运输的大中型客车、货车、出租汽车、危险品运输车等)	6个月(按二级维护作业时间进行)	

1.4　汽车检测站

汽车检测站是受国家有关主管部门(公安或交通部门)的委托,按国家有关法律、法规和标准规定,借助现代先进的检测仪器和设备,综合运用现代检测技术,对汽车实施不解体检测的机构。汽车检测站能在室内检测出车辆的各种参数并诊断出可能存在的故障,为全面、准确评价汽车的使用性能和技术状况提供可靠的依据。汽车检测站不仅是车辆主管机关或行业对汽车技术状况进行检测和监督的机构,而且已成为汽车制造企业、汽车运输企业和汽车维修企业中不可缺少的重要组成部分。

1.4.1　汽车检测站的类型

1. 汽车检测站分类

我国的汽车检测站按照服务功能可分为安全环保检测站、综合性能检测站和维修检测站。

1) 安全环保检测站

安全环保检测站是经各地质量技术监督部门资格审核认定,受公安交通管理部门委托,依据《机动车运行安全技术条件》(GB7258—2004)和《机动车安全技术检验项目和方法》(GB21861—2008),对机动车实施安全技术检验的专门机构。其主要任务是:按照国家规定的车检法规,定期检测车辆与安全和环保有关的项目,以保证汽车安全行驶,并将污染降低到允许限度。

安全环保检测站一般由一条至数条安全环保检测线组成。有两条以上安全环保检测线时,一般一条为既可用于商用车检测、又可用于乘用车检测的汽车检测线,另一条为专门用于乘用车和小型客车检测的汽车检测线。

2) 综合性能检测站

汽车综合性能检测站是经各省交通运输管理机关审核认定,受各地道路运输管理部门委托,依据《营运车辆综合性能要求和检验方法》(GB18565—2001)、《营运车辆技术等级划分和评定要求》(JT/T198—2004)和《汽车维护、检测、诊断技术规范》(GB/T18344—2001),对营运车辆进行技术等级评定、二级维护竣工质量检验的专门机构。

根据《汽车综合性能检测站能力的通用要求》(GB/T17993—2005)的定义,汽车综合性能检测站是按照规定的程序、方法，通过一系列技术操作行为，对在用汽车综合性能进行检测(验)评价工作并提供检测数据、报告的社会化服务机构。其服务功能有：

(1) 依法对营运车辆的技术状况进行检测。

(2) 依法对车辆维修竣工质量进行检测。

(3) 接受委托，对车辆改装(造)、延长报废期及其相关新技术、科研鉴定等项目进行检测。

(4) 接受交通、公安、环保、商检、计量、保险和司法机关等部门、机构的委托，为其进行规定项目的检测。

因此，汽车综合性能检测站既能承担车辆安全环保方面的检测，又能承担汽车使用、维修中的技术性能检测，还能承接科研或教学、司法鉴定、进口汽车等方面的性能试验和参数测试。

综合性能检测站一般由一条或数条安全环保检测线和综合检测线组成。

3) 维修检测站

维修检测站是各专业大型汽车运输企业、汽车维修企业自行建立的检测站，主要从车辆使用和维修角度，担负车辆维修前、后的技术状况检测，检测车辆的主要使用性能，并进行故障分析与诊断。维修检测站一般由一条至数条综合检测线组成。

2. 各类检测站应用范围

1) 车辆年检

所有机动车(包括乘用车、商用车)，经公安交通管理机关注册登记投入使用后，每年必须进行一次年度检验，车辆年检由安全环保检测站承担。对延长使用期的车辆，要根据实际延长使用时间增加年检次数。

2) 车辆技术等级评定

对从事道路运输经营的车辆(包括大中型客车、出租汽车、货车、危险品运输车等)，每年必须进行一次技术等级评定，车辆等级评定由综合性能检测站承担，并出具检测报告单。交通运输管理部门根据检测结果确定车辆技术等级，并在“汽车道路运输证”上签章。

3) 二级维护竣工质量检验

对从事道路运输的车辆，经汽车4S店或汽车综合修理厂进行二级维护竣工后，送汽车综合性能检测站进行二级维护竣工质量检验，检验合格由交通运输管理部门在“车辆二级维护记录卡”上签章。

4) 临时检验

新车注册登记时的初次检验，运输超高超宽货物，维修更换发动机总成或缸体、车架总成，车辆改装等临时性检验，由安全检测站承担。

车辆交通事故损坏鉴定，维修质量鉴定，车辆司法鉴定，由汽车综合性能检测站承担。

车辆维修前的技术状况检测，故障检测诊断，车辆竣工质量检验等，由各大型运输企业、汽车维修企业所属维修检测站负责。

1.4.2 汽车安全与环保性能检测

安全与环保性能检测主要内容：与行车安全有关的项目，如灯光、制动、侧滑等；与环保有关的项目，如汽车尾气排放和噪声等。

安全环保检测站主要功能为新车上牌前的初次检验，在用车辆的定期检验(年检)，维修车、改装车的临时检验，特殊用途车辆的特殊性能检验等。

1. 检测项目与检测仪器设备

按照《机动车运行安全技术条件》(GB7258—2004)和《机动车安全技术检验项目和方法》(GB21861—2008)的要求，安全环保性能检测的检测项目与检测仪器设备，如表1-5所示。

表 1-5　　安全环保性能检测项目与检测仪器设备

检测方式	检测项目		检测仪器设备
车辆唯一性认定	①号牌号码；②车辆类型；③品牌/型号；④颜色；⑤发动机号码；⑥车辆识别代号(或整车出厂编号)及打刻特征；⑦主要特征及技术参数		
联网查询	查询送检机动车是否发生过交通事故及涉及尚未处理完毕的道路交通安全违法行为		
线外检测	车辆外观检查	①车身外观；②照明和电气信号装置；③发动机舱；④驾驶室(区)；⑤发动机运转状况；⑥客车外部；⑦底盘件；⑨车轮；⑩其他	轮胎气压表、轮胎花纹深度计、透光率计、钢卷尺(20 m 和 5 m 各一)、钢直尺(50 cm)、铅锤、转向盘转向力-转向角检测仪、照明器具
	底盘动态检测	①转向系统：转向盘最大自由转动量；转向沉重、自动回正能力；保持直线行驶能力检查； ②传动系统：离合器、变速器、传动轴、驱动桥检查； ③制动系统：点刹跑偏、低气压报警装置、弹簧储能制动器检查	
线内检测	车速	车速表指示误差	滚筒式车速表检验台
	排放	①点燃式发动机汽车双怠速法排气污染物：CO、HC 的体积分数，过量空气系数 λ； ②压燃式发动机汽车自由加速法排气烟度：排气光吸收系数(对 2001 年 10 月 1 日起生产的汽车)或滤纸式烟度值(对 2001 年 9 月 30 日及该日期以前生产的汽车)； ③低速货车自由加速法排气烟度：滤纸式烟度值	汽车排气分析仪、底盘测功机、滤纸式烟度计、不透光烟度计、发动机转速表、秒表
	制动(含轮重)	①轮重；②左、右轮最大制动力；③制动力增长全过程中的左右轮制动力最大差值；④制动协调时间；⑤车轮阻滞力；⑥驻车制动力	滚筒反力式制动检验台平板式制动检验台、秒表踏板力计、轮(轴)重仪
	侧滑	转向轮横向侧滑量	汽车侧滑检验台
	前照灯	①前照灯远光光束发光强度；②前照灯远光光束照射位置(光束中心左右偏移量及上下偏移量)；③前照灯近光光束照射位置(明暗截止线转角折点位置)	前照灯检测仪、车辆摆正装置
	车辆底盘	①转向系统；②传动系统；③行驶系统；④制动系统；⑤电器线路；⑥底盘其他部件	专用手锤、汽车悬架转向系统间隙检查仪
	功率	底盘输出功率	汽车底盘测功机
路试检测	行车制动	制动距离和制动稳定性，或充分发出的平均减速度、制动协调时间和制动稳定性	便携式制动性能测试仪、第五轮仪、非接触式速度仪、踏板力计
	驻车制动	驻车制动性能	
	车速	车速表指示误差	第五轮仪等

注：① 主要特征及技术参数是指机动车已认证(登记)的结果、构造或者特征，以及国家机动车产品主管部门公告的数据；
② 对全时四驱车辆等无法上线检测车速表指示误差的车辆不进行；
③ 实行环保检验合格标志的地方，排放(排气污染物测量)不再列入安全技术检验；
④ 轴荷超过检验设备允许承载能力的车辆、多轴无法上线的车辆不进行线内制动检验，应路试。

2. 检测工位设置及布局

安全环保检测线一般设3～5个工位，工位数太少，检测效率低；工位数太多，检测线太长，占地太多。为了提高检测效率，可将几个检测项目在一个工位同时检测，但同时应使各工位检测所用时间大致相同。

另外，有些检测项目之间有先后顺序要求，如称轴重一定要在测制动之前进行。由于检测排气、烟度和校验车速表时要排出较多的废气，同时噪音较大，所以这些项目的检测尽量安排在检测线入口处。

安全环保检测线工位布局，如图1-2所示。

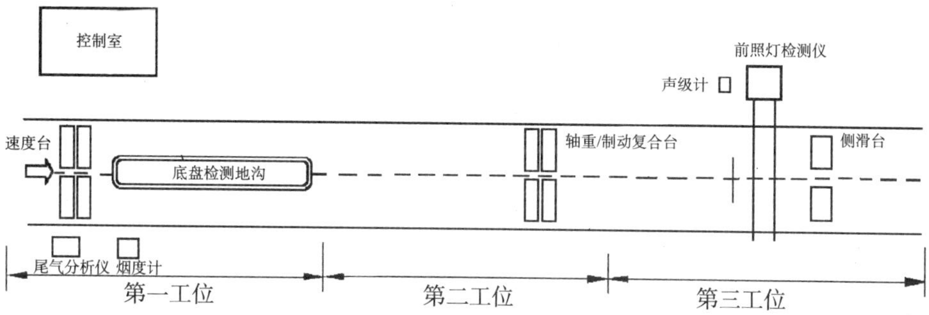

图1-2　安全环保检测线工位布局示意图

1.4.3　汽车综合性能检测

汽车综合性能是指在用汽车动力性、安全性、燃料经济性、使用可靠性、排气污染物和噪声以及整车装备完整性与状态、防雨密封性等多种技术性能的组合。汽车综合性能检测是汽车运输业车辆技术管理的主要内容之一，是检查、鉴定汽车技术状况和维修质量的主要手段，是强制维护、视情修理的重要保证。

1. 检测项目与检测仪器设备

汽车综合性能检测主要通过汽车综合性能检测站来完成，按照《营运车辆综合性能要求和检验方法》(GB18565—2001)和《汽车综合性能检测站能力的通用要求》(GB/T17993—2005)的规定，汽车综合性能检测项目和检测仪器设备，如表1-6所示。

表1-6　汽车综合性能检测项目和检测仪器设备

检测类型	检测项目	检测方式	检测仪器设备
外观检视	唯一性认定	人工使用量具实施测量与检验	钢卷尺(铅锤)、轮胎压力表、轮胎花纹深度尺、钢直尺
	车身外观		
	照明和电气信号装置		
	发动机机舱		
	驾驶室(区)		
	车轮轮胎		
	客车/危险品货车		
	运行检查		
	轮胎气压/kPa		
	汽车(挂车)外廓尺寸/mm		

（续表）

<table>
<tr><th>检测类型</th><th colspan="2">检测项目</th><th>检测方式</th><th>检测仪器设备</th></tr>
<tr><td rowspan="4"></td><td colspan="2">车身外缘左右对称部位高度差</td><td rowspan="4"></td><td rowspan="4"></td></tr>
<tr><td colspan="2">轮胎花纹深度(最小)/mm</td></tr>
<tr><td colspan="2">左右轴距差</td></tr>
<tr><td colspan="2">货箱栏板高度</td></tr>
<tr><td rowspan="17">动力性、燃料经济性</td><td rowspan="2">校正驱动轮输出功率</td><td>额定扭矩工况</td><td rowspan="2">台架程序测试
人工采集测试现场环境要素</td><td rowspan="2">汽车底盘测功机、大气压力表、温度计、湿度计</td></tr>
<tr><td>额定功率工况</td></tr>
<tr><td colspan="2">等速百公里燃料消耗量</td><td>台架程控测试或道路试验</td><td>汽车底盘测功机、油耗计、非接触式速度计或五轮仪</td></tr>
<tr><td rowspan="14">发动机技术状况</td><td>相对气缸压力</td><td rowspan="9">人工辅以仪器测试</td><td rowspan="9">发动机综合性能检测仪</td></tr>
<tr><td>点火电压(汽油机)</td></tr>
<tr><td>最低稳定转速</td></tr>
<tr><td>最高转速(柴油机)</td></tr>
<tr><td>起动电压</td></tr>
<tr><td>起动电流</td></tr>
<tr><td>充电电压</td></tr>
<tr><td>充电电流</td></tr>
<tr><td>蓄电池电压</td></tr>
<tr><td>润滑油污染指数</td><td rowspan="5">人工检验</td><td rowspan="2">润滑油质分析仪</td></tr>
<tr><td>润滑油水分含量</td></tr>
<tr><td>机油压力</td><td>机油压力表</td></tr>
<tr><td>停机装置(柴油机)</td><td></td></tr>
<tr><td>发动机异响</td><td></td></tr>
<tr><td rowspan="6">转向操纵性</td><td colspan="2">转向自动回正能力</td><td>道路试验</td><td></td></tr>
<tr><td colspan="2">转向盘最大自由转动量</td><td rowspan="4">人工辅以仪器测试</td><td rowspan="2">转向盘转向力-角仪</td></tr>
<tr><td colspan="2">转向盘操纵力</td></tr>
<tr><td colspan="2">转向轮最大转角</td><td>转向轮转角仪</td></tr>
<tr><td colspan="2">转向轮侧滑量</td><td>侧滑检验台</td></tr>
<tr><td colspan="2">车轮定位
a) 转向轮前束值/张角
b) 转向轮外倾角
c) 转向轮主销内倾角
d) 转向轮主销后倾角
e) 后轮外倾角
f) 后轮前束值/前张角
g) 推进角
h) 车轮轮距
i) 转向 20°的张角</td><td>人工辅助作业</td><td>前轮定位仪或四轮定位仪</td></tr>
</table>

（续表）

检测类型	检测项目	检测方式	检测仪器设备
悬架特性	吸收率	台架程控测试	悬架装置检测台
	左右轮吸收率差		
	悬架特性曲线		
	悬架效率		
	左右轮悬架效率差		
制动性能	轴(轮)重	台架程控测试	轴(轮)重仪
	左右轮最大制动力		滚筒反力式制动检验台或平板式制动检验台、制动踏板力计
	制动力和		
	制动力差		
	左右轮过程差最大差值点		
	左右轮制动阻滞力		
	驻车制动性能		
	整车制动性能		
	踏板力或气压		
	制动协调时间		
	制动力特性曲线	自动跟踪扫描	
	驻车制动	道路试验	标准坡道
	制动距离		非接触式速度计或五轮仪
	制动减速度		制动性能测试仪或非接触式速度计
	制动跑偏量		标准试车道路
	ABS 防抱制动性能	台架程控测试或道路测试	ABS 防抱制动检验台
前照灯	基准中心高度	程控测试	前照灯检测仪
	远光发光强度		
	远光光束上下偏移量		
	远光光束左右偏移量		
	近光光束上下偏移量		
	近光光束左右偏移量		
噪声与其他	车辆定置噪声	场地检测或道路试验	声级计
	客车车内噪声		
	驾驶员耳旁噪声		
	喇叭声级	仪器程控测试	
	车速表示值误差	台架程控测试	汽车车速表检验台或底盘测功机
	客车防雨密封性	人工辅以装置测试	喷淋装置

（续表）

检测类型	检测项目		检测方式	检测仪器设备
排气污染物	点燃式发动机汽车双怠速法排气污染物	CO、HC 的体积分数 过量空气系数 λ	仪器程控测试	排气分析仪
	点燃式发动机汽车加速模拟工况法排气污染物	CO、HC、NO 的体积分数	仪器、设备程控测试	汽车底盘测功机、排气分析仪
	压燃式发动机汽车自由加速法排气烟度	光吸收系数	仪器程控测试	不透光烟度计
		烟度值		滤纸式烟度计
底盘技术状况	传动系统性能	直接挡输出轴间隙	人工辅以地沟和专用设备检验	传动系统游动角检测仪
		传动轴间隙		
		主减速器间隙		
		传动轴跳动量		
	滑行性能	滑行距离	台架程控测试或路试	汽车底盘测功机
		滑行时间		
		滑行阻力	道路试验	拉力计
	使用可靠性	车轮动平衡	人工辅助作业	车轮动平衡机
		前悬架装置、间隙	人工辅以地沟和专用设备检验	检测地沟、底盘间隙检测仪
		横直拉杆及球销装置间隙、紧固		
		转向节臂、摇臂间隙、紧固		
		轮毂轴承间隙		
		转向系统传动装置间隙、紧固		
		制动/离合器踏板自由间隙	人工检验	钢直尺
		制动软管老化、磨损		扭力板手、专用手锤
		底盘异响		
		后钢板弹簧裂纹、窜位、弹簧夹、增减片		
		前钢板弹簧裂纹、窜位、弹簧夹、增减片		
		制动系统可见螺栓、管、线紧固		
		传动系统紧固		

2. 检测工位设置及布局

汽车综合性能检测线通常分为双线综合式检测线和全能综合式检测线。双线综合式是将汽车安全环保检测项目组成一条检测线，而将汽车综合性能检测项目组成另一条检测线。全能综合式检测线设有包括安全环保检测项目和综合性能检测项目在内的比较齐全的检测工位。

以某地汽车综合性能检测线为例，仪器设备及工位布局如图 1－3 所示。

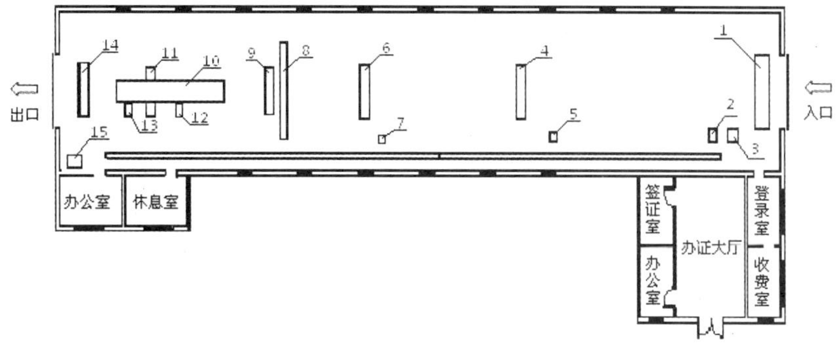

图 1－3　汽车综合性能检测线仪器设备及工位布局示意图

1—汽车底盘测功机；2—汽车排气分析仪；3—烟度计；4—轴重/制动检验台；5—手拉/脚踏力计；6—转向角检测仪　7—转向盘转向力-角仪；8—前照灯检测仪；9—侧滑检验台；10—检测地沟；11—底盘间隙检测仪；12—传动系统游动角检测仪；13—不解体探伤仪；14—悬架装置检测台；15—发动机综合性能分析仪

1.4.4　汽车检测站计算机控制系统

汽车综合性能检测站计算机控制系统是将计算机应用技术与电子控制技术、网络通讯技术相结合，对车辆的安全性、动力性、燃料经济性、尾气排放、整车装备等参数进行测量、计算、判断，并将结果输出、存储、传送的智能化系统。

《汽车综合性能检测站能力的通用要求》(GB/T17993—2005)和《汽车检测站计算机控制系统技术规范》(JT/T478—2002)，对检测站计算机控制系统的功能提出了明确要求。

1. 计算机控制检测系统功能及要求

(1) 车辆信息登录、规定项目与参数的受控自动检测、检测数据的自动传输与存档、检测报告与统计报表的自动生成、指定信息的查询。

(2) 控制系统配置的计算机等硬件和操作系统等软件应符合相关标准的要求。

(3) 控制系统应建立适用检测车型数据库和适用检测标准项目、参数限值数据库，并符合相关委托检测行业管理的要求。

(4) 控制系统不应改变联网检测仪器设备的测试原理、分辨力、测量结果数据有效位数和检测结果数据，检测参数的采集、计算、判定应符合有关标准。

(5) 应具有人工检验项目和未能联网的检测仪器设备检测结果的人工录入功能(IC 卡或其他方式)。

(6) 应设置检测标准、系统参数等数据修改的访问权限及操作日志。

(7) 检测调度功能：

① 控制系统应能使检测站内各检车通道对按照任何车辆次序和检测次序到达的已登车辆进行调度并完成应检项目的检测。

② 具有把受检车辆调度到检车通道任意检车单元、任意项目检测的能力。

③ 具有调度受检车辆接受检车单元内任意项目、任意次数检测的能力。

④ 检车单元上一个受控设备出现故障时，控制系统应能使该受控设备承担的检测项目在本次检测中取消，剩余项目仍能作为一个整体继续进行自动检测。

2. 计算机控制系统的组成及作用

计算机控制系统由硬件部分和软件部分组成。硬件部分包括计算机及外设、外部接口、传感器、前端处理单元。软件部分包括系统软件、应用软件、数据库。

汽车检测站控制系统的常见控制方式有集中式和集散式两种，其中集散式控制方式应用较为常见。

汽车检测站计算机控制系统由下列各子系统实现所要求的各项功能。

1）登录注册系统

登录注册系统是汽车检测站计算机控制系统检测流程的起点，它将车辆基本信息和检测项目录入计算机控制系统，为主控系统控制和报告打印提供信息。登录注册系统界面一般包括查询条件区、车辆基本信息区、检测项目选择区等。

2）调度系统

调度系统根据车辆实际到达检测车间的顺序，在无序登录到计算机控制系统的车辆中，选择相应车辆发往主控系统，开始检测。调度系统界面一般包括待检车辆列表，用来显示登录注册系统已经录入的车辆车号、车型、待检项目、检测序列号等信息。

3）主控系统

主控系统是检测站计算机控制系统的核心模块，它是根据被检车辆需要检测的项目控制检测设备运转，采集检测设备返回的检测数据，对检测数据按照国家相应标准进行判定；控制检测线各工位电子显示屏显示检测结果和判定结果，按照检测流程给引车员相应的操作提示；将检测数据和判定结果存入本地数据库。

主控系统界面：在检车辆状态区，用来显示在检车辆当前正在检测的项目及已检过项目的判定情况；待检车辆信息区，用来显示已由调度发来但未进行检测的车辆信息；检测数据显示区，用来显示各工位当前正在检测车辆的检测数据；检测设备状态区，用来显示当前各检测设备的运行状态。

主控系统通常包括外观检测，底盘检测，尾气检测，速度检测，制动检测，灯光检测，声级检测，侧滑检测，悬架检测，底盘测功检测，油耗检测等功能模块。

4）打印系统

打印系统能够按照规定的报告式样，根据检测结果，在检测报告的相应位置打印出车辆的基本信息和各检测项目的检测数据，并给出判定结果。

5）监控系统

监控系统将前端摄像机采集的视频信号，通过传输线路集中到监视器或录像机，供实时监控或存档查询。

6）客户管理系统

客户管理系统是对客户资源的管理，通常包括客户信息录入、业务收费、财务审核、领导查询等功能模块。

7）系统维护系统

系统维护系统一般包括检测设备的软件标定、检测判定标准的维护、数据库的定期备份、硬件维护、软件维护等功能。

8）查询统计系统

查询统计系统可按任意时间段，对被检车辆、车辆单位、检测合格率、引车员工作量、检测收入等信息进行查询、统计，并能按照一定的查询条件自动生成统计报表。

本 章 小 结

(1) 汽车主要使用性能包括：汽车动力性，燃油经济性，制动性，操纵稳定性，安全性，舒适性，通过性和环保性等。

(2) 汽车动力性是表征汽车加速、爬坡及能达到最高车速的能力，常用最高车速、加速性能、爬坡能力等作为评价指标。

(3) 汽车燃油经济性是指汽车以最少的燃料消耗完成单位运输工作量的能力，常用每百公里燃料消耗量(L/100 km)作为评价指标。

(4) 汽车制动性能是指汽车行驶时，能在短距离内迅速停车，并维持行驶方向稳定性和下长坡时能维持一定安全车速，以及在坡道上长时间保持停驻的能力。制动性能的评价指标主要有制动效能、制动效能的恒定性和制动时的方向稳定性。

(5) 汽车操纵稳定是指驾驶人不感到过分紧张、疲劳的条件下，汽车能遵循驾驶人通过转向系统及转向车轮给定的方向行驶，且当遭遇外界干扰时，汽车能抵抗干扰而保持稳定行驶的能力。

(6) 汽车安全性是衡量汽车品质优劣的重要指标。汽车安全性能主要分为主动安全性(避免事故的性能)和被动安全性(事故发生后对驾乘者的保护作用)。

(7) 汽车舒适性是指汽车为驾乘者提供方便的操作条件和舒适的驾乘环境。舒适性包括行驶平顺性、车内噪声、空气条件和居住性等。汽车行驶平顺性是指汽车在一定的速度范围内行驶时，能保证驾乘人员不会因车身振动而引起不舒服和疲劳的感觉，以及保持所运货物完整无损的性能。

(8) 汽车的通过性是指汽车以足够高的平均车速通过各种坏路和无路地带(如松软路面、凹凸不平路面等)及各种障碍(如陡坡、侧坡、壕沟、台阶、灌木丛、水障等)的能力。

(9) 汽车技术状况是指定量测得的表征某一时刻汽车外观和性能参数值的总和，它随着汽车行驶里程或使用时间而变化。汽车技术状况变差的主要外观症状有：汽车动力性下降；汽车燃油和润滑油消耗量显著增加；汽车制动性能变差；汽车操纵稳定性能降低；汽车排放污染物和噪声超过限值；汽车行驶中出现异响和异常振动；汽车可靠性变差，运行中因故障停驶时间增加。

(10) 汽车技术状况的变化的主要原因有：零件之间相互摩擦而产生的磨损，零件与有害物质接触而产生的腐蚀，零件在交变载荷作用下产生疲劳，零件在外载、温度和残余内应力作用下发生变形，橡胶及塑料等非金属零件和电器元件因长时间使用而老化，由于偶然事件造成零件损伤等。

(11) 汽车技术状况的变化不仅取决于汽车的结构设计与制造工艺的合理性和零件材料选择，还与各种使用因素有关。影响汽车技术状况变化的使用因素有运行条件、燃油和润滑油的品质、汽车运用的合理性等。

(12) 汽车检测是指确定汽车技术状况或工作能力所进行的检查和测量。汽车诊断是指汽车发生故障后，在不解体(或仅拆卸个别小件)条件下，为确定汽车技术状况或查明故障部位、故障原因进行的分析和判断。汽车检测诊断主要有安全环保检测、综合性能检测、故障诊断与维修检测等。

(13) 汽车检测参数是表征汽车、总成及机构技术状况的量。汽车检测参数包括：工作过程参数、伴随过程参数和几何尺寸参数。

(14) 汽车检测标准是对汽车检测诊断方法、技术要求和限值的统一规定。检测标准包括：国家标准、行业标准、地方标准和企业标准。

(15) 汽车检测参数标准一般由初始值、许用值和极限值组成。初始值相当于无故障新车和大修车诊断参数值的大小，往往是最佳值，可作为新车和大修车的检测参数标准；检测参数若在许用值范围内，表明检测对象技术状况虽发生变化，但尚属正常，无需修理；检测参数测量值超过极限值后，表明汽车技术状况严重恶化，必须进行修理。

(16) 检测周期是汽车诊断的间隔期，以行驶里程或使用时间表示。检测周期的确定，应满足技术和经济两方面的条件，获得最佳检测周期。

(17) 汽车检测站按照服务功能可分为安全环保检测站、综合性能检测站和维修检测站。安全环保检测站的主要任务是按照国家规定的车检法规，定期检测车辆与安全和环保有关的项目，以保证汽车安全行驶，并将污染降低到允许限度。汽车综合性能检测站是按照规定的程序、方法，通过一系列技术操作行为，对在用汽车综合性能进行检测(验)评价工作并提供检测数据、报告的社会化服务机构。

(18) 汽车综合性能检测站计算机控制系统是将计算机应用技术与电子控制技术、网络通讯技术相结合，对车辆的安全性、动力性、燃料经济性、尾气排放、整车装备等参数进行测量、计算、判断，并将结果输出、存储、传送的智能化系统。汽车检测站计算机控制系统包括：登录注册系统、调度系统、主控系统、打印系统、监控系统、客户管理系统、系统维护、查询统计系统。

复习思考题

1. 判断题

(1) 汽车制动效能可用在满载时汽车以初速度制动时的最小制动距离表示。 (　　)

(2) 汽车技术状况是指定量测得的表征某一时刻汽车外观和性能参数值的总和。 (　　)

(3) 评定营运车辆技术等级的依据是《营运车辆技术等级划分和评定要求》(JT/T198—2004)。 (　　)

(4) 汽车的加速能力用加速时间来衡量。 (　　)

(5) 汽车内安全防护措施是在汽车转向盘内及车门内装有自动充气弹出的安全气囊。 (　　)

(6) 诊断参数是供诊断用的，表征汽车、总成及机构技术状况的量。 (　　)

(7) 驱动轮输出功率、制动力、滑行距离是伴随过程参数。 (　　)

(8) 汽车使用过程中，诊断参数的变化规律与汽车技术状况变化规律之间有一定关系。 (　　)

(9) 汽车检测站是综合运用现代检测技术，对汽车实施不解体检测、诊断的机构。 (　　)

(10) 车辆二级维护前不需要进行检测诊断和技术评定。 (　　)

(11) 检测站使用的计量检测设备应按质量技术监督部门的有关规定，组织周期检定，保证检测结果准确可靠。 (　　)

(12) 车速表示值误差检测可利用速度台或底盘测功机进行检测。 (　　)

(13) 汽车最佳诊断周期是保证车辆完好率最高而消耗费用最少的诊断周期。 (　　)

(14) 现代仪器设备诊断法比人工经验诊断法准确性差。 (　　)

(15) 诊断参数的获得考虑经济性的因素就不必考虑获得参数的测量条件和测量方法。 (　　)

2. 选择题

(1) 汽车动力性的评价指标有最高车速、加速性能和(　　)。

A. 加速时间　　B. 最大爬坡度　　C. 燃料消耗

(2) 汽车制动性的量标主要包括制动效能，制动效能恒定性和(　　)。

A. 转向轮测滑　　B. 制动时方向稳定性　　C. 横向倾覆

(3) 轿车的最大爬坡度一般在(　　)以内。

A. 30%　　B. 20%　　C. 15%

(4) 制动器温度在一般情况下不应超过(　　)，温度过高时制动蹄片的摩擦系数明显下降，导致制动效能下降。

A. 200℃　　B. 300℃　　C. 400℃

(5) 高温条件下对汽车性能影响的描述错误的是(　　)

A. 燃烧不正常(爆燃，早燃)　　B. 发动机起动困难　　C. 润滑性能变差

(6) 汽车检测诊断参数中，(　　)属于工作过程参数。

A. 振动　　B. 自由行程　　C. 制动减速度

(7) 汽车制造厂在汽车使用说明书中公布的汽车使用性能参数、结构参数、调整数据和使用极限等是(　　)。

A. 国家标准　　B. 企业标准　　C. 行业标准

(8) 当发动机的有效功率和有效转矩低于额定值的(　　)时，说明汽车的动力性变差。

A. 90%　　B. 75%　　C. 50%

(9) 可提供总成及机构中配合零件之间或独立零件的技术状况的参数属于(　　)。

A. 伴随过程参数　　B. 几何尺寸参数　　C. 工作过程参数

(10) 与发动机曲柄连杆机构有关的诊断参数是(　　)。

A. 气门间隙　　B. 气缸压力　　C. 发动机功率

(11) 当诊断参数测量值处于(　　)范围内时，表明诊断对象技术状况良好，无需维修便可继续运行。

A. 初始值　　B. 许用值　　C. 极限值

(12) 在不解体(或仅拆卸个别小件)条件下，确定汽车技术状况或查明故障部位、故障原因，进行的检测、分析和判断是(　　)

A. 汽车检测　　B. 汽车诊断　　C. 汽车维护

(13) (　　)是确定汽车技术状况或工作能力进行的检查和测量。

A. 汽车检测　　B. 汽车诊断　　C. 汽车维护

(14) 发动机功率和汽车的驱动力等属于汽车诊断参数中的(　　)。

A. 工作过程参数　　B. 伴随过程参数　　C. 几何尺寸参数

(15) 按照国家规定的车检法规，定期检测车辆中与安全和环保有关的项目，以保证汽车安全行驶，并将污染降低到允许限度的检测站属于(　　)。

A. 安全检测站　　B. 维修检测站　　C. 综合检测站

3. 名词解释

(1) 汽车技术状况　　(2) 汽车检测　　(3) 汽车诊断

(4) 汽车综合性能　　(5) 汽车综合性能检测站

4. 问答题

(1) 什么是汽车制动效能？如何进行评价？

(2) 汽车主动安全性和被动安全性方面主要采取哪些措施？

(3) 什么是汽车检测？什么是汽车诊断？

(4) 安全环保检测主要检测项目和仪器设备有哪些？

(5) 汽车综合性能检测主要检测项目和仪器设备有哪些？

2 汽车动力性能检测

学习目标

知识目标

(1) 熟悉汽车动力性能的评价指标和汽车动力性的检测项目；

(2) 掌握汽车发动机性能和驱动轮输出功率的检测方法；

(3) 了解汽车动力性检测常用仪器设备的基本结构与工作原理。

能力目标

(1) 学会正确使用汽车动力性检测仪器设备；

(2) 学会应用发动机综合性能检测仪、汽车底盘测功机等设备进行相关项目的检测；

(3) 能根据汽车动力性检测结果分析造成动力性下降的原因，并诊断和排除故障。

汽车是一种高效率的运输工具，运输效率的高低在很大程度上取决于汽车的动力性。汽车动力性是指汽车在良好路面上直线行驶时由汽车受到的纵向外力决定的，所能达到的平均行驶速度。汽车行驶的平均技术速度越高，汽车的运输效率也越高，但随使用时间的延长，其动力性会逐步下降，从而达不到高速行驶的要求，降低汽车的运输效率以及公路应有的通行能力。因此，早在1983年国家颁布的《汽车大修竣工出厂技术条件》(GB3798—83)第2.6项中对汽车大修后的加速性能规定了最低要求。交通部在1990年发布的13号令《汽车运输业车辆技术管理规定》中，特别要求对汽车动力性进行定期检测。此后国家标准《营运车辆综合性能要求和检验方法》(GB18565—2001)、交通行业标准《营运车辆技术等级划分和评定要求》(JT/T198—2004)，都将动力性作为主要性能进行评定，充分说明汽车动力性检测的重要性。

2.1 汽车动力性能评价指标

汽车动力性是表征汽车在行驶中能达到的最高车速、最大加速能力和最大爬坡能力，是汽车的基本使用性能之一。汽车检测中一般常用汽车的最高车速、加速能力、最大爬坡度、发动机最大输出功率、驱动轮输出功率作为动力性评价指标。

1. 汽车的最高车速

最高车速是指汽车以厂定额定总质量状态在风速≤3 m/s的条件下，在干燥、清洁、平坦的混凝土或沥青路面上，能达到的最高稳定行驶速度。国内对不同车型的最高车速要求也不同：轿车≥120 km/h；轻型车100～120 km/h；载货汽车80～100 km/h；沙漠汽车、农用汽车50 km/h。

2. 汽车的加速能力

加速能力是指汽车在行驶中迅速增加行驶速度的能力，通常以汽车加速时间来评价。加速时间是指汽车以额定总质量状态，在风速不大于3 m/s的条件下，在干燥、清洁、平坦的混凝土或沥青路面上，由某一低速加速到高速所需的时间。常用原地起步加速时间和超车加速时间来表征汽车的加速能力。

(1) 原地起步加速时间，亦称起步换挡加速时间。是指汽车由停车静止状态起步后，以最大加速度(包括选择适当的换挡时机)逐步换到最高挡位后，达到某一预定的车速所需的时间，如0～100 km/h起步加速时间是最能评定汽车性能的指标之一，一般以0～100 km/h加速时间是否超过10 s来衡量汽车加速性能的优劣；或用规定的低挡起步，以最大加速度逐步换到最高挡后，达到一定距离所需的时间，其规定的距离一般为0～400 m，0～800 m，0～1 000 m，起步加速时间越短，动力性越好。某些轿车的原地起步加速时间曲线，如图2-1所示。

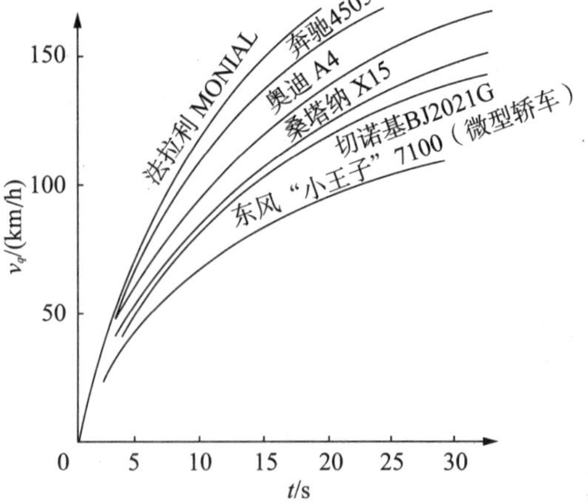

图2-1 轿车原地起步加速时间曲线

(2) 超车加速时间，亦称直接挡加速时间。是指用最高挡或次高挡，由某一预定车速开始，全力加速到某一高速所需的时间，超车加速时间越短，其高速挡加速性能越好。

3. 最大爬坡度

最大爬坡度是指汽车满载，在干燥、清洁、良好的混凝土或沥青路面的坡道上，在风速≤3 m/s 的条件下，以汽车变速器最低前进挡能够爬上的最大坡度。

轿车经常在平坦路面上行驶，一般不强调爬坡能力，而且轿车最高车速高，发动机功率较大，可以保持良好的加速能力，爬坡能力自然较好。货车在各种道路上行驶，应具有足够的爬坡能力，一般最大爬坡度在 30%(16.7°)左右(轻型车为 24%，13.5°)。越野汽车对爬坡能力的要求更高，其最大爬坡度可达 60%(31°)左右或更高。

4. 发动机最大输出功率

发动机最大输出功率是指发动机在全负荷状态下，仅带维持运转所必需的附件时所输出的功率，又称总功率。此时被测试发动机一般不带空气滤清器、冷却风扇等附件。新出厂发动机的最大输出功率一般是指发动机的额定功率。额定功率是制造厂根据发动机具体用途，发动机在全负荷状态和规定的额定转速下所规定的总功率。

5. 驱动轮输出功率

驱动轮输出功率是指汽车在使用直接挡行驶时，驱动轮输出的最大驱动功率，是汽车发动机功率经过传动系消耗功率后到驱动轮的输出功率(相应的车速在发动机额定功率转速和额定扭矩转速附近)。驱动轮输出功率的大小，完全取决于发动机发出的功率和传动系的传动效率，也取决于它们的技术状况。驱动轮输出功率的减少，说明发动机或传动系统的技术状况已变差。发动机和传动系统技术状况的微小变化，都会通过驱动轮输出功率的增加或减少反映出来。

2.2 汽车动力性能检测设备

2.2.1 发动机综合性能检测仪

发动机综合性能检测与发动机台架试验不同，后者是发动机与汽车拆离，以测功机吸收发动机的输出功率对功率、扭矩、油耗和排放等最终性能指标进行定量测定；而发动机综合性能检测装置是集传感技术、动态数据采集技术、信号处理于一体的高科技产品。该仪器主要在汽车维修企业和综合性能检测线就车对常规的汽柴油发动机以及电控汽油发动机的点火、供油、冷却、润滑、电控系统、传感器波形、动力性能、油耗、排放等系统进行动态检测和故障分析，为发动机技术状态判断和故障诊断提供科学依据。

1. 发动机综合性能检测仪的结构与工作原理

虽然各厂家开发的发动机综合性能检测装置形式各异，一台配置齐全、性能良好的检测仪，主要由信号提取系统、信息处理系统和采控显示系统组成。发动机综合性能检测仪的外形，如图 2-2 所示。

1) 信号提取系统

信号提取系统的任务是检测汽车被测点的参数值，由于被测点的机械结构和参数性质不同，信号检测装置必须具有多种型式以适应不同的测试部位。多数汽车综合性能检测仪采用的信号检测系统是由一些不同型式的插接头和探头组成，如图 2-3 所示。

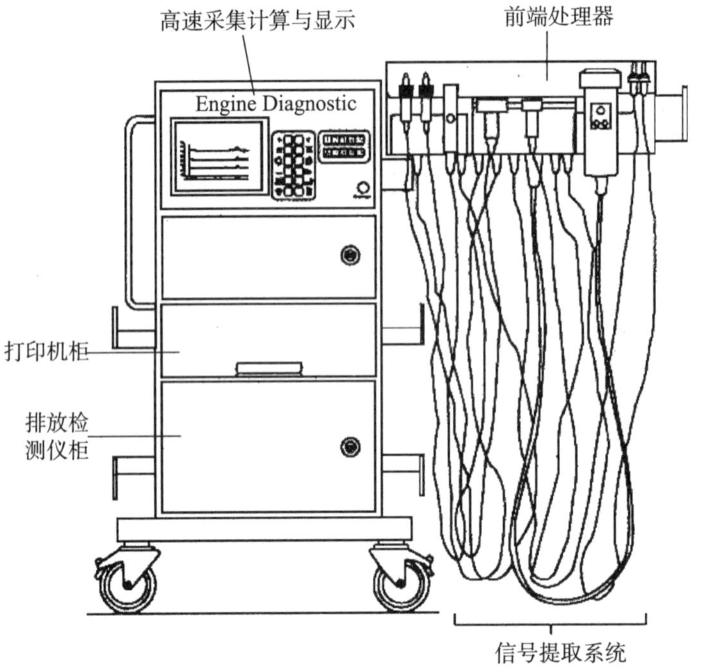

图 2-2　发动机综合性能检测仪外形图

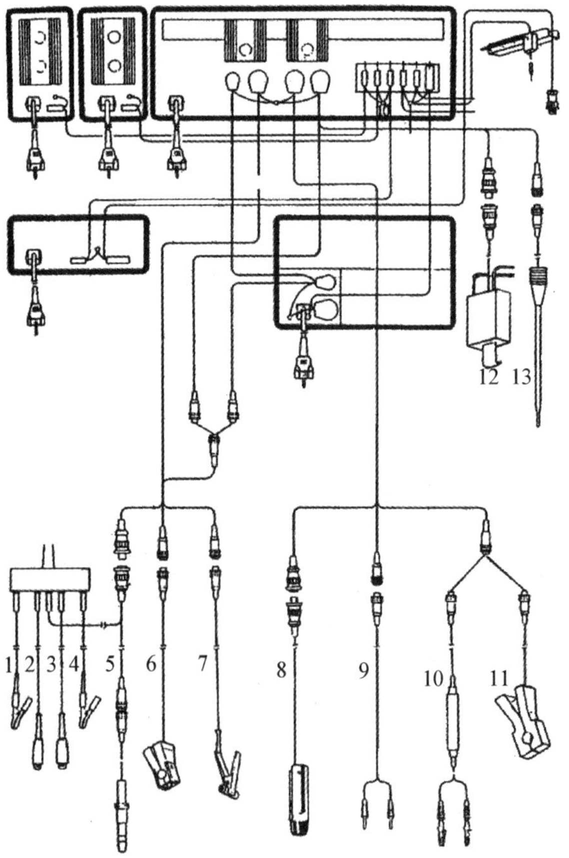

图 2-3　信号提取系统

1、4—蓄电池夹；2、3—点火线圈接线夹；5—活塞上止点传感器；6、7—电感式电容式夹持器；8—频闪灯；9—探针；10—鳄鱼夹；11—电流互感钳；12—压力传感器；13—温度传感器

按插接头和探头接触形式不同，可分为以下四类。

(1) 第一类为直接接触类。如蓄电池夹 1、4，点火线圈接线夹 2、3，万用表正负极传感器测试接头探针 9，测定发电机充电电流的鳄鱼夹 10 等。

(2) 第二类是非接触类。如电感式或电容式夹持器 6、7，分别钳于一缸点火线和点火线圈高压线上，以获得点火信号；电流互感钳 11，夹在蓄电池上感应出起动电流的大小。

(3) 第三类为传感器类。对于非电量参数测量，必须先经过某一类型的传感器将非电量转变成电量，如电磁式 TDC 传感器提供上止点信号，频闪灯可寻找点火提前角，压力传感器可将进气管或喉管真空度转变成电量，温度探头中的热敏电阻，可将机油温度和冷却水温度等参数转换为电压值。

(4) 第四类是 T 形接头。对于电控燃油喷射(EFI)发动机，因计算机计算喷油脉宽和自动控制过程的需要，各非电量已被植入各系统的传感器直接转换成电量，它们的提取可用不同的转接头来完成，如图 2-4 所示。

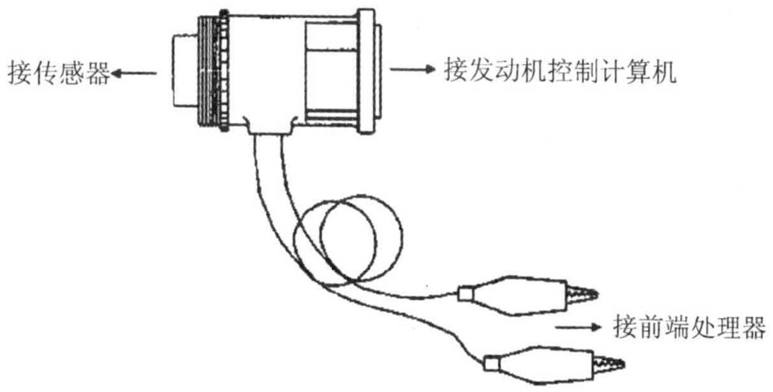

图 2-4　信号 T 形接头

2) 信号预处理系统

信号预处理系统也称前端处理器，是发动机综合性能检测仪的关键部分，它可将发动机所有传感器的输出信号经衰减、滤波、放大、整形后，输入到计算机多功能信号采集卡。并将所有脉冲信号和数字信号直接输入发动机综合性能检测仪的 CPU，信号通过信号预处理系统处理后转换成标准的数字信号后送入综检仪计算机。

3) 采控与显示系统

发动机综合性能检测仪大多用彩色 CRT 显示器，现代发动机综合性能检测仪都能显示操作菜单，实时显示当前动态参数和波形。

2. 发动机综合性能检测仪的功能及特点

1) 检测仪的功能

(1) 无外载测功(即加速测功)。

(2) 汽油机点火系统检测，初级、次级点火波形的采集显示，断电器闭合角、点火提前角、重叠角的时间和波形检测。

(3) 柴油机喷油过程各个参数的检测(压力波形、喷油雾化、脉宽、喷油提前角等)。

(4) 进气歧管真空度波形检测与分析。

(5) 各缸工作均匀性检测，各缸压缩压力判断。

(6) 起动、充电参数的检测(电压、电流、转速)。

(7) 电控燃油喷射系统各传感器参数的检测。转速、温度、进气管真空度、节气门位置、爆震信号、空气流量、喷油脉冲、氧传感器等。

(8) 其他功能。数字示波器及万用表功能，废气分析仪、烟度计联机功能，信号回放与分析。

2）检测仪的特点

区别于解码器和一般发动机单项性能的检测仪，发动机综合性能检测仪具有如下特点：

（1）动态测试。它的传感系统和信号采集与记忆系统能迅速准确地获取发动机每个瞬间的实时动态参数值，这些动态参数是对发动机工作性能和技术状况进行有效判断的重要依据。

（2）通用性。测试过程不依据被检车辆的数据卡（即测试软件），只针对发动机基本结构和工作原理进行测试，因此检测结果具有良好的普遍性，检测方法也具有最广泛的通用性。

（3）主动性。不仅能适时采集发动机的动态参数，还能主动地发出指令干预发动机工作，以完成某些特定的试验程序，如断缸试验等。

2.2.2 汽车底盘测功机

汽车底盘测功机是一种不解体检验汽车性能的检测设备，它通过室内台架，模拟汽车在道路上行驶的工况，检测汽车整车动力性，而且还可以测量油耗及多工况排放指标。

汽车底盘测功机具有如下功能：

① 汽车驱动轮输出功率（外特性和部分特性）、输出扭力（扭矩）的检测。

② 车速表、里程表误差的检测。

③ 汽车加速性能、滑行性能的检测。

④ 汽车传动系统阻滞力的检测。

⑤ 汽车油耗检测的加载及控制。

⑥ 汽车排气污染物检测的加载及控制。

1. 汽车底盘测功机的基本结构

汽车底盘测功机一般包括：框架、滚筒装置、功率吸收装置、测量装置、控制与指示装置和辅助装置等，其结构如图 2－5 所示。

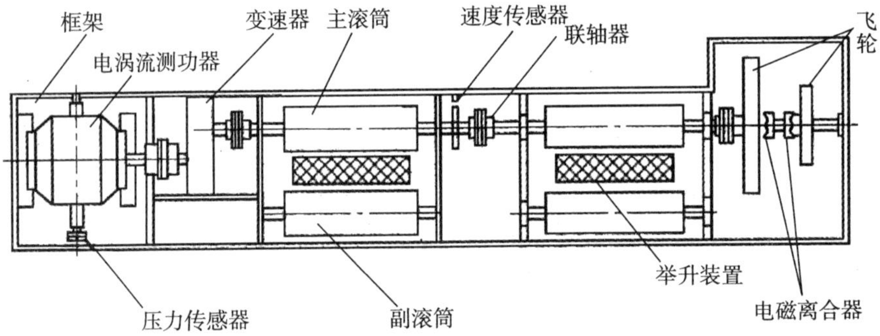

图 2－5 汽车底盘测功机结构示意图

1）框架与滚筒装置

框架是底盘测功机的基础，坐落在地坑内。滚筒装置相当于连续移动的地面，当测功试验时被测车辆的驱动轮驱动滚筒旋转。滚筒装置分为单滚筒、双滚筒两种，如图 2－6 所示。

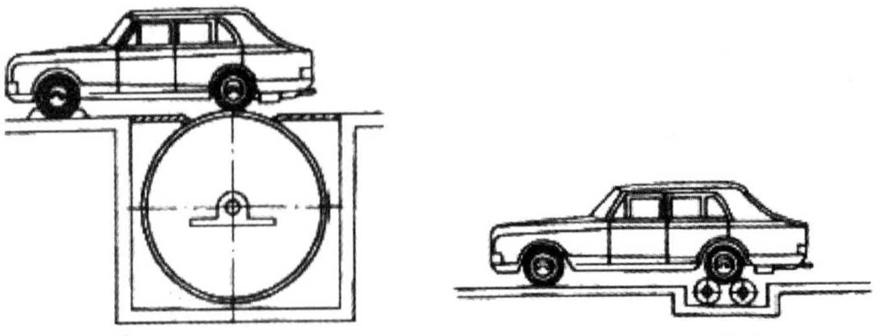

（a）大直径单滚筒式　　（b）单轮双滚筒式

图 2－6 滚筒装置结构形式

(1) 单滚筒底盘测功机。支撑汽车两边驱动轮的滚筒各为单个滚筒的底盘测功机，其滚筒直径大，一般在 1 500～2 500 mm 之间，由于其制造和安装费用大，测试精度高，一般用于汽车制造厂和科研单位，较少用于汽车维修企业和汽车综合性能检测站。

(2) 双滚筒底盘测功机。支撑汽车两边驱动轮的滚筒各为两个滚筒的测功机，其滚筒直径应介于 200～530 mm 之间，推荐值：承载 3 t 的底盘测功机为(218±2)mm，承载 10 t 的底盘测功机为(320±2)mm，承载 13 t 的底盘测功机为 370～530 mm。由于其设备成本低，使用方便，但测试精度低，一般用于汽车维修行业和汽车综合性能检测线。

由于车轮与滚筒的接触状况和在路面上行驶不同，滚筒直径越小，比压就越大，滚动阻力也越大，对驱动轮输出功率的损耗也越大，所以应尽量选择使用大直径滚筒底盘测功机，以减少检测时的滚动阻力损耗。

目前，底盘测功机滚筒表面状况常采用表面未经处理的光制滚筒和表面喷涂有耐磨硬质合金材料的喷涂滚筒。表面未经处理的光制滚筒表面光滑，附着系数低，车轮在滚筒上运转平稳，滚动阻力波动小，但在测试驱动轮输出功率时滑移率较大，轮胎容易发热。喷涂滚筒接近于水泥路面的附着系数，可减少轮胎的滑拖，减少滚动阻力的损失。

双滚筒测功机还有主副滚筒之分，与测功器相连的滚筒为主滚筒，左右两个主滚筒之间装有联轴器，左右两个副滚筒处于自由状态。滚筒均经过平衡测试，通过滚动轴承安装在框架上以保证滚筒在高速旋转过程中不发生振动。

2) 功率吸收装置

底盘测功机的功率吸收装置，又称为测功器，是一个加载装置，用来模拟车辆在行驶过程中可能受到的各种阻力，使车辆如同在道路上行驶一样。常见的测功器有水力式、电力式和电涡流式三种，水力式测功器可控性较差、动态响应慢、精度低，电力式测功器成本高、价格昂贵，因此汽车综合性能检测线和汽车维修企业使用的底盘测功机多采用电涡流测功器。

电涡流测功器是利用电磁感应形成电涡流而产生制动力矩给车辆加载。根据电涡流测功器的冷却方式可分为水冷式电涡流测功器和风冷式电涡流测功器。

水冷式电涡流测功器结构复杂，安装不便，尤其在北方，冬季气温低，需对冷却水管路采取保暖措施，防止水管冻裂损坏，同时对冷却水也有严格要求，以防水管结垢、堵塞或锈蚀，目前推广应用并不普遍。

风冷式电涡流测功器结构简单，价格便宜，安装和使用方便，但冷却效率低，功率吸收装置不易长时间运行，一般在高转速、大负荷下工作时间不宜超过 5 min。目前汽车综合性能检测线大部分采用风冷式电涡流测功器，其基本结构如图 2－7 所示。

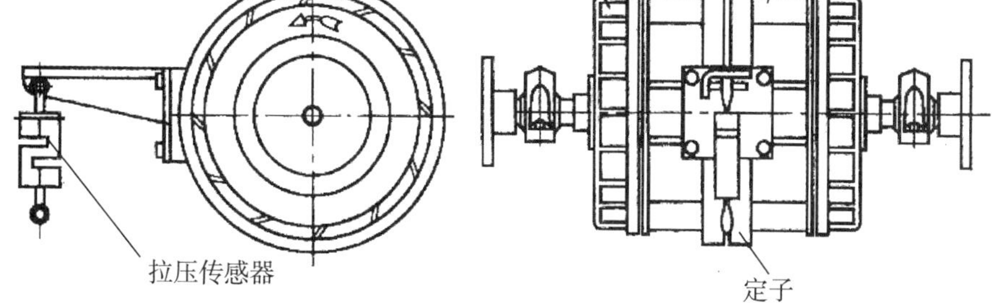

图 2－7　风冷式电涡流测功器的基本结构

电涡流测功器主要由转子和定子两大部分组成。转子和主滚筒相连，而定子是可以自由摆动的，在定子四周装有励磁线圈，转子在磁场中转动。当励磁线圈通以直流电时，磁力线在定子、涡流环、空气隙和转子之间构成回路，磁通的大小与励磁线圈的组数及所通过的电流大小有关。转子外圆制成凸凹不同的形状，由于通过齿顶和凹槽的磁通不一样，凸出部分比凹陷部分通过的磁通多，当转子旋转时，引起磁通的变化，从而在固定的涡流环中产生涡流。这种涡流产生的磁场又产生一个与转子旋转方向相同的转矩，由于作用与反作用的关系，转子便获得一个与自身转动方向相反的转矩。因转子与滚筒相连，就等于给滚筒施加了一个阻力，用这个阻力模拟汽车在道路上的行驶阻力。这个对转子起制动作用的力矩，使浮动的定子顺着旋转方向摆动，制动力矩的大小可以通过控制励磁电流来调节。

3）测量装置

测量装置主要包括测力装置和测速装置。

测力装置用于测量汽车驱动轮施加在底盘测功机上的驱动力，底盘测功机驱动力传感器一般有拉压传感器（应变片式）和位移传感器两种。两种传感器的一端都连接于测功器外壳的测力臂上，另一端则连接在固定机架上。因测功器的外壳是浮动的，可以绕电涡流测功器转子的中心轴摆动，测功时，滚筒转动直接带动电涡流测功器转子转动，在转子上产生制动力矩，该制动力矩使电涡流测功器外壳绕中心轴摆动，外壳的摆动直接将制动力矩传到与其相连的测力传感器，传感器信号经计算机处理后，显示出汽车驱动轮与滚筒切线方向的瞬时驱动力值。

测速装置是为了底盘测功机在检测驱动轮输出功率、加速性能、滑行性能及油耗、排气污染物时，测量试验车速而设置的。一般采用电测试测速装置，由车速传感器、中间处理装置和指示装置等组成。常用的车速传感器主要有直射式光电车速信号传感器、磁电式车速传感器、霍尔车速信号传感器和测速发电机等，车速传感器安装在副滚筒一端，随滚筒一起转动，能将滚筒的转动转变为电信号，该信号经放大送入处理装置，换算为车速，并在指示装置显示出来。

4）控制与指示装置

汽车底盘测功机通过控制系统实现恒车速控制和恒力控制。检测过程中，计算机不断从车速传感器采集车速脉冲信号，该信号由计算机处理后变成汽车的瞬时车速，瞬时车速要与原设定的车速比较，通过加载和减载（调节电涡流测功器励磁电流）的方式，使汽车在检测过程中的实际车速与设定车速的比值一直控制在允许范围内，从而实现车速控制。底盘测功机还需模拟车辆在道路行驶中的滚动阻力、空气阻力、加速阻力和坡道阻力，加速阻力可通过惯性飞轮模拟，其他阻力要靠电涡流测功器进行加载来实现，即先由计算机得到检测所需的加载量，再把加载量换算成电涡流测功器励磁电流的大小，然后进行调节和控制，实现恒力控制。

底盘测功机的控制装置和指示装置往往制成柜式一体结构，指示装置多用智能型数字显示仪表，也就是一个单片机系统，来自传感器的信号经放大、A/D转换或滤波整形后，输入单片机处理，再输出显示测量结果。控制柜面板，如图2－8所示。控制柜上的按键、显示窗、旋钮、功能灯、报警灯、指示灯等，用来控制检测过程，显示测试结果。

5）辅助装置

（1）举升装置。为了方便车辆进出底盘测功机，在主、副滚筒之间设有举升装置。举升装置由举升器、托板组成。举升器主要有气动（气缸式、气囊式）、液压（液压油缸）、电动三种形式，目前气动举升器应用较多。

（2）飞轮装置。为了更准确地进行汽车加速性能和滑行性能的检测，底盘测功机配备有飞轮装置，模拟汽车的旋转惯量。飞轮组由滚动轴承支承在底盘测功机框架上，通过离合器与主滚筒相连。飞轮的质量一般按照被测汽车的质量选取，飞轮的个数越多，则惯性模拟精度越高。

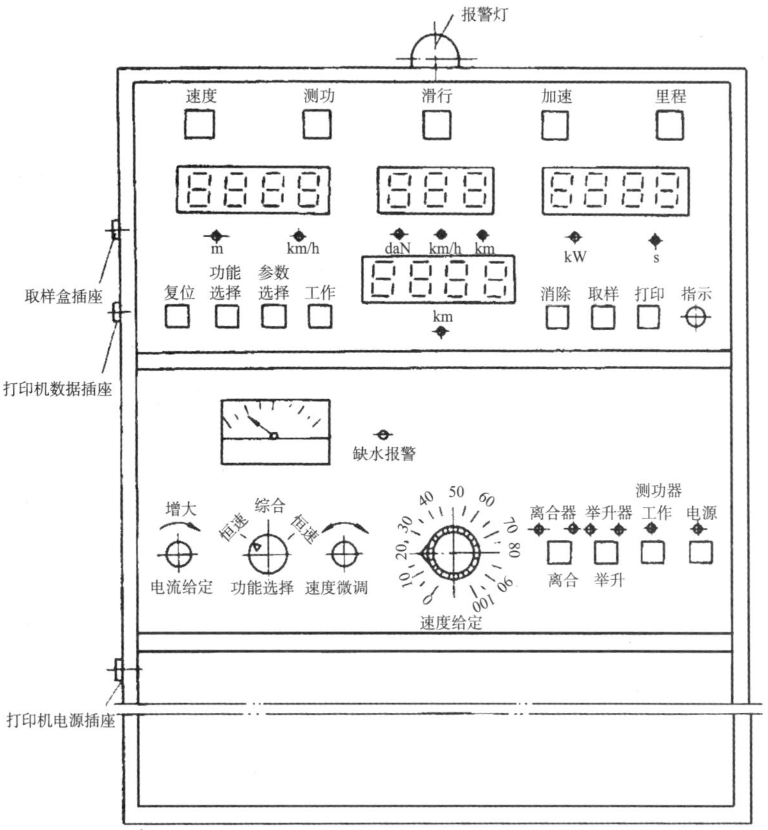

图 2－8　控制柜面板示意图

(3) 反拖装置。反拖装置是采用反拖电动机带动底盘测功机的功率吸收装置、滚筒及汽车车轮、汽车传动系的一种装置，由反拖(变频)电动机、滚筒、扭矩仪等组成。有了反拖装置，可测定在不同车速条件下，底盘测功机自身传动系统所消耗的功率；测定汽车车轮在滚筒上运转时，在不同车速下所消耗的功率；测定汽车在底盘测功机上运转时，汽车传动系统在不同车速下所消耗的功率。

(4) 安全保障装置。为了保护检测设备和被检车辆及操作人员的安全，底盘测功机设有安全保障装置，主要包括左右挡轮、系留装置、车偃、发动机与车轮冷却风机。左右挡轮是防止汽车车轮旋转过程中，在侧向力作用下驶出滚筒。系留装置是指地面上的固定盘架与车辆之间用钢丝绳或铁链相连接，防止汽车高速运转时因滚筒卡住或其他原因车辆驶出滚筒。车偃是为防止汽车检测过程中车体前后移动。

2. 汽车底盘测功机的工作原理

汽车在道路上行驶过程中存在着运动惯性、行驶阻力(包括滚动阻力、加速阻力、空气阻力和坡道阻力)，要在底盘测功机上模拟汽车道路运行工况，首先要解决模拟汽车整车的运动惯性和行驶阻力问题，这样才能用底盘测功机检测汽车运行状况的动态性能。

为此，在底盘测功机上利用惯性飞轮的转动惯量来模拟汽车旋转体的转动惯量及汽车直线运动质量的惯量，采用电磁离合器自动或手动切换飞轮的组合，在允许的误差范围内满足汽车的惯量模拟。至于汽车在运行过程中所受的空气阻力、非驱动轮的滚动阻力及爬坡阻力等，则采用功率吸收装置(加载装置)来模拟。

路面模拟是通过滚筒来实现的，即以滚筒的表面取代路面，滚筒的表面相对于汽车作旋转运动。在系留装置及车偃等安全措施保障下，通过控制系统可对加载装置及惯性模拟系统进行自动或手动控制，以实现对汽车驱动轮输出功率、加速性能、滑行性能、车速表和里程表校验等项目的检测。

2.3 汽车动力性能检测方法

2.3.1 发动机技术性能检测

发动机是汽车的动力来源，发动机性能是评价一部汽车性能好坏的主要因素。发动机经常处于转速与负荷不断变化的条件下运转，有些零件还处在高温及高压等恶劣条件下工作，工作条件很不稳定，因而其故障发生率较高，成为检测与诊断的重点对象。

1. 发动机功率的检测

发动机的有效功率是评价发动机动力性的主要指标。发动机的有效功率是指发动机动力输出轴上输出的功率，是发动机的一项综合性指标，通过检测，可掌握发动机的技术状况，确定发动机是否需要大修或鉴定发动机的维修质量。发动机有效功率的检测可分为稳态测功和动态测功两种方法。

稳态测功是指发动机在节气门开度、转速一定和其他参数都保持不变的稳定状态下，在测功器上测定发动机功率的一种方法。通过测量发动机的输出转矩和转速计算出发动机的有效功率，公式为

$$P_e = \frac{M_e \cdot n}{9\,550}$$

式中 P_e——发动机功率，kW；

n——发动机转速，r/min；

M_e——发动机输出扭矩，N·m。

常见的测功器有水力测功器、电力测功器和电涡流测功器。由于稳态测功时，需要对发动机施加外部负荷，所以也称为有负荷测功或有外载测功。

动态测功是指发动机在低速运转时，突然全开节气门或置油门齿杆位置为最大，使发动机加速运转，用加速性能的好坏直接反映最大功率。动态测功不需给发动机施加外部负荷，发动机只需克服自身运动部件的惯性力矩，因此又称为无负荷测功或无外载测功。

为了检测发动机的动力性，要求在不解体条件下，通过间接的方法，判断发动机的动力性能。无负荷测功就是常用的一种方法，它不需要大型固定设备，仪器轻便，测试迅速简单，适用于现场测量，但这种方法测量精度低，重复性差。

1）发动机无负荷测功的原理

无负荷测功又称加速测功，其测试原理基于一种动力学方法。当发动机与传动系统脱开，并将发动机急加速到节气门最大开度时，发动机克服本身的惯性力矩，迅速达到空载最大转速。对于某一结构的发动机，其运动件的转动惯量可以认为是一定值，这就是发动机加速时的惯性负载，因此，只要测出发动机在指定转速范围内急加速时的平均加速度，即可得知发动机的有效功率，或者通过测量某一定转速时的瞬时加速度，也可以确定出发动机瞬时功率的大小。瞬时加速度愈大，则发动机功率愈大。

2）发动机无负荷测功仪使用方法

（1）测试前的准备

① 调整发动机的配气机构、供油系统、点火系统，使之处于完好技术状况。

② 预热发动机至正常工作温度(80℃～90℃);调整发动机怠速,使之在规定范围内稳定运转。

③ 接通电源,预热仪器并调零,把传感器按要求连接在规定部位。

(2) 使用方法

① 仪器自校、预热。

便携式无负荷测功仪面板,如图 2－9 所示。按使用说明书,仪器预热 30 min,然后进行自校,把计数检查旋钮 1 拨向“检查”位置,左边时间(T)表头指针 1 s 摆动一次。把旋钮 1 拨向“测试”位置,把旋钮 3 拨向“自校”位置,再缓慢旋转“模拟转速”旋钮 2,注意转速(n)表头指针慢慢向右偏转(模拟增加转速)。当指针偏转至起始转速 $n_1=1\ 000$ r/min 位置时,门控指示灯即亮。继续增加模拟转速至 $n_2=2\ 800$ r/min时,“T”表即指示出加速时间,以表示模拟速度的快慢。按下“复零”按钮,仪器表针回零,门控指示灯熄灭,表示仪器调整正常。否则,微调 n_1、n_2 电位器。

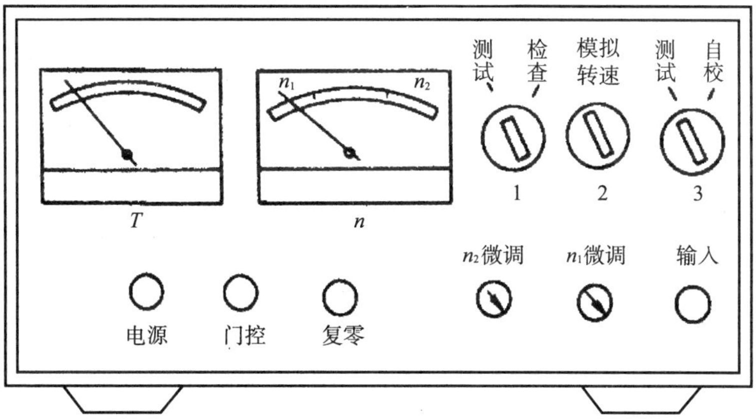

图 2－9 便携式无负荷测功仪面板

② 预热发动机,安装转速传感器。

预热发动机至正常工作温度(85℃～95℃),并使发动机怠速正常。变速器空挡,然后把仪器转速传感器二接线卡分别接在分电器低压接柱和接铁线路上。

③ 测加速时间

操作者在驾驶室内迅速地把加速踏板踩到底,发动机转速迅速上升,当“T”表指针显示出加速时间(或功率)时,应立即松开加速踏板,切忌发动机长时间高速空转。记下读数,仪器复零。重复操作三次,读数取平均值。

袖珍式无负荷测功仪带有伸缩天线,可收取发动机运转时的点火脉冲信号,而不必与发动机采取任何有线联接。使用时,用手拿着该测功仪,只要面对发动机侧面拉出伸缩天线,发动机突然加速运转,即可遥测到加速时间和转速。然后翻转测功仪,查看壳体背面印制的主要机型的功率、时间对照表,便可得知发动机功率的大小。

不少无负荷测功仪还配备有检测柴油机的传感器,以便对柴油机的功率进行检测。

2. 气缸密封性的检测

气缸密封性与气缸体、气缸盖、气缸垫、活塞、活塞环和进排气门等零件的技术状况有关。在发动机使用过程中,由于这些零件磨损、烧蚀、结焦或积炭,导致气缸密封性下降,使发动机功率下降,燃油消耗率增加,使用寿命大大缩短。气缸密封性是表征发动机技术状况的重要参数。

在不解体的条件下,检测气缸密封性的常用方法有:气缸压缩压力检测,曲轴箱窜气量检测,气缸漏气量或气缸漏气率检测,进气歧管真空度检测等。在实际检测时,只要进行其中的一项或两项,就能确定气缸密封性的好坏。

1）气缸压缩压力检测

（1）用气缸压力表检测

由于用气缸压力表检测气缸压缩压力（以下简称气缸压力）具有价格低廉、仪表轻巧、实用性强和检测方便等优点，因而在汽车维修企业中应用十分广泛。气缸压力表如图 2－10 所示。

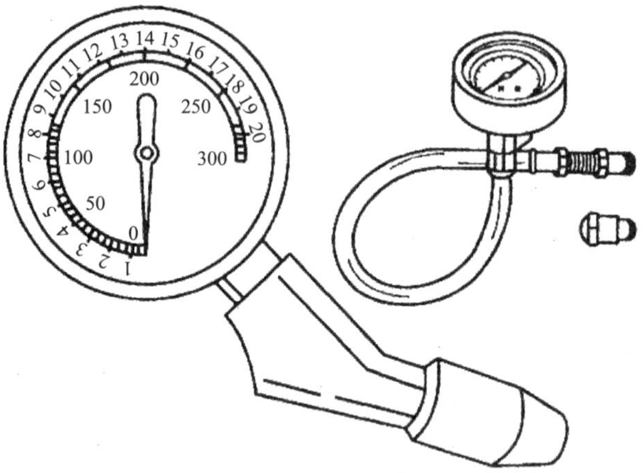

图 2－10　气缸压力表

① 检测方法。发动机运转至正常工作温度，水冷发动机冷却液温度为 75℃～95℃，风冷发动机机油温度为 80℃～90℃。停机后，拆下空气滤清器，用压缩空气吹净火花塞或喷油器（柴油机）周围的灰尘和脏物，然后卸下全部火花塞或喷油器（柴油机）。把节气门和阻风门置于全开位置，把气缸压力表的锥形橡胶接头压紧在被测气缸的火花塞孔内，或把螺纹管接头拧在火花塞孔上。用起动机带动曲轴旋转 3～5 s（不少于四个压缩行程），待压力表指针稳定后读取读数，然后按下单向阀使指针回零。每个气缸测量次数不少于两次，测量结果取平均值。按上述方法依次检测各个气缸。

就车检测柴油机气缸压力时，应使用螺纹接头的气缸压力表。如果该机要求在较高转速下测量，此种情况除受检气缸外，其余气缸均应工作。其他检测条件和检测方法同于汽油机。

② 诊断参数标准。气缸压缩压力标准值一般由汽车制造厂提供。按照《营运车辆综合性能要求和检验方法》（GB18565—2001）的规定，在用汽车发动机各气缸压力应不小于原设计值的 85%，每缸压力与各缸平均压力的差：汽油机应不大于 8%，柴油机应不大于 10%。

常见几种车型发动机气缸压缩压力的标准值，如表 2－1 所示。

表 2－1　　常见几种车型气缸压缩压力值

发动机型号	压缩比	气缸压缩压力值/kPa	各缸压力差/kPa
奥迪 100 1.8L	8.5	新车：800～1 000 极限：650	≤300
捷达 EA827	8.5	900～1 100	≤300
桑塔纳 AJR1.8L	9.3	1 000～1 350	300
富康 TU3	8.8	1 200	300
解放 CA6102	7.4	930	
东风 EQ6100	6.75	833	
五十铃 4JB1	18.2	3 100	

③ 结果分析。检测结果若低于原设计规定，可向该缸火花塞或喷油器孔内注入适量机油，然后用气缸压力表重测气缸压力，并进行分析。

a. 第二次测出的压力比第一次高，接近标准压力，表明气缸、活塞环、活塞磨损过大，或活塞环对口、卡死、断裂及缸壁拉伤等原因造成气缸密封不严。

b. 第二次测出压力与第一次略同，即仍比标准压力低，表明进、排气门或气缸垫不密封。

c. 两次检测结果均表明某相邻两缸压力都相当低，说明两缸相邻处的气缸垫烧损窜气。

进一步准确判断故障部位，采用如下简易方法(以汽油机为例)：

a. 卸下空气滤清器，打开散热器盖和加机油口盖，用一根接压缩空气的胶管通过锥形橡皮头插在火花塞孔内。

b. 摇转发动机曲轴，使被测气缸活塞处于压缩终了上止点位置，然后将变速器挂低挡，拉紧手制动器操纵杆，打开压缩空气(600 kPa 以上)开关，注意倾听漏气声。

c. 如在进气口处听到漏气声，说明进气门不密封。

d. 如在排气消声器处听到漏气声，说明排气门不密封。

e. 如在散热器加水口处看到有气泡或听到漏气声，说明气缸衬垫不密封造成气缸与水套相通。

f. 如在相邻气缸火花塞口处听到漏气声，说明气缸垫在该两缸之间处烧损窜气。

g. 如在加机油口处听到漏气声，说明气缸活塞配合副不密封。

(2) 用气缸压力测试仪检测

① 用压力传感器式气缸压力测试仪检测。拆下被测气缸的火花塞，旋上仪器配置的压力传感器，用起动机转动曲轴 3～5 s 由传感器取出气缸的压力信号，经放大后送入 A/D 转换器进行模数转换，再送入显示装置即可获得气缸压力。

② 用起动电流或起动电压降式气缸压力测试仪检测。起动机带动曲轴所需转矩是起动机电流的函数，并与气缸压力成正比。发动机起动时的阻力矩，主要是由曲柄连杆机构产生的摩擦力矩和各缸压缩行程受压空气的反力矩两部分组成的。因此，起动电流的变化与气缸压力的变化间存在着对应关系，通过测量起动时某缸的起动电流，即可确定该缸的气缸压力。通过测量起动电源(蓄电池)的电压降，也可获得气缸压力。

2) 进气歧管真空度的检测

发动机进气歧管真空度的大小随气缸活塞组零件的磨损而变化，并与气门组零件的技术状况、进气管的密封性以及点火系统和供油系统的调整有关。因此，检测进气歧管真空度，可以用来诊断发动机是否存在故障。

进气歧管真空度可用真空表或发动机诊断仪检测，无须拆卸任何机件，快速简便，应用极广。

诊断标准：根据《商用汽车发动机大修竣工出厂技术条件第 1 部分：汽油发动机》(GB3799.1—2005)的规定，在正常工作温度和标准状态下，发动机怠速运转时，进气歧管真空度符合原设计规定，其波动范围：6 缸汽油发动机一般不超过 3 kPa；4 缸汽油发动机一般不超过 5 kPa。

(1) 用真空表检测

① 用三通接头将软管连接到发动机进气管真空接口。

② 正确调整供油系统和点火系统。

③ 发动机应预热到正常工作温度，冷却水温度达到 75℃～90℃。

④ 保持发动机在怠速下稳定运转(怠速转速按汽车使用说明书要求)。

⑤ 读取真空表上的读数。对照检测标准判断真空表读数反映的发动机技术状况是否正常(真空表指针过高、过低、不规则摆动均对应各种不同的故障)。

⑥ 迅速开启并立即关闭发动机节气门，观察真空表指针摆动，若指针在 6.8～84 kPa 之间摆动，表明发动机气缸组技术状况良好。

(2) 用诊断仪检测

将诊断仪(解码器)的连接插头连接到车上的 16 孔诊断接头，进入发动机系统读取数据流，可直接观测进气歧管真空度。

3. 点火系统的检测

1) 点火波形的检测与分析

无论是传统触点式点火系统，还是无触点电子点火系统或计算机控制点火系统，都是由点火线圈通过互感作用把低压电转变为高压电，经火花塞跳火点燃混合气作功。点火系统低压、高压的变化过程是有规律的，因此，把实际测得的点火波形与正常工作情况下的点火波形进行比较分析，可判断点火系统的技术状况。

示波器可以将点火系统电压随曲轴转角或凸轮轴转角的变化关系用波形直观表示出来，便于观察和分析。点火波形可以用专用示波器观测，也可以用发动机综合检测仪观测。

示波器由显像管、传感器和电子电路等部分构成，其工作原理如图 2-11 所示。在示波器的显像管中，电子枪把电子束射向荧光屏，产生一个亮点，显像管中设有水平偏转板和垂直偏转板，水平偏转板垂直设置，使电子束在水平方向上产生弯曲，亮点从左至右横扫过荧光屏，形成一条亮线；垂直偏转板水平设置，从发动机点火电路通过示波器接收电荷，且此电荷的量与点火系电压的瞬时变化成比例，随着电子束从左至右的扫描，变化着的电荷使其在垂直方向产生弯曲，因此光亮点在荧光屏上扫出一条曲线。

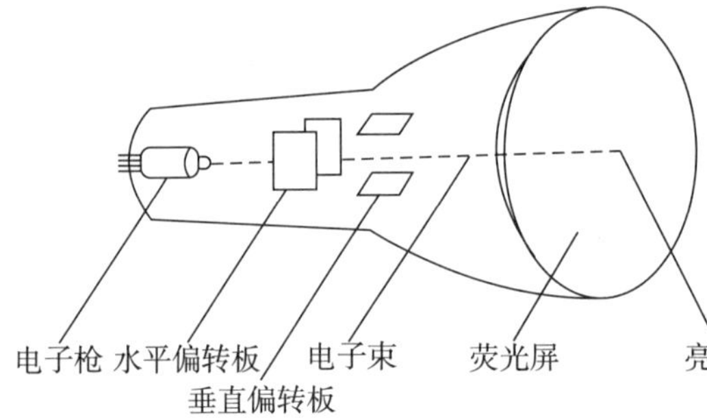

图 2-11　示波器原理图

当点火示波器连接在运转的汽油机点火系统电路上时，示波器屏幕上将显示出点火系统中电压随时间变化的曲线，即点火波形。示波器屏幕显示的波形，在垂直方向上表示电压，在水平方向上表示时间，基线的上方为正电压，下方为负电压。

(1) 标准点火波形

① 单缸初级点火波形。

标准单缸初级点火波形，如图 2-12 所示。当点火低压控制电路断开，初级电压的迅速增长(约为 100～200 V)，从而导致次级电压急剧上升，击穿火花塞间隙。火花塞两极放电时，出现高频振荡波，火花放电完毕后，由于点火线圈中残余能量的释放，又出现低频振荡，其波幅迅速衰减，直至初级电压趋向于蓄电池电压。当点火低压控制电路闭合后，初级电压几乎为零，显示如一条直线，一直延续到点火低压

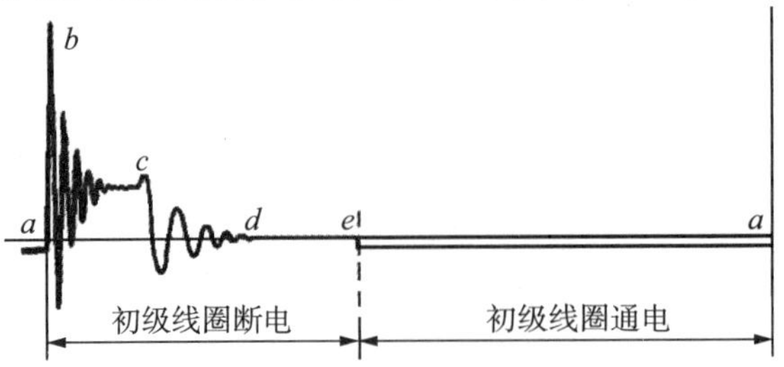

图 2-12　标准初级点火波形

控制电路下一次断开。

② 单缸次级点火波形。

标准单缸次级点火波形，如图 2-13 所示。

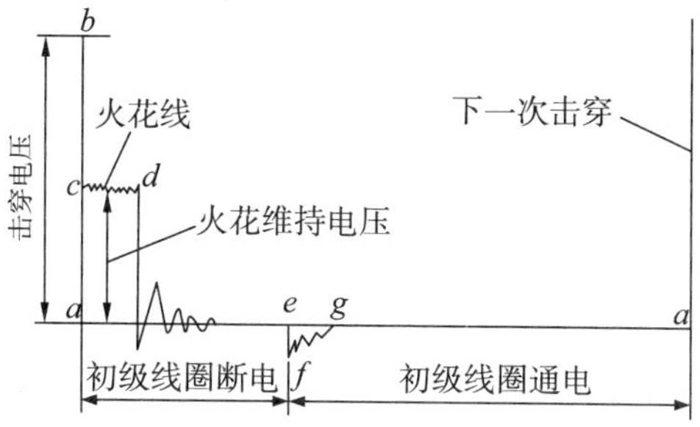

图 2-13　标准次级点火波形

标准次级点火波形上各点、段的含义：

a 点：点火低压控制电路断开，点火线圈初级突然断电，次级电压急剧上升。

ab 段：火花塞击穿电压，称为点火线。电子点火系可达 18～30 kV。

bc 段：电容放电阶段电压。

cd 段：火花塞电极间的混合气被击穿后，维持火花放电所需电压，称为火花线。

de 段：火花消失后，点火线圈中剩余磁场能量维持的衰减振荡(第一次振荡)。

e 点：点火低压控制电路导通，点火线圈初级电路突然闭合，初级电流增加，引起次级电压突然增大。在 *a* 点，初级电流是急剧减少的，而在 *e* 点，初级电流是逐渐增加的，因此，两点干预次级电压的方向相反，大小也不相同。

efa 段：点火低压控制电路导通后，因初级电流突然增加，在次级绕组中引起闭合振荡(第二次振荡)，随着初级电流变化率减小，次级电压即成为一条水平线。

③ 双缸点火波形。

双缸点火系统中两缸共用一个点火线圈，将会发生一个缸在循环中点火两次，一次在压缩行程末期，如图 2-14 中(a)所示，是有效点火，该工况下因气缸内充入新鲜可燃混合气，电离程度低，因此击穿电压和火花电压较高；另一次是在排气行程末期，如图 2-14 中(b)所示，是无效点火，该工况下因气缸内为燃烧废气，电离程度高，因而击穿电压及火花电压较低，检测时应加以区分。

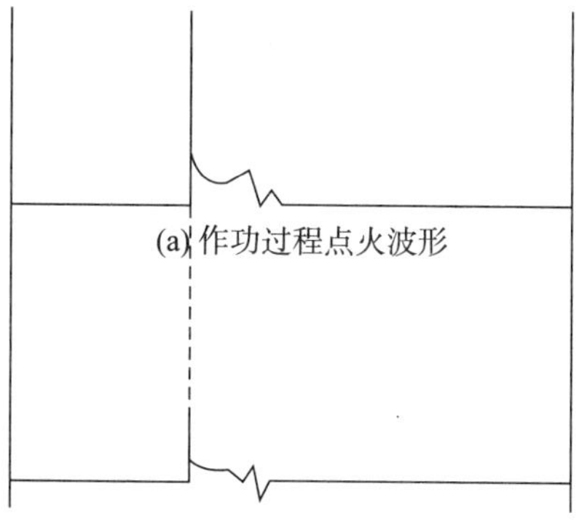

(b) 排气过程点火波形

图 2-14　双缸点火波形

(2) 波形分析

① 波形上的故障反映区。

如果用示波器测得的实际次级点火波形与标准波形比较存在差异，说明点火系统有故障。传统点火系统点火波形(以次级波形为例)有四个故障反映区,如图 2-15 所示。

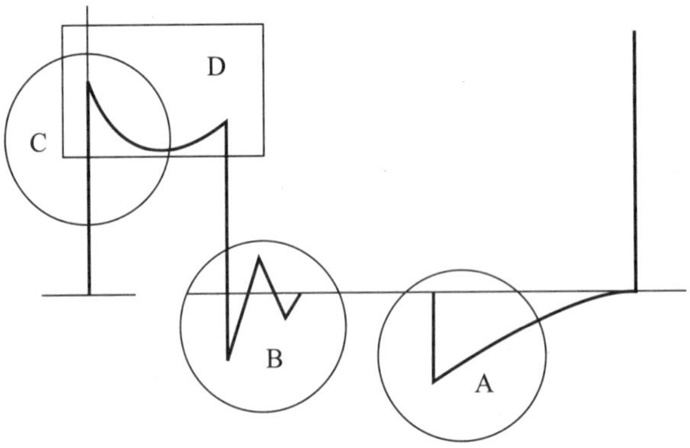

图 2-15　次级点火波形故障反映区

C 区域为点火区:初级电路切断时,点火线圈初级绕组内电流迅速降低,所产生的磁场迅速衰减,在次级绕组中产生高压(15 000～20 000 V),火花塞间隙被击穿,击穿电压一般为 4 000～8 000 V。火花塞电极被击穿放电后,次级点火电压随之下降。该区域异常说明电容器或断电器触点不良。

D 区域为燃烧区:火花塞电极间隙被击穿后,电极间形成电弧使混合气点燃,火花放电过程一般持续 0.6～1.5 ms,在次级点火波形上形成火花线。该区域异常说明分电器或火花塞不良。

B 区域为振荡区:火花塞放电终了,点火线圈中的能量不能维持火花放电,残余能量以阻尼振荡的形式消耗殆尽。此时,点火波形上出现具有可视脉冲的低频振荡。该区域异常说明点火线圈或电容器工作不正常。

A 区域为闭合区:初级电路再次闭合,次级电路感应出 1 500～2 000 V 与蓄电池电压相反的感应电压。在点火波形上出现迅速下降的垂直线,然后上升过渡为水平线。该区域异常通常是分电器工作不正常。

② 次级电压故障波形分析。

以四缸发动机次级点火平列波为例,观察各缸点火波形的差异,从而分析及诊断存在故障的部位及原因,如图 2-16 所示。

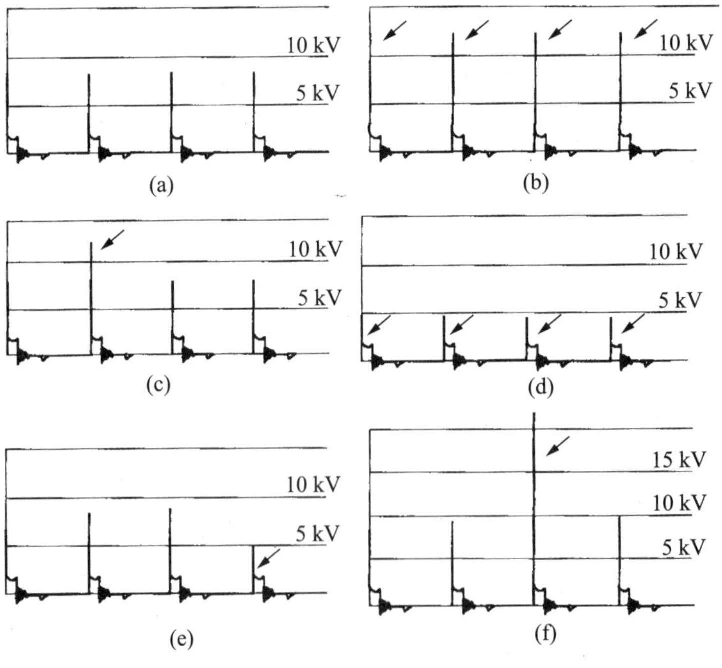

图 2-16　多缸平列波常见故障波形

a. 点火系统正常工作时的次级平列波，其击穿电压符合原厂规定，约为 8 kV，且各缸击穿电压相差小于 2 kV，基本一致。

b. 各缸击穿电压均高于标准值，说明其高压电路电阻过大，多为点火线圈的高压线插孔、分电器高压线插孔及分火头等有积炭，各缸火花塞间隙偏大，高压线内阻值过高(断路、接插不牢固)等。

c. 2 缸击穿电压偏高，说明该缸高压电路电阻过大，可能是该缸火花塞间隙偏大，该缸分压线接触不良，以及分火头与该缸分压线插座间隙过大等。

d. 各缸击穿电压过低，说明点火系统存在故障，可能是点火线圈故障，或低压电路故障，也可能是火花塞脏污，火花塞电极间隙太小等。

e. 3 缸击穿电压过低，说明该缸高压电路存在短路故障，可能是该缸火花间隙太小，火花塞脏污，以及该缸高压线绝缘损坏或火花塞瓷芯破裂有漏电现象等。

f. 4 缸击穿电压过高，为 4 缸高压线脱落而开路所致。有时为诊断点火系统性能，特意从火花塞上拔掉某缸高压线进行单缸开路高压测量，此时，该缸击穿电压达到 20～30 kV。否则，说明高压线、分电器盖绝缘不良或点火线圈、电容器的性能不佳。

2) 点火正时的检测

发动机的点火正时是非常重要的，它直接影响到汽车的动力性、燃料经济性和排气净化。检测点火正时的方法有人工法、正时灯法和缸压法等。

(1) 人工法检测点火正时

① 起动发动机并走热，进行无负荷加速试验。当突然打开节气门时，发动机应加速良好。如果加速不良，且有较严重的金属敲击声(爆震敲声缸)，则为点火过早；如果加速不良且发闷，甚至排气管有“突、突”声，则为点火过迟。准确地检查点火正时应进行路试。

② 路试时，应选择平坦、坚硬的直线道路或专用跑道，走热后以最高挡最低稳定车速行驶，然后突然将加速踏板踩到底，使汽车处于急加速状态。此时，若能听到发动机有轻微的爆震声，且瞬间消失，则为点火正时正确；若爆震声强烈，且较长时间不消失，则为点火时间过早；若听不到爆震声，且加速困难，甚至排气管有“突、突”声，则为点火时间过迟。

(2) 正时灯法检测点火正时

用频闪法检测点火提前角使用点火正时灯，如图 2－17 所示。该仪器由闪光灯、传感器、整形装置、延时触发装置和显示装置构成，利用闪光时刻与一缸点火同步的原理，测出发动机的点火提前角。

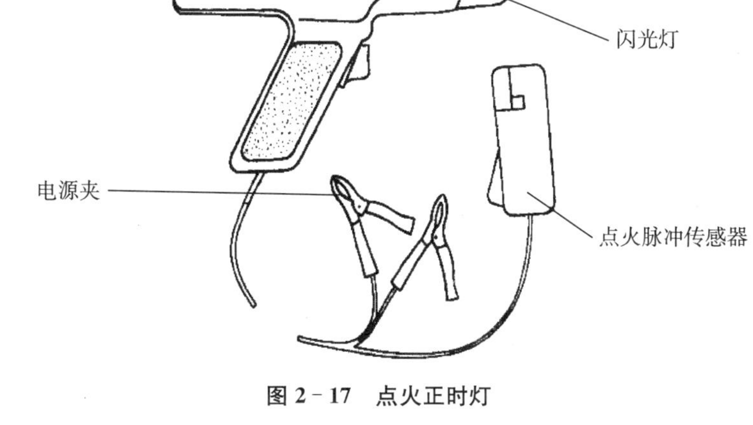

图 2－17　点火正时灯

当正时灯对准发动机第1缸压缩终了上止点标记，并按实际跳火时间进行闪光时，若飞轮或曲轴传动带盘上的标记还未到达固定指针，即第1缸活塞还未到达压缩终了上止点。此时，可调整正时灯电位器，使闪光时机推迟至转动部分上的标记正好对准固定指针之时，那么推迟闪光的时间就是点火提前的时间，将其显示到表头上，便可读出要测的点火提前角。

测量时，将正时灯的电源线接到蓄电池的正负极柱上，再将传感器夹在第1缸高压线上，并事先擦拭飞轮或曲轴带轮上第1缸压缩终了上止点标记，最好用粉笔或油漆将标记涂白。发动机怠速下稳定运转，打开正时灯并对准飞轮壳或机体前端面上的固定指针。调正时灯电位器，使飞轮或曲轴传动带盘上的标记逐渐与固定指针对齐，此时表头的读数即为发动机怠速运转时的点火提前角。

测出的点火提前角应与规定值进行对照。测完后，注意将正时灯及时关闭。

(3) 电控发动机点火提前角的检测

电控汽油发动机点火提前角的检测应按制造厂规定的校准点火正时的步骤进行。电控汽油发动机是由电子控制器ECU控制点火系统，其点火提前角包括初始点火提前角、基本点火提前角和修正点火提前角三部分。检测时，一般应先把发动机罩下的点火正时检验接线柱搭铁，使计算机控制点火提前不起作用。首先检测基本提前角(即发动机自动控制点火提前装置不起作用时的点火提前角)，检测完后再把搭铁线拆除。使用闪光灯检测电控汽油发动机点火提前角的方法与传统发动机相同。电控汽油发动机也可运用诊断仪直接显示其点火提前角。

2.3.2 驱动轮输出功率检测

1. 驱动轮输出功率的限值

按《营运车辆综合性能要求和检验方法》(GB18565—2001)规定，汽车驱动轮输出功率检测是在发动机额定扭矩和额定功率时的工况下，即发动机全负荷与额定扭矩转速和额定功率转速相对应的直接挡(无直接挡时指传动比最接近1的挡)车速构成的工况下，采用校正驱动轮输出功率与相应的发动机输出功率的百分比，作为驱动轮输出功率的限值。

轿车的动力性按额定扭矩工况进行检测和评价，其他车辆应按动力性规定的两种合格条件中任选一种工况进行检测和评价。国产营运车辆的校正驱动轮输出功率的限值，如表2-2所示。

表2-2　汽车驱动轮输出功率的限值

汽车类型	汽车型号		额定扭矩工况		额定功率工况	
			直接挡检测车速 V_m/(km/h)	校正驱动轮输出功率/额定扭矩功率的限值 η_{Ma}/%	直接挡检测车速 V_p/(km/h)	校正驱动轮输出功率/额定扭矩功率的限值 η_{Ma}/%
载货汽车	1010、1020系列	汽油车	60	50	90	40
	1030、1040系列	汽油车	60	50	90	40
		柴油车	55	50	90	45
	1050、1060系列	汽油车	60	50	90	40
		柴油车	50	50	80	45
	1070、1080系列	柴油车	50	50	80	45
	1090系列	汽油车	40	50	80	45
		柴油车	55	50	80	45
	1100、1110系列 1120、1130系列	柴油车	50	45	80	40

（续表）

汽车类型	汽车型号		额定扭矩工况		额定功率工况	
			直接挡检测车速 V_m/(km/h)	校正驱动轮输出功率/额定扭矩功率的限值 η_{Ma}/%	直接挡检测车速 V_p/(km/h)	校正驱动轮输出功率/额定扭矩功率的限值 η_{Ma}/%
	1140、1150、1160 系列	柴油车	50	50	80	40
	1170、1190 系列	柴油车	55	50	80	40
半挂列车①	10t 半挂列车系列	汽油车	40	50	80	45
		柴油车	50	50	80	45
	15t、20t 半挂列车系列	柴油车	45	45	70	40
	25t 半挂列车系列	柴油车	45	50	75	40
客车	6600 系列	汽油车	60	45	85	35
		柴油车	45	50	75	40
	6700 系列	汽油车	50	40	80	35
		柴油车	55	45	75	35
	6800 系列	汽油车	40	40	85	35
		柴油车	45	45	75	35
	6900 系列	汽油车	40	40	80	40
		柴油车	60	45	85	45
	6100 系列	汽油车	40	50	85	35
		柴油车	40	40	85	35
	6110 系列	汽油车	60	45	85	35
		柴油车	55	50	80	35
	6120 系列	柴油车	60	40	90	35
轿车	夏利、富康		95/65②	40/35②	—	—
	桑塔纳		95/65③	45/40③	—	—

注：① 5010～5040 系列厢式货车和罐式货车驱动轮输出功率的允许值按同系列普通货车的允许值下调 2%；其他系列厢式货车和罐式货车驱动轮输出功率的允许值按同系列普通货车的允许值下调 4%；
② 半挂列车是按载质量分类；
③ 为汽车变速挡使用三挡时的参数值。

从表 2－2 中给出的额定扭矩工况和额定功率工况两种检测工况下驱动轮输出功率的限值标准看出，由于额定功率工况规定的直接挡检测速度比较高，在底盘测功机上用高速进行检测，存在一定的危险性，尤其对前驱动轿车而言，直接挡车速要达到 95 km/h，在这样高的车速下测试，可能会对车辆造成损坏，所以，一般动力性检测都选用在额定扭矩工况下的驱动轮输出功率检测的方法，并用额定扭矩工况的限值对动力性进行判定。另外，底盘测功机实测的驱动轮输出功率并不是校正驱动轮输出功率，它是在实际环境下测得的功率，必须将其校正到标准环境状态下的校正驱动轮输出功率后，再与发动机相应的输出功率比较后的比值与限值进行判定。

允许值的限值是对一般营运车辆动力性的最基本也是最低的合格要求，如果动力性达不到允许值的要求，则说明该车动力性不合格，应对该车的发动机或传动系进行检查维护后，再重新检测，一定要合格后才能投入营运工作。根据《营运车辆技术等级划分和评定要求》(JT/T198—2004)的规定，凡从事危险品货物运输、高速公路客运、旅游客运和 800 km 以上超长线公路客运的车辆，其技术等级必须为一级，上述车辆的校正驱动轮输出功率与相应的发动机输出功率的比值的百分数，必须要大于等于表 2-2 中额定值的限值。

2. 驱动轮输出功率的检测方法

1）检测前的准备工作

（1）车辆装备应符合制造厂技术条件的规定，车辆空载，外部保持清洁。

（2）车辆使用的燃料和润滑油牌号、规格应符合制造厂技术条件的规定，机油压力正常。

（3）轮胎规格和气压应符合制造厂的规定。胎冠花纹深度不得小于 1.6 mm，胎面和胎壁上不得有暴露出轮胎帘布层的破裂和割伤。轮胎花纹中不得夹有石子。

（4）测试前，车辆应进行预热行驶，使其运动部件润滑油、冷却液等达到制造厂技术条件规定的温度状态；车辆应无明显的油、水、气泄漏现象。

（5）测试前应检查、调整底盘测功机各运动部件及电气控制系统，使其处于完好状况。必要时，对底盘测功机进行检定和校准。

（6）测试前，利用车辆带动底盘测功机空运转 10～30 min，以使底盘测功机各运动部件的润滑和工作温度正常。

（7）设置左右挡轮、系留装置、车偃、发动机与车轮冷却风机等安全防护装置。

2）检测方法

（1）根据被检车辆的车型、燃油，在底盘测功机上设定检测车速。

（2）根据显示屏显示的被检车辆的牌号，将车辆驱动轮置于底盘测功机滚筒上，非驱动轮前抵上车偃(或用系留装置拉住车辆)，举升器下降。

（3）操作员系好安全带，并根据显示屏指令操作，检测过程中，车辆前方不得站人。

（4）操作员应逐级起步换挡、提速至直接挡，并以直接挡的最低车速稳速运转。

（5）显示屏指令“设定车速值”时操作人员将加速踏板踩到底，并保持不动，底盘测功机加载，直至车速稳定在设定的检测车速值±0.5 km/h 范围内。

（6）测试车速在设定车速范围内稳定 15 s 后，计算机连续自动采集实际车速值、驱动轮输出功率及扭矩值，在测试全过程中，实际检测车速和设定车速的允差为±0.5 km/h，扭矩波动幅度应小于±4%。

（7）读取检测数据，操作员挂空挡，松开加速踏板，车轮继续带动滚筒旋转约 1 min 以上，确保电涡流测功器散热。

（8）根据现场环境状态，计算机对实测驱动轮输出功率进行校正后，并将校正后的驱动轮输出功率与发动机额定扭矩功率或发动机额定功率的比值进行判定。

（9）举升器举起，车辆驶出底盘测功机。

2.4 汽车动力性能检测结果分析

根据汽车动力性能检测结果，可分析判断动力性能是否达到规定的限值，如检测结果不合格，动力性能明显下降，应查明找故障原因，进行故障诊断与排除。

汽车动力性能下降的原因主要有两方面，一是发动机技术状况不良，本身输出功率低；二是传动系统损失功率大，致使驱动轮输出功率不足。发动机的功率可用前述无负载测功的方法来检查，传动系统的功率损失可能在离合器、变速器、分动器、驻车制动器、万向传动装置、主减速器、差速器和轮毂等处，其中最主要的是离合器和轮毂两处。除离合器以外，其他部分的技术状况可用下面两种方法来检查：一是在制动试验台上检测车轮的阻滞力；二是在底盘测功机上做滑行性能试验。方法是，根据被检汽车的空车质量选择适合的飞轮，操纵电磁离合器使飞轮与测功机滚筒结合，将车速提高到 30 km/h，稳定一段时间后，迅速踩下离合器踏板，变速器置空挡，测试滑行距离。如果滑行距离符合规定，说明底盘技术状况基本合格。

2.4.1 发动机功率不足的分析与诊断

如果发动机功率偏低，一般是燃油供给系统故障、气缸密封性下降或点火系统技术状况不良等原因造成的。应从下列几个方面进行检查与诊断。

(1) 检测汽车加速性能。可通过路试方法测试车辆的加速性能，并与同类车的加速性能进行对比，或者查阅原厂使用说明书是否相符，也可通过底盘测功机对其加速性能进行检测。如果加速时间增长，说明发动机的动力性有问题。

(2) 检查气缸压缩压力。通过测量气缸压缩压力，基本上能判定各缸的工作状况。如发现某缸相对气缸压力下降，则可能是气门间隙失调，气门不密封，或活塞环漏气，气缸垫损坏，造成气缸压缩压力不足，从而造成发动机动力性变差。

(3) 检查各缸点火系统工作状况。如果气缸压力正常，应逐缸检查各缸点火状况，判断是否某缸工作不良，可从发动机运转的平稳性，敲缸声来加以判断，采用逐缸断火法可迅速查找出工作不良的气缸。进一步检查是否火花塞(或喷油器)不良引起发动机动力不足。

(4) 以上检查如正常，则应继续检查发动机的点火正时和喷油正时。如点火时间过早，在加速时会有爆震声，而点火时间过迟，则发动机起动困难，发动机水温偏高。

(5) 空气滤清器堵塞严重，会严重影响吸入的空气量，影响到充气系数或过量空气系数，不但会造成发动机动力不足，还会影响到燃料经济性和排气污染物的排放。

2.4.2 驱动轮输出功率不足的分析与诊断

由于被测车辆传动系统调整、维护不良，传动装置产生故障，均会使传动系统消耗功率增大，造成驱动轮输出功率下降。

(1) 离合器打滑。底盘测功机加载后，车辆就模拟带负荷工作，当加速踏板踩到底，车辆速度提升较慢，并能闻到摩擦片烧焦的味道。

(2) 制动器间隙偏小。车辆在检测时为了使制动性能合格，经常盲目调整制动器间隙，并造成间隙偏小。这种状态在底盘测功机上检测时将会消耗部分功率使驱动轮输出功率下降，制动鼓外壳发烫，严重时，会伴有烧制动带的味道，制动器间隙偏小从踏板自由行程也能反映出来。

(3) 传动轴变形弯曲，中间轴承支架松旷，传动轴不平衡等。传动系统故障会使车辆在检测时抖动严重并伴有异响，由于传动轴的问题，车辆的抖动不但引起轮胎和滚筒滑移，而且车速不能恒定，这就难以保证检测的准确性。

(4) 后轿装配不良或有故障，如轴承调整较紧，轴承孔不同心，齿轮间隙过大、过小等，除驱动轮会发烫外还有异响。这种车辆检测时，其阻力将消耗较大功率，会影响到整车动力性的下降。

(5) 轮胎气压不符合标准，轮辋变形，轮胎花纹规格不符合要求，也会造成滑移损耗增加，影响到驱动轮输出功率的检测结果。

(6) 传动系统、行驶系统润滑不良。现在部分营运车辆的维护质量很不规范，少数车辆日常润滑都长期不做。传动轴、悬架装置及变速器、主减速器不但要按规定加足润滑油，而且一定要按说明书规定加注合格的润滑油品。

(7) 自动变速器打滑，如离合器或制动器摩擦片、制动带磨损过甚或烧焦，油泵磨损过度或主油路泄漏造成供油压力过低，单向离合器打滑，离合器或制动器活塞密封圈损坏导致漏油等。汽车起步时，踩下加速踏板，发动机转速很快升高，但车速升高缓慢；行驶中，踩加速踏板加速，发动机转速不能与车速同步提高；汽车在平坦道路上行驶基本正常，但上坡无力。这些情况车辆检测时都会反映出驱动轮输出功率不足。

本章小结

(1) 汽车动力性评价指标主要有汽车的最高车速、加速能力、最大爬坡度、发动机最大输出功率及驱动轮输出功率等。

(2) 汽车的最高车速是指汽车以厂定额定总质量状态在风速≤3 m/s 的条件下，在干燥、清洁、平坦的混凝土或沥青路面上，能达到的最高稳定行驶速度。加速能力是指汽车在行驶中迅速增加油门行驶速度的能力，通常以汽车加速时间来评价。最大爬坡度是指汽车满载，在干燥、清洁、良好的混凝土或沥青路面的坡道上，在风速≤3 m/s 的条件下，以汽车变速器最低前进挡能够爬上的最大坡度。

(3) 发动机最大输出功率是指发动机在全负荷状态下，仅带维持运转所必需的附件时所输出的功率。驱动轮输出功率是指汽车在使用直接挡行驶时，驱动轮输出的最大驱动功率，是汽车发动机功率经过传动系消耗功率后到驱动轮的输出功率。

(4) 检测汽车发动机性能需使用发动机综合性能检测仪、无负荷测功仪、汽车专用示波器、点火正时灯、气缸压力表、真空表等；检测汽车驱动轮输出功率需使用汽车底盘测功机。

(5) 发动机综合性能检测仪由信号提取系统、信息处理系统及控显示系统三大部分组成，具有动态测试功能、通用性、主动性三个特点。

(6) 汽车底盘测功机主要由框架和滚筒装置、功率吸收装置、测量装置、控制与指示装置和辅助装置等组成。功率吸收装置——电涡流测功器是底盘测功机的关键部件，是一个加载装置，用来模拟车辆在行驶过程中可能受到的各种阻力，使车辆如同在道路上行驶一样。

(7) 发动机技术性能的检测项目有发动机功率的检测、气缸密封性的检测、点火系统的检测。其中发动机功率采用无负荷测功方式检测；气缸密封性可通过气缸压缩压力检测、进气歧管真空度检测等方式进行；点火系统检测包括点火波形的检测与分析、点火正时的检测。

(8)《营运车辆综合性能要求和检验方法》(GB18565—2001)规定，用底盘测功机检测发动机在额定扭矩(或额定功率)工况时的驱动轮输出功率，作为整车动力性的评价指标，不但科学合理，而且快速简便。驱动轮输出功率的值，是发动机功率和传动系统传动效率的综合结果，而计算机的控制系统，对车速加载量有很好的调节控制，用底盘测功机检测，可避免道路试验中环境条件、操作控制中许多难以克服干扰和影响，能确保检测数据的真实和可信。

复习思考题

1. 判断题

(1) 发动机无负荷测功是发动机在节气门开度和转速均为变动的状态下测定其功率的。 ( )

(2) 发动机在加速过程中，在某一转速下的有效功率与该转速下的瞬时加速度成正比。 ( )

(3) 工作正常的发动机在某一转速下稳定运转时，发动机的指示功率和摩擦功率是平衡的。( )

(4) 气缸密封性与气缸、气缸盖、气缸衬垫、活塞、活塞环和进、排气门等包围工作介质的零件有关。 ( )

(5) 用气缸压力表检测气缸压缩压力时，测得结果仅与气缸密封性有关，与发动机曲轴转速无关，与拆卸火花塞数量也无关。 ( )

(6) 利用点火波形可以得到各缸断电器触点闭合角。闭合角越小，说明断电器触点间隙越大，反之间隙小。 ( )

(7) 汽车底盘测功机是以滚筒表面代替路面，检测时通过加载装置给滚筒施加负荷，以模拟行驶阻力，使汽车在尽可能接近于实际行驶工况下进行各项性能测试。 ( )

(8) 按 GB/T18276 的规定，汽车动力性可用底盘测功机检测汽车驱动轮输出功率来评价。 ( )

(9) 动态测功时需要对发动机施加外部负荷，也称为有负荷测功或有外载测功。 ( )

(10) 发动机在怠速稳定工况下运转，进气歧管真空度的指针应稳定在 30～40 kPa 之间。 ( )

2. 选择题

(1) 根据 GB7258 和 GB/T15746.2 相关规定，在用汽车发动机功率不得低于原标定功率的( )。

A. 90%　　B. 80%　　C. 75%

(2) 发动机的平均有效功率与加速时间之间( )。

A. 成正比　　B. 成反比　　C. 无关

(3) 发动机动力平衡检测，逐缸断火发动机的转速下降值其最高和最低下降值之差不大于平均下降值的( )。

A. 20%　　B. 25%　　C. 30%

(4) 大修竣工的汽油发动机气缸压力与各缸平均压力的差不超过( )。

A. 6%　　B. 8%　　C. 10%

(5) 单缸开路高压值测量时，需将某缸高压线从火花塞上取下而不短路，该缸高压值应达到( )。

A. 10～15 kV　　B. 15～20 kV　　C. 20～30 kV

(6) 用示波器检测汽油机高压波形时，发现某一个气缸的点火高压过高，说明故障可能在( )。

A. 点火器　　B. 点火线圈　　C. 火花塞

(7) 进气歧管真空度用( )检测，无须拆任何机件，而且快速简便，应用极广。

A. 气缸压力表　　B. 真空表　　C. 万用表

(8) 用气缸压力表检测气缸压缩压力时，两次检测结果均表明某相邻两缸压力都相当低，说明是(　　)窜气。

A. 两缸相邻处的气缸衬垫烧损

B. 某缸进气门关闭不严

C. 某缸气缸磨损过大

(9) 正时灯是一种频率闪光灯，每闪光一次表示第一缸的火花塞发火(　　)。

A. 一次　　B. 二次　　C. 三次

(10) 电控汽油喷射发动机的点火提前角一般是(　　)。

A. 可调的　　B. 不可调的　　C. 固定不变的

3. 填空题

(1) 汽车动力性评价指标主要有汽车的__________、__________、__________、发动机最大输出功率及驱动轮输出功率等。

(2) 检测汽油机进气歧管真空度，可以表征__________和__________的密封性。

(3) 发动机的点火正时是非常重要的，它直接影响到汽车的__________、__________和__________。

(4) 发动机综合性能检测仪一般由__________、__________、__________三大部分组成。

(5) 底盘测功机是模拟汽车在道路上行驶时受到的阻力，测量其__________和__________等性能的设备。

4. 问答题

(1) 发动机进行“单缸断火”测试的目的是什么？

(2) 叙述用气缸压力表检测气缸压缩压力的操作检测步骤。

(3) 发动机综合性能检测仪的主要功能有哪些？

(4) 汽车动力性下降的主要原因是什么？

(5) 发动机无负荷测功的原理是什么？

3 汽车燃油经济性检测

学习目标

知识目标

(1) 熟悉汽车燃油经济性的评价指标；
(2) 掌握汽车燃油消耗量的限值和检测方法；
(3) 了解汽车油耗计的基本结构与工作原理。

能力目标

(1) 学会使用汽车油耗计等检测仪器设备；
(2) 学会燃油消耗量的正确检测方法；
(3) 能正确分析汽车技术状况对燃油经济性的影响。

汽车的燃油经济性是指在保证动力性前提下，汽车以尽量少的燃油消耗量经济运行的能力。汽车燃油经济性越好，可以降低汽车的使用费用，节约石油资源，降低发动机产生的二氧化碳（温室效应气体）的排放量，起到低碳环保，防止地球变暖的作用。

3.1 汽车燃油经济性评价指标

3.1.1 汽车燃油经济性分析

影响汽车燃油经济性的因素很多，下面分别从汽车结构和汽车使用两个方面分析影响汽车燃油经济性的因素，讨论提高燃油经济性的一些具体途径。

1. 汽车结构

1）汽车轻量化

汽车行驶时，汽车功率消耗与汽车行驶阻力有关，除空气阻力外，其他阻力都与汽车总质量成正比，减轻汽车整备质量，是降低油耗最有效的措施之一。资料表明，奥迪 A6 型轿车采用铝质车身减轻质量 15％，油耗随之降低 5％～8％。目前，减轻汽车自重的主要方法：一方面是尽量减少零件数量，如车身骨架的零件数量由 400 个减到 75 个，质量减轻 30％；另一方面是大量采用轻质合金及非金属材料，如采用高强度低合金钢、铝合金、镁合金、塑料和各种纤维强化等材料制造汽车零件。

2）改善汽车外形

改善汽车外形可以降低空气阻力系数，使汽车行驶时的空气阻力减小，高速时更是如此。如大众汽车空气阻力系数，1975 年前后约为 0.45，1992 年下降至 0.3～0.35，其概念车的空气阻力系数已下降至 0.20。研究表明，空气阻力系数每降低 10％，可使汽车燃油经济性提高 2％左右。

3）采用子午线轮胎

采用子午线轮胎，提高轮胎气压，是减少滚动阻力的主要途径，大型货车装用子午线胎后，滚动阻力可减少 15％～30％，节油 5％～8％，在重型汽车上采用子午线胎的节油效果最佳。轿车子午线轮胎的汽车节油率为 6％～9％。

4）改善发动机性能

（1）提高压缩比。当压缩比提高时，热效率增加，发动机动力性提高，发动机油耗率降低。试验表明，压缩比在 7.5～9.5 范围内，压缩比每提高一个单位，油耗可以下降 4％以上。

（2）改善进、排气系统。改善进、排气系统的目的是减少进气管气流阻力，减少排气干扰，提高充气效率。进气管的结构和尺寸要保证有足够的流通截面，并保证管道的表面光洁，连接处平整，要减少气流转折以及流通截面突变，以减少气流的局部阻力。汽油机进气管断面形状和尺寸，对燃料的雾化、蒸发和分配影响很大，进气管断面过大，气流速度低，燃油液态颗粒易沉积于管壁，而且液态燃油的蒸发速率比较慢，结果使各缸混合气的分配不均匀，发动机油耗增加。

（3）采用稀混合气。稀混合气可以提高发动机燃油经济性的主要原因是由于稀混合气中的汽油分子有更多的机会与空气中氧分子接触，容易燃烧完全，同时混合气越接近于空气循环，绝热指数越大，热效率越高；燃用稀混合气，由于其燃烧后最高温度降低，使气缸壁传热损失较少，并使燃烧产物的离解减少，从而提高了热效率；另外，采用稀混合气，由于气缸内压力、温度低，不易发生爆燃，则可以提高压缩比，增大混合气的膨胀比和温度，减少燃烧室残余废气量，因而可以提高燃油的能量利用效率。

5）提高传动系统传动效率

（1）增加传动系统挡位。传动系统挡位增多后，增加了选用合适挡位使发动机处于经济工作状态的机会，有利于提高燃油经济性。因此，近年来轿车手动变速器已基本采用5挡，也有采用6挡的；自动变速器广泛采用4挡或5挡，采用6挡的也日渐增多；大型货车有采用更多挡位的趋势，重型汽车和牵引车，为了改善动力性和燃油经济性，变速器挡位可多至16个。

(2) 使用无级变速器。无级变速器在任何条件下都可提供使发动机在最经济工况下工作的可能性。若无级变速器始终能维持较高的机械效率，则汽车的燃油经济性将显著提高。长期以来，一直进行着能传递大功率，维持高效率、高寿命的机械无级变速器(CVT)的研究工作，由于材料、润滑油及微机控制、加工技术的进步，CVT有了很大进展。目前，全世界有超过50多个汽车品牌装用了CVT，年产CVT汽车超过100万辆。

2. 汽车使用

1) 提高驾驶操作技术

(1) 发动机预热起动。汽车油路、电路、怠速和点火提前角的正确调整及发动机预热是顺利起动的前提。冷起动时应使发动机充分预热，起动时间不得超过5 s，两次起动间隔不得超过10 s。三次起动不成功时，必须进行检查，排除故障。起动后应迅速转入暖机怠速。

(2) 正确选择挡位。汽车在良好路面上行驶，在一定的行驶范围内，既可使用次高挡也可用最高挡时，用最高挡较节约燃油。汽车上坡行驶时应及时减挡，减挡过早，不能充分利用汽车惯性爬坡；减挡过晚，车速降低过多，常需要多换一次挡，增加油耗。

(3) 保持技术经济车速。汽车满载在良好路面上行驶时，存在一个使等速燃油消耗量最小的车速，即技术经济车速。车速高于或低于技术经济车速行驶，汽车油耗均会上升。技术经济车速在实际中很难掌握，为此将经济车速点前后油耗较低的车速称为经济车速范围，不同车型的经济车速和范围一般可通过试验得到。

(4) 缓加速。汽车行驶时加速踏板要轻踏，柔和控制，节气门开度不宜过大，以免增加燃油消耗。

(5) 保持正常温度。汽车行车温度，包括发动机冷却液温度、润滑油温度、发动机罩内气温、变速器和驱动桥齿轮油温度等。正常的发动机冷却液温度有利于燃料的雾化和混合气的均匀分配，使得发动机具有良好的燃料经济性和动力性，并保证润滑油的黏度和润滑能力，减少发动机的磨损。

2) 保持汽车良好技术状况

滑行性能常用来检测汽车底盘的综合技术状况，当汽车车轮定位正确，制动器摩擦蹄片与制动鼓间隙合适，轮胎气压正常，各相对运动零部件表面光洁、间隙恰当并保证充分润滑，底盘行驶阻力减小，滑行距离明显增加。阻力较小的装载质量为2.5 t的汽车，在良好水平道路上以30 km/h的车速低挡滑行，滑行距离应达200～250 m，当滑行距离由200 m增加到250 m时，油耗可降低7%。

同时，发动机的技术状况对汽车的燃油经济性也有显著影响，因此，使用中要做好汽车的经常性检查与维护工作，保持汽车良好的技术状况。

3.1.2 汽车燃油经济性评价指标

汽车燃油经济性，是指以最小的燃油消耗量完成单位运输工作量的能力，是汽车的重要性能之一。

为了评价汽车的燃油经济性，在我国和欧洲，常采用每百公里燃油消耗量作为评价指标。燃油经济性指标的单位为L/100 km，即汽车每行驶100 km所消耗的燃油量。对于货车和大型客车，由于载质量和座位的不同，每百公里耗油量相差较大，因而，从车辆使用角度，又采用单位运输工作量的燃油消耗量作为评价指标，其单位为L/(100 t·km)或L/(kP·km)，即每百吨公里或每千人公里所消耗的燃油量，这一指标不仅可以评价汽车的燃油经济性，还能反映运输工作的管理水平。上述两个指标的数值越大，汽车燃油经济性越差。

汽车燃油经济性也可用汽车消耗单位量燃油所经过的行程作为评价指标，其单位为km/L，即每升燃油能行驶的里程。美国采用的单位是 MPG 或 mile/USgal，指的是每加仑燃油能行驶的英里数（1 mile=1.6 km，1 USgal=4.55 L），其数值越大，汽车的燃油经济性越好。

等速百公里燃油消耗量是一种综合性的评价指标，指汽车在一定载荷（我国标准规定轿车为半载，货车为满载），以最高挡在水平良好路面上等速行驶 100 km 的燃油消耗量。但是，等速行驶工况并没有全面反映汽车的实际运行情况，特别是在市区行驶中，汽车频繁出现加速、减速、怠速停车等行驶工况，因此，在对实际行驶车辆进行跟踪测试统计基础上，各国都制定了一些典型的循环行驶试验工况来模拟汽车实际运行工况，并以其百公里燃油消耗量来评定相应行驶工况的燃油经济性。

3.2 汽车燃油经济性检测仪器

汽车燃油经济性使用的检测仪器主要是油耗计。油耗计类型很多，按测量方式可分为：容积式油耗计、质量式油耗计、流量式油耗计和流速式油耗计。通常容积式油耗计和质量式油耗计应用较多。

3.2.1 容积式油耗计

容积式油耗计通过测量发动机运转时累计消耗的燃油总容量，将汽车行驶时间和行使里程换算为汽车的燃油消耗量。

容积式油耗计可用于发动机台架试验和道路试验，按检测装置结构的不同，可分为膜片式、量管式、活塞式（单活塞式和行星活塞式）及油泡式等。行星活塞式油耗计是应用最广泛、计量比较精确的油耗测量仪，它由燃油流量传感器和计量显示仪表两部分组成。流量传感器包括流量检测机构和信号转换机构两部分。

行星活塞式油耗传感器流量检测机构的工作原理，如图 3－1 所示。行星活塞式油耗传感器是由十字形配置的四个活塞和旋转曲轴构成，用于将一定容积的燃油流量转变为曲轴的旋转。

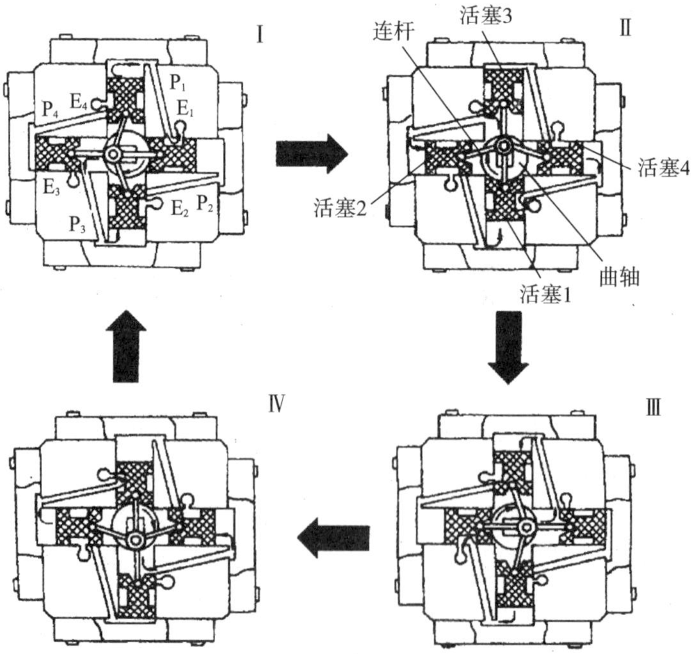

图 3－1　行星活塞式油耗传感器流量检测机构工作原理

P_1，P_2，P_3，P_4—油道；E_1，E_2，E_3，E_4—排油口

当燃油在泵油压力作用下，燃油推动活塞往复运动，4 个活塞各往复运动一次则曲轴旋转一周，完成一个进排油循环。活塞在油缸中处于进油行程或是排油行程，取决于活塞相对于进排油口的位置。图 3－1中，Ⅰ表示活塞 1 处于进油行程，来自轴箱的燃油由 P_3 推动其下行，并使曲轴作顺时针旋转。此时，活塞 2 处于排油行程终了，活塞 3 处于排油行程中，燃油从活塞 3 上部经 P_1 从排油口 E_1 排出，活塞 4 处于进油终了；Ⅱ表示活塞 1 处于进油行程终了，活塞 2 处于进油行程，通道 P_4 导通，活塞 3 处于排油行程终了，活塞 4 处于排油行程，燃油从通道 P_2 经排油口 E_2 排出；Ⅲ和Ⅳ的进排油状态及曲轴旋转方向如图中箭头所示。如此循环往复，曲轴每旋转一周，各缸分别泵油一次，从而具有连续定容量泵油的作用。

3.2.2 质量式油耗计

质量式油耗计由计量装置、称量装置和控制装置组成，如图 3－2 所示。

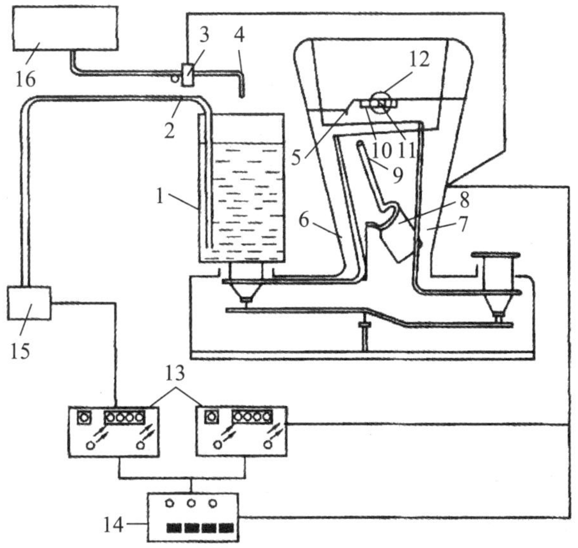

图 3－2 质量式油耗计结构示意图

1—油杯；2—出油管；3—电磁阀；4—加油管；5—光电二极管；6—限位开关；7—限位开关；
8—限位器；9—光源；10—光电二极管；11—鼓轮机构；12—鼓轮；13—计数器；14—控制开关；
15—发动机；16—燃油箱

称量装置的秤盘上装有油杯 1，燃油经电磁阀 3 加入油杯。电磁阀的开闭由装在平衡块上的行程限位器 8 拨动两个微型限位开关 6 和 7 进行控制。光电传感器由前个光电二极管 5、10 和装在菱形指针上的光源 9 组成，用于给出油耗始点和终点信号。光电二极管 5 为固定式，光电二极管 10 装在活动滑块上，滑块通过齿轮齿条机构移动，齿轮轴与鼓轮 12 相连，计量的燃油量通过转动鼓轮 12 从刻度盘上读出。计量开始时，光源 9 的光束射在光电二极管 5 上，光电二极管发出信号使计数器 13 开始计数。随着油杯中燃油的消耗，指针移动。当光束射到光电二极管 10 上时，光电二极管 10 发出信号，使计数器停止计数。

质量式油耗计在测量消耗一定质量燃油所用的时间后，即可计算出单位时间内发动机的燃油消耗量，公式为

$$G = 3.6 \times \frac{W}{t}$$

式中 W——燃油质量，g；

t——测量时间,s;

G——燃油消耗量,kg/h。

3.3 汽车燃油经济性检测方法

3.3.1 汽车燃油消耗量限值

1.《乘用车燃料消耗量限值》(GB19578—2004)

我国于2004年9月经国家质检总局和国家标准委员会批准发布了控制乘用车的第一个强制性国家标准《乘用车燃料消耗量限值》(GB19578—2004),于2005年7月1日起正式实施。该标准按照整车质量规定了乘用车燃料消耗量的限值,适用于以点燃式发动机或压燃式发动机为动力,最大设计车速大于或等于50 km/h,最大设计总质量不超过3 500 kg的M类车辆(包括驾驶人座位在内,座位数不超过9座的载客汽车)。对于新开发车型,从2005年7月1日起开始执行第一阶段限值要求,第二阶段的执行日期为2008年1月1日。对于在生产车型,从2006年7月1日开始执行第一阶段限值要求,第二阶段执行日期为2009年1月1日。

GB19578—2004采用按质量分组的单车燃料消耗量评价体系,按照车辆整车整备质量将车辆分为16个不同的质量段,并对每个质量段内的车辆设定统一的单车最高燃料消耗量限值。乘用车应达到的燃油消耗量限值,如表3-1所示。

表3-1　乘用车燃料消耗量限值

整车整备质量 CM/kg	普通车辆限值/(L/100 km)		特殊结构车辆限值/(L/100 km)	
	第一阶段	第二阶段	第一阶段	第二阶段
$CM \leqslant 750$	7.2	6.2	7.6	6.6
$750 < CM \leqslant 865$	7.2	6.5	7.6	6.9
$865 < CM \leqslant 980$	7.7	7.0	8.2	7.4
$980 < CM \leqslant 1\ 090$	8.3	7.5	8.8	8.0
$1\ 090 < CM \leqslant 1\ 205$	8.9	8.1	9.4	8.6
$1\ 205 < CM \leqslant 1\ 320$	9.5	8.6	10.1	9.1
$1\ 320 < CM \leqslant 1\ 430$	10.1	9.2	10.7	9.8
$1\ 430 < CM \leqslant 1\ 540$	10.7	9.7	11.3	10.3
$1\ 540 < CM \leqslant 1\ 660$	11.3	10.2	12.0	10.8
$1\ 660 < CM \leqslant 1\ 770$	11.9	10.7	12.6	11.3
$1\ 770 < CM \leqslant 1\ 880$	12.4	11.1	13.1	11.8

（续表）

整车整备质量 CM/kg	普通车辆限值/(L/100 km)		特殊结构车辆限值/(L/100 km)	
	第一阶段	第二阶段	第一阶段	第二阶段
1 880<CM≤2 000	12.8	11.5	13.6	12.2
2 000<CM≤2 110	13.2	11.9	14.0	12.6
2 110<CM≤2 280	13.7	12.3	14.5	13.0
2 280<CM≤2 510	14.6	13.1	15.5	13.9
CM>2 510	15.5	13.9	16.4	14.7

2.《轻型商用车辆燃料消耗量限值》(GB20997—2007)

GB20997—2007 以“最大设计总质量与发动机排量”作为 M_2 和 N_1 类车辆限值的基本参数，综合考虑 3.5 t 以下的商用车辆在结构、功能、燃料方面有多样性的特征，按汽油和柴油分别设定限值要求，并适当放宽柴油车的限值；并根据车辆特定结构和特殊用途对燃料消耗量的不利影响，将 N_1 类全封闭厢式车辆、N_1 类罐式车辆、装有自动变速器的车辆、全轮驱动的车辆等特殊结构车辆的限值放宽 5%。普通车辆和特殊结构车辆燃油消耗量限制，分别如表 3-2—表 3-5 所示。

表 3-2　N_1 类汽油车辆燃料消耗量限值

最大设计总质量 M/kg	发动机排量 V/L	普通车辆限值/(L/100 km)		特殊结构车辆限值/(L/100 km)	
		第一阶段	第二阶段	第一阶段	第二阶段
M≤2 000	全部	8	7.8	8.4	8.2
2 000<M≤2 500	V≤1.5	9	8.1	9.5	8.5
	1.5<V≤2.0	10	9	10.5	9.5
	2.0<V≤2.5	11.5	10.4	12.1	10.9
	V>2.5	13.5	12.5	14.2	13.1
2 500<M≤3 000	V≤2.0	10	9	10.5	9.5
	2.0<V≤2.5	12	10.8	12.6	11.3
	V>2.5	14	12.6	14.7	13.2
M>3 000	V≤2.5	12.5	11.3	13.1	11.9
	2.5<V≤3.0	14	12.6	14.7	13.2
	V>3.0	15.5	14	16.3	14.7

表 3-3　　N_1 类柴油车辆燃料消耗量限值

最大设计总质量 M/kg	发动机排量 V/L	普通车辆限值/(L/100 km)		特殊结构车辆限值/(L/100 km)	
		第一阶段	第二阶段	第一阶段	第二阶段
$M \leqslant 2\,000$	全部	7.6	7	8	7.4
$2\,000 < M \leqslant 2\,500$	$V \leqslant 2.5$	8.4	8	8.8	8.4
	$2.5 < V \leqslant 3.0$	9	8.5	9.5	8.9
	$V > 3.0$	10	9.5	10.5	10
$2\,500 < M \leqslant 3\,000$	$V \leqslant 2.5$	9.5	9	10	9.5
	$2.5 < V \leqslant 3.0$	10	9.5	10.5	10
	$V > 3.0$	11	10.5	11.6	11
$M > 3\,000$	$V \leqslant 2.5$	10.5	10	11	10.5
	$2.5 < V \leqslant 3.0$	11	10.5	11.6	11
	$3.0 < V \leqslant 4.0$	11.6	11	12.2	11.6
	$V > 4.0$	12	11.5	12.6	12.1

表 3-4　　最大设计总质量不大于 3.5 t 的 M_2 类汽油车辆燃料消耗量限值

最大设计总质量 M/kg	发动机排量 V/L	普通车辆限值/(L/100 km)		特殊结构车辆限值/(L/100 km)	
		第一阶段	第二阶段	第一阶段	第二阶段
$M \leqslant 3\,000$	$V \leqslant 2.0$	10.7	9.7	11.2	10.2
	$2.0 < V \leqslant 2.5$	12.2	11	12.8	11.6
	$2.5 < V \leqslant 3.0$	13.5	12.2	14.2	12.8
	$V > 3.0$	14.5	13.1	15.2	13.8
$M > 3\,000$	$V \leqslant 2.5$	12.5	11.3	13.1	11.9
	$2.5 < V \leqslant 3.0$	14	12.6	14.7	13.2
	$V > 3.0$	15.5	14	16.3	14.7

表 3-5　　最大设计总质量不大于 3.5 t 的 M_2 类柴油车辆燃料消耗量限值

最大设计总质量 M/kg	发动机排量 V/L	普通车辆限值/(L/100 km)		特殊结构车辆限值/(L/100 km)	
		第一阶段	第二阶段	第一阶段	第二阶段
$M \leqslant 3\,000$	$V \leqslant 2.5$	9.4	8.5	9.9	8.9
	$V > 2.5$	10.5	9.5	11	10
$M > 3\,000$	$V \leqslant 3.0$	11.5	10.5	12.1	11
	$V > 3.0$	12.6	11.5	13.2	12.1

3. 营运车辆燃油消耗量限值

营运车辆燃油消耗量限值是以该车型原厂规定的等速百公里燃油消耗量为基础确定的。《营运车辆综合性能要求和检验方法》(GB18565—2001)规定，采用等速百公里燃油消耗量作为车辆燃油经济性的评价指标，并规定采用本标准规定的检验方法测得的汽车百公里燃油消耗量不得大于该车型原厂规定的相应车速等速百公里燃油消耗量的110%作为燃油消耗量限值指标。

3.3.2 汽车燃油经济性检测方法

《营运车辆综合性能要求和检验方法》(GB18565—2001)中规定了汽车等速百公里燃油消耗量，可用台架和路试两种方法进行检测。

1. 汽车燃油经济性的台架检测

汽车燃油经济性的台架检测是将汽车置于底盘测功机上，模拟道路试验条件进行等速行驶燃油消耗量检测的一种方法。

1) 检测环境条件

环境温度：0℃～40℃；环境湿度：<85%；大气压力：80～110 kPa。

2) 台架和车辆准备

(1) 车辆预热，使发动机和汽车底盘运行至正常工作温度，车辆轮胎和气压应符合该车技术条件的规定。

(2) 底盘测功机运行预热至规定状态，底盘侧功机和油耗计应符合使用要求，工作正常。

(3) 测量并记录环境温度、大气压力和燃料密度。

(4) 将油耗计连接到检测油路，并排净油路中的空气。

3) 检测方法

(1) 在底盘测功机上设定检测车速，轿车为60 km/h；其他车辆为50 km/h。

(2) 将被检测汽车平稳行驶到底盘测功机，落下举升器，驱动轮落在滚筒上，起动汽车，逐步加速，换挡至直接挡(无直接挡，换至最高挡)，使车速达到规定车速。给底盘测功机加载，使其模拟汽车满载等速行驶在平坦良好路面时的行驶阻力功率。

(3) 待车速稳定后开始测量，要求测量不低于500 m距离的燃油消耗量。连续测量2次，取其算术平均值，即为等速行驶燃油消耗量，再计算等速百公里燃油消耗量。

(4) 燃油消耗量的测量值按公式校正到标准状态下的数值，标准状态是指：气温20℃，气压100 kPa，汽油密度0.72 g/mL，油密度0.830 g/mL。

2. 汽车燃油经济性的路试检测

1) 试验条件

(1) 试验车辆载荷。除有特殊规定外，轿车规定乘员数的一半(取整数)；城市客车为总质量的65%；其他车辆为满载，乘员质量及其装载要求按《道路试验方法通则》(GB/T12534—1990)的规定。

(2) 试验仪器。车速测定仪和燃料流量计为5%；计时器最小读数为0.1 s。

(3) 试验的一般规定。试验车辆必须清洁，关闭车窗和驾驶室通风口，只允许开动驱动车辆所必须的设备；由恒温器控制的空气流必须处于正常调整状态；试验车辆必须按规定进行磨合；其他试验条件，试验车辆准备按GB/T12534—1990的规定。

2) 试验项目和方法

《汽车燃料消耗量试验方法》(GB/T12545—1990)确定的试验项目有：直接挡全节气门加速燃料消耗量试验、等速燃料消耗量试验、多工况燃料消耗量试验和限定条件下的平均使用燃料消耗量试验。在此仅介绍前两项内容。

(1) 直接挡全节气门加速燃料消耗量试验。试验测试路段长度为 500 m。

汽车挂直接挡(没有直接挡可用最高挡),以 30 km/h 的初速度行驶,稳定通过 50 m 的预备段,在测试路段的起点开始,节气门全开,加速通过测试路段;测量并记录通过测试段的加速时间、燃油消耗量及汽车在测试段终点时的速度。

试验往返各进行 2 次,测得同方向加速时间的相对误差不大于 5%;取测得四次加速时间试验结果的算术平均值作为测定值,且符合该车技术条件的规定。

(2) 等速行驶燃料消耗量试验。试验测试路段长度为 500 m。

汽车常用挡位,等速行驶,通过 500 m 的测试段,测量通过该路段的时间及燃油消耗量;试验车速从 20 km/h(最小稳定车速高于 20 km/h 时,从 30 km/h)开始,以车速的 10 km/h 的整数倍均匀选取车速,直至最高车速的 90%,至少测定 5 个试验车速;同一车速往返各进行 2 次。

3. 汽车燃油经济性的其他测试方法

1) 碳平衡法

燃油主要是由 C、H 化合物组成的混合物,燃烧后生成 CO、CO_2、HC、H_2O、NO_x 等,不论燃烧状况如何,尾气中 CO、CO_2、HC、H_2O、NO_x 中的 C 元素的总量对应着所消耗燃油中 C 元素的量。因此,可以通过测量尾气中的 CO、CO_2、HC 的含量和排气总量,计算出尾气中单位里程(或时间)内 C 元素的量,再与所用燃油中 C 元素含量相比,就可以间接得出汽车燃油消耗量。

2) 给定路程测试法

在给定的一段路程(一般为 50～100 km 的公路或城市道路),出车前将油箱加满,记录好里程表的里程数,到达目的地后,再将油箱加满,此时的加油量即为本段路程的燃油消耗量。燃油消耗量与行驶里程之比再乘以 100,就可得出每百车公里的燃油消耗量。

3) 现代高档轿车仪表显示油耗

目前,现代高档轿车的仪表都具有显示即时油耗、平均油耗和续驶里程等信息的功能。它是发动机电控单元通过油位、车速、发动机转速等传感器信息,计算出实际的燃油消耗量,随时提醒驾驶人汽车燃油消耗情况和可以继续行驶的里程,使驾驶人一目了然,做到心中有数。此方法方便、直观,通过仪表即时显示,只是精度不高。

4) 诊断仪显示油耗

将诊断仪接在某些车辆的 16 孔诊断座上,行驶时诊断仪可直接显示车辆即时油耗。

3.4 汽车燃油经济性检测结果分析

在汽车结构已经确定的情况下,汽车燃油经济性与汽车的使用因素有很大关系,在使用因素中,其技术状况的变化是造成汽车燃油消耗量增加的主要因素。

3.4.1 发动机技术状况对燃油经济性的影响

汽车的燃油经济性能否达到正常范围,在很大程度上取决于汽车发动机的技术状况,其中包括发动机各机构和系统的技术状况。

1. 发动机气缸压缩压力

发动机气缸压缩压力表明了发动机曲柄连杆机构、配气机构的技术状况,气缸压缩压力在规定范围内，表明气缸活塞组、气门组、气缸垫的密封状态良好。发动机做功行程产生的有效压力越大，可燃混合气的热能转换效率越高，提高了发动机的动力性和燃油经济性。气缸压缩压力不足，说明气缸漏气，主要原因是气缸与活塞环磨损，气门与气门座不密封，气缸垫被烧坏等，因而，使发动机工作过程恶化，燃油消耗量增加。

2. 配气相位

发动机的配气机构在使用过程中产生磨损，导致配气相位变化。当气门间隙变化或调整不当，将引起发动机配气相位改变，使发动机动力性和燃油经济性下降。试验表明，气门间隙每减小 0.1 mm，燃油消耗量增加 2%～8%。

3. 燃油供给系统的技术状况

化油器式发动机对化油器的要求是按照汽车不同工况准确计时地供给相应的可燃混合气，并使燃油雾化良好，与空气混合均匀，保证及时迅速地燃烧，提高发动机的热效率。为此，化油器浮子室油面高度、各量孔、省油器及加速泵等的调整，都必须符合规定的技术要求；柴油机供给系统输油泵压力、循环供油量、各缸供油的均匀度、喷油器的喷油压力及雾化质量等，均应保持正常，否则将增加燃油消耗量。

4. 点火系统的技术状况

点火系统技术状况不良，不仅影响发动机的起动性能和动力性，也将增加发动机的油耗。试验表明，点火提前角相差 1°，油耗增加约 1%；火花塞电极间隙过大，会增加点火系统的负载，导致起动困难，高速时会发生断火现象，如果有一缸火花塞不工作，发动机燃油消耗量将大幅度增加。

5. 发动机的工作温度

一般水冷发动机冷却液的正常工作温度为 75℃～95℃，高于或低于正常工作温度，都会使发动机燃油消耗量增加。冷却液温度低，汽油不易雾化，燃烧不完全，如温度过低，热量损失大，使发动机功率下降，燃油消耗量上升。发动机冷却液温度过高，容易产生早燃和爆燃，使充气系数降低，发动机工作恶化，会导致发动机动力性和燃油经济性大幅度下降。

6. 电控燃油喷射系统技术状况

影响电控燃油喷射发动机燃油经济性的因素，主要是其进气系统、燃油系统和电控单元的各传感器、调节器和控制器等技术状况的变化。

(1) 空气流量计和进气歧管绝对压力传感器。在使用中，如果空气流量计或进气歧管绝对压力传感器损坏或性能发生变化，将把不能反映发动机的真实工况的错误信号发送给电控单元，影响电控单元对基本喷油量的确定，从而引起发动机燃油经济性的变化。例如，热线式空气流量计的热线脏污，当进气管空气流量增大时，被空气带走的热线热量减少，通过热线的电流并不随空气流量增大而增大，引起空气流量计输送给电控单元的电信号降低，使基本喷油量减少，出现发动机功率不足，引起燃油消耗量增加。

(2) 冷却液温度传感器和进气温度传感器。冷却液温度传感器和进气温度传感器出现故障，如传感器内部线路接触不良或断路、热敏元件性能变化，会出现传感器无信号或信号不准，导致发动机工作不正常，如发动机不能起动，运转不平稳，功率下降等，使油耗增加。

(3) 节气门位置传感器。线性式节气门位置传感器常见故障有传感器基板上电阻体的电阻不准确，造成输出的节气门位置信号不正确，引起发动机动力不足，油耗增加。如电刷与碳膜电阻接触不良，会造成节气门位置信号时有时无，引起发动机工作性能不良、发抖、喘振、加速性能差及加速失速，也会增加油耗。

(4) 爆震传感器。使用中爆震传感器出现故障，如爆震传感器一直输出爆震信号，ECU 控制推迟点火提前角，造成气缸内混合气燃烧不完全，发动机功率下降，使油耗增加。

(5) 氧传感器。使用中,氧传感器的主要故障是其内部线路断或脱落,陶瓷元件破损和电热电阻丝烧断等,出现上述故障,氧传感器不能输出排气管中氧浓度信息,ECU 就不能随排气中氧浓度的变化来修整喷油量,造成发动机油耗和排气污染增加,发动机还会出现怠速不稳、缺火、喘振等。

(6) 废气再循环阀。根据发动机结构不同,进入进气歧管的废气量一般 EGR 率控制在 6%~23%,如果 EGR 率过大,随着 EGR 率的增加,会使发动机燃烧状况恶化和油耗增加。在使用中,如果废气再循环阀漏气,使 EGR 率过大,会引起发动机燃烧状况恶化,功率不足,为提高发动机动力性,必须加大油门,造成油耗增加。

(7) 可变配气相位机构。具有可变配气相位机构的发动机,可根据发动机转速的变化对配气相位作出相应的实时调整,使气缸的充气量同时满足发动机低转速和高转速下的不同需要,从而提高发动机的动力性和燃油经济性。如果可变配气相位机构损坏,配气相位不能随发动机转速变化而调整,特别是发动机高速时进气门迟闭角不能加大,充气效率不能增加,使高速时充气量不足,引起混合气过浓,燃烧不完全,使油耗增加。

(8) 废气涡轮增压器。废气涡轮增压器出现故障,会引起增压压力不够,这是一种综合性的故障,其中增压器转速下降是主要原因,当轴承与转子轴磨损、涡轮或叶轮叶片变形、损坏或是转子体与壳体产生摩擦等原因,使转子体转速下降时,增压压力即随之下降;增压强进气道堵塞或进入中冷器的进气连接软管松旷、破裂,也会造成增压压力下降;发动机进气管有泄漏处也会使增压压力不足。增压压力不足,会引起充气系数下降,造成发动机动力不足,油耗增加。

(9) 电控点火系统。在电控点火系统中,点火控制包括点火提前角控制、通电时间控制与恒流控制和防爆震控制。如果输送点火提前角主控信号和输送点火提前角修正信号的某些传感器性能发生变化或损坏,会使反馈给发动机 ECU 的信号发生变化,ECU 输出的点火控制信号将偏离最佳值,引起发动机燃烧状况变差,燃油消耗增加。另外,点火系统的一些部件损坏,如火花塞漏电、高压线漏电,引起点火能量下降,也会使发动机燃烧状况变差,燃油消耗增加。

3.4.2 汽车底盘技术状况对燃油经济性的影响

汽车底盘技术状况主要包括传动系统的传动效率、轮胎滚动阻力、车轮定位、轮毂轴承紧度及制动器间隙等。

传动系统各配合副配合不良,将使传动效率降低,燃油消耗量增加。如离合器打滑,变速器、万向传动装置及主减速器各传动副的配合间隙过大、过小,都将使燃油消耗量增加。采用自动变速器的汽车,如果自动变速器的液力变矩器有故障,使传动效率下降,从而影响动力传递,油耗增加。传动系统轴承紧度调整不当,可使燃油超耗 7%。使用不符合要求的齿轮油也会增加传动阻力,造成油耗增加。此外,轮毂轴承、制动器、车轮定位不准、轮胎气压不足等,使滚动阻力增加,导致汽车燃油消耗大幅度增加。

汽车检测中,可用滑行性能检查底盘的技术状况,汽车的滑行性能常用滑行距离表示。如果滑行距离达不到规定要求,应根据故障现象查找原因,对故障进行诊断及排除。

3.4.3 驾驶技术对燃油经济性的影响

正确驾驶汽车可以降低汽车油耗,不同技术水平的驾驶人,在相同条件下,驾驶相同汽车,油耗可相差 10%~30%。因此,掌握驾驶操作技术,可以明显提高汽车燃油经济性。

1. 汽车起步

发动机刚起动时,冷却液温度一般较低,此时的燃油雾化较差、燃烧不良,发动机机油黏度较高,摩擦阻力较大,此时汽车起步行驶油耗会很大。通常应在发动机运转预热使冷却液温度达到 40℃以上,再使汽车起步,才会有较好的节油效果。

汽车起步时,由于滚动阻力和加速阻力都较大,需要较大的驱动力,所以需要正确选用起步挡位,满载或上坡用 1 挡起步,轻载或在良好水平路面用 2 挡起步。如果选择挡位不正确,或起步时猛踩油门,会造成油耗增加。

2. 挡位选择

汽车行驶过程中的挡位选择,对汽车油耗有很大影响。在同一道路条件与车速下,虽然发动机发出的功率相同,但挡位越高,发动机负荷率越高,发动机比油耗越小,则汽车的百公里油耗也越小,而使用低挡位时的情况正好相反。因此,汽车在一般道路上,可使用高挡行驶,但在行驶中感到动力不足时应及时减挡。汽车上坡时,坡道不长可利用汽车惯性冲坡,若坡度较大或上长坡应及时减挡,以免发动机熄火重新起步导致油耗增加。

3. 行车速度

车速不同,油耗也不一样,经济车速运行油耗最低。车速过高,由于汽车行驶阻力加大,其百公里油耗会随车速的增加而迅速增长。汽车行驶过程中,行车速度应保持稳定,做到匀速行驶,如果经常急加速、急减速和频繁制动,会造成燃油消耗增加。

4. 行车温度

汽车的行车温度包括发动机冷却液温度、机油温度、发动机罩内温度、变速器和主减速器齿轮油温度等。合适的发动机冷却液温度应为 80℃~95℃,冷却液温度过高,则发动机温度过高,导致发动机产生早燃、爆燃等不正常燃烧,功率下降,油耗增大;冷却液温度过低,则发动机传热损失增大,燃烧速率下降,导致有效功率下降;同时,因进气温度低,燃油不易挥发,混合气变稀,使燃烧火焰传播速度减慢,导致功率下降,油耗增大;另外,冷却液温度过低,还会使机油黏度过大,润滑性能变差,摩擦阻力增大,油耗增加。

机油温度和齿轮油温度对燃油消耗的影响,在冬季表现比较突出,通过发动机预热和汽车行驶预热,使润滑油温度提高并保持合适温度。汽车行驶过程中,应经常观察仪表,出现异常及时查找原因并排除故障。

本章小结

(1) 汽车燃油经济性常采用每百公里燃油消耗量(L/100 km)作为评价指标,也可用汽车消耗单位量燃油所经过的行程(km/L)作为评价指标。等速百公里燃油消耗量是一种综合性的评价指标,指汽车在一定载荷(我国标准规定轿车为半载,货车为满载),以最高挡在水平良好路面上等速行驶 100 km 的燃油消耗量。

(2) 汽车燃油经济性使用的检测仪器主要是油耗计。油耗计类型很多,按测量方式可分为:容积式油耗计、质量式油耗计、流量式油耗计和流速式油耗计。通常容积式油耗计和质量式油耗计应用较多。

(3) 汽车等速行驶百公里油耗试验是一种在我国广泛采用的简单道理循环试验,在汽车底盘测功机上进行燃油消耗量试验是近年来发展的试验方法。

(4) 乘用车和轻型商用车燃油消耗量执行《乘用车燃料消耗量限值》(GB19578—2004)和《轻型商用车辆燃料消耗量限值》(GB20997—2007)的规定;《营运车辆综合性能要求和检验方法》(GB18565—2001)规定营运车辆百公里燃油消耗量不得大于该车型规定的相应车速等速百公里燃油消耗量的

110%，作为燃油然油田消耗量限值指标。

(5) 燃油消耗量可用台架试验和道路试验两种方法进行检测。台架检测是在底盘测功机上在设定车速下，测量不低于 500 m 距离的燃油消耗量，通过计算求得等速百公里燃油消耗量，并将其校正到标准状态下的数值；路试检测是在规定车速下，通过 500 m 测试路段，测量通过该路段的时间及燃油消耗量，计算汽车的百公里燃油消耗量，并将其校正到标准状态下的数值。

(6) 在汽车使用过程中，发动机技术状况和底盘各系统技术状况的变化，如发动机气缸压缩压力、配气相位、燃油供给系统和点火系统的技术状况，电控燃油喷射系统各传感器和执行机构技术状况；传动系统的传动效率、轮胎滚动阻力、车轮定位、轮毂轴承紧度及制动器间隙等，都对汽车燃油经济性有很大影响，通过分析其影响因素，根据故障现象，进行故障诊断与排除。

复习思考题

1. 判断题

(1) 减轻汽车整备质量是降低汽车燃油消耗量的最有效措施之一。 (　　)

(2) 装用子午线轮胎，可明显提高汽车的节油率。 (　　)

(3) 汽车发动机的压缩比提高，热效率增加，油耗也会相应增大。 (　　)

(4) 汽车高于或低于技术经济车速行驶，油耗均会上升。 (　　)

(5) 等速百公里燃油消耗量是一种综合性的评价指标。 (　　)

(6) 汽车等速百公里燃油消耗量只能用路试方法检测。 (　　)

(7) 进行汽车燃油燃油消耗检测时，将油耗计连接到油路后，不需要排净油路中的空气。 (　　)

(8) 当气门间隙变化或调整不当，将引起发动机配气相位改变，但不会降低发动机动力性和燃油经济性。 (　　)

(9) 汽车燃油经济性的台架检测是将汽车置于底盘测功机上，模拟道路试验条件进行等速行驶燃油消耗量检测的一种方法。 (　　)

(10) 在汽车结构已经确定的情况下，汽车燃油经济性与汽车的使用因素有很大关系。 (　　)

2. 选择题

(1) 电子控制燃油喷射系统，当传感器不能准确检测而向控制器传送错误电信号时，引起喷油量失准，导致(　　)。

A. 油耗增加　　B. 油耗减少　　C. 油耗不变

(2) 汽油 90%馏分温度和干点的高低表示汽油中所含(　　)多少。

A. 轻质馏分　　B. 重质馏分　　C. 残留物质

(3) GB19578—2004 采用按质量分组的单车燃料消耗量评价体系，按照车辆整车整备质量将车辆分为(　　)个不同的质量段。

A. 15　　B. 16　　C. 17

(4) 汽车燃油经济性的台架检测是将汽车置于底盘测功机上，模拟道路试验条件进行(　　)燃油消耗量检测的一种方法。

A. 等速行驶　　B. 加速行驶　　C. 减速行驶

(5)《乘用车燃料消耗量限值》(GB19578—2004)，于(　　)起正式实施。

A. 2004 年 7 月 1 日　　B. 2004 年 10 月 1 日　　C. 2005 年 7 月 1 日

(6) 等速行驶燃料消耗量试验。试验测试路段长度为(　　)m。

A. 500　　B. 800　　C. 1 000

(7)《乘用车燃料消耗量限值》(GB19578—2004)，适用于以点燃式发动机或压燃式发动机为动力，最大设计车速大于或等于 50 km/h，最大设计总质量不超过 3 500 kg 的(　　)车辆

A. N 类　　B. M 类　　C. L 类

(8) 单位运输的燃料经济性作为评价整个汽车经济性指标，主要用于(　　)。

A. 比较相同容载量的汽车燃料经济性

B. 比较不同容载量的汽车燃料经济性

C. 反映燃料消耗量与有效载荷之间的关系

(9) 汽车燃油经济性检测时，在底盘测功机上设定检测车速，轿车为(　　)km/h；其他车辆为50 km/h。

A. 40　　B. 50　　C. 60

(10) 汽车滑行性能常用滑行距离表示，在底盘测功机上检测滑行距离时，设定的初速度应为(　　)km/h。

A. 20　　B. 30　　C. 50

3. 填空题

(1) 节约燃料的正确驾驶操作方法是__________、__________、__________、正确滑行。

(2)《营运车辆综合性能要求和检验方法》(GB18565—2001)中规定了汽车等速百公里燃油消耗量，可用__________和__________两种方法进行检测。

(3) 影响电控燃油喷射发动机燃油经济性的因素，主要是其__________、__________和__________的各传感器、调节器和控制器等技术状况的变化。

(4) 一般水冷发动机冷却液的正常工作温度为__________，高于或低于__________，都会使发动机燃油消耗量增加。

(5) 汽车的行车温度包括发动机__________、__________、发动机罩内温度、变速器和主减速器齿轮油温度等。

4. 问答题

(1) 汽车燃油经济性的评价指标有哪些？

(2) 油耗计有哪些种类？

(3) 简述汽车等速百公里燃油消耗量的检测方法。

4 汽车制动性能检测

学习目标

知识目标

(1) 熟悉汽车制动性能的评价指标;

(2) 掌握汽车制动性能的检测项目及检测方法;

(3) 了解制动性能检测设备的结构与工作原理。

能力目标

(1) 学会正确使用汽车制动性能的检测仪器设备;

(2) 学会应用制动检验台进行制动性能相关项目的检测;

(3) 能根据汽车制动性能的检测结果分析制动系统技术状况的变化。

汽车制动性能是指汽车行驶时，能在短距离内停车且维持行驶方向稳定和在坡道上长时间保持停住的能力。汽车的制动性能是汽车重要的使用性能之一。制动性能的好坏直接关系到行车安全，性能良好和可靠的制动系统可保证行车安全，避免交通事故。反之，很容易造成交通事故，同时，制动性能的好坏还影响到汽车动力性的发挥。为防止或减少交通事故，必须加强对汽车制动装置的安全检测，保证汽车制动装置良好、可靠、符合国家制动标准，提高人员与车辆的安全性。

4.1 汽车制动性能评价指标

4.1.1 制动装置的基本要求

汽车制动系统技术状况的变化直接影响汽车行驶的安全性。《机动车运行安全技术条件》(GB7258—2004)对汽车的制动性能提出了严格的要求。要求汽车必须设置行车制动、应急制动和驻车制动装置，应能保证汽车行车制动、应急制动和驻车制动的其中一个或两个系统的操纵机构的任何部件失效时，仍具有应急制动功能。

为了保证汽车具有良好的制动性能，制动系统一般应达到：

(1) 制动性能良好。即制动距离、制动力、制动减速度和制动协调时间应符合要求。

(2) 制动稳定性良好。即制动不跑偏，不侧滑。用制动距离检验制动性能时，要求车辆的任何部位不能超过规定的试车道宽度；在制动试验台上进行性能检验时，左右轮制动力差符合规定的标准。

(3) 操纵轻便。即操纵制动系统的力不能过大，应符合标准规定。

(4) 工作可靠。即制动系统的零部件必须十分可靠，并保证在遇到特殊情况时能够有足够的应急制动性能。

1. 行车制动装置的主要技术要求

(1) 行车制动必须保证驾驶人在行车过程中能控制机动车安全、有效地减速和停车。行车制动必须是可控制的，且必须保证驾驶人在其座位上双手无须离开转向盘(或转向把)就能实现制动。

① 汽车(三轮汽车除外)、挂车(总质量不大于 750 kg 的挂车除外)的所有车轮应装备制动器。

② 行车制动应作用在机动车(三轮汽车、拖拉机运输机组及总质量不大于 750 kg 的挂车除外)的所有车轮上。

③ 行车制动的制动力应在各轴之间合理分配。

④ 机动车行车制动的制动力应在同一车轴左右轮之间相对机动车纵向中心平面合理分配。

⑤ 制动器应有磨损补偿装置。制动器磨损后，制动间隙应易于通过手动或自动调节装置来补偿。制动控制装置及其部件以及制动器总成应具备一定的储备行程，当制动器发热或制动衬片的磨损达到一定程度时，在不必立即作调整的情况下，仍应保持有效的制动。

⑥ 采用真空助力的行车制动系统，当真空助力器失效后，制动系统仍应能保持规定的应急制动性能。

⑦ 行车制动系统制动踏板的自由行程应符合该车有关技术条件。

⑧ 行车制动在产生最大制动效能时的踏板力，对于乘用车不应大于 500 N；对于其他机动车不应大于 700 N。

⑨ 液压行车制动在达到规定的制动效能时，踏板行程不应大于踏板全行程的 3/4；制动器装有自动调整间隙装置的机动车的踏板行程不应大于踏板全行程的 4/5，且乘用车不应大 120 mm，其他机动车不

应大于 150 mm。

⑩ 液压行车制动系统不允许因制动液对制动管路的腐蚀或由于发动机及其他热源的作用形成气阻而影响行车制动系统的功能。

(2) 行车制动系统的制动踏板自由行程应符合该车的有关技术条件。

(3) 采用气压制动的机动车当气压升至 600 kPa 且不使用制动的情况下，停止空气压缩机 3 min 后，其气压的降低值应不大于 10 kPa。在气压为 600 kPa 的情况下，将制动踏板踩到底，待气压稳定后观察 3 min，单车气压降低值不得超过 20 kPa，列车气压降低值不得超过 30 kPa。

(4) 采用液压制动的机动车在保持踏板力为 700 N 达到 1 min 时，踏板不得有缓慢向地板移动的现象。

(5) 气压制动系统必须装有限压装置，确保储气筒内气压不超过允许的最高气压。

(6) 采用气压制动系统的机动车，发动机在 75%的标定功率转速下，4 min(汽车列车为 6 min，城市铰接公共汽车和无轨电车为 8 min)内气压表的指示气压应从零开始升至起步气压(未标起步气压者，按 400 kPa 计)。

(7) 汽车和无轨电车行车制动必须采用双管路或多管路，当部分管路失效时，剩余制动效能仍能保持原规定值的 30%以上。

(8) 机动车在运行过程中，不应有自行制动现象。当挂车与牵引车意外脱离后，挂车应能自行制动，牵引车的制动仍然有效。

2. 应急制动的主要技术要求

(1) 应急制动应保证在行车制动只有一处管路失效的情况下，在规定的距离内将汽车停住。

(2) 应急制动可以是行车制动系统具有应急特性或是与行车制动分开的系统。

(3) 应急制动应是可控制的，其布置应使驾驶人容易操作，驾驶人在座位上至少用一只手握住方向盘的情况下，就可以实现制动。它的控制装置可以与行车制动的控制装置结合，也可以与驻车制动的控制装置结合。

3. 驻车制动的主要技术要求

(1) 驻车制动应能使机动车即使在没有驾驶人的情况下，也能停在上、下坡道上。驾驶人必须在座位上就可以实现驻车制动。

(2) 驻车制动应通过纯机械装置把工作部件锁止，并且驾驶人施加于操纵装置上的力：手操纵时，乘用车不应大于 400 N，其他机动车不应大于 600 N；脚操纵时，乘用车不应大于 500 N，其他机动车不应大于 700 N。

(3) 驻车制动的控制装置的安装位置应适当，其操纵装置应有足够的储备行程(开关类操作装置除外)，一般应在操纵装置全行程的 2/3 以内产生规定的制动效能；驻车制动机构装有自动调节装置时允许在全行程的 3/4 以内达到规定的制动效能。棘轮式制动操纵装置应保证在达到规定驻车制动效能时，操纵杆往复拉动的次数不允许超过三次。

(4) 采用弹簧储能制动装置做驻车制动时，应保证在失效状态下能快速解除驻车状态；如需使用专用工具，这种工具应作为随车工具。

4.1.2 制动性能的评价指标

汽车制动性能检测指标应能全面评价汽车的制动性，充分反映汽车制动系统的技术状况。在用汽车制动性能的检测指标主要有：汽车制动力、制动距离、充分发出的平均减速度、制动协调时间及制动时的方向稳定性。

1. 制动力

汽车在制动过程中人为地使汽车受到一个与其行驶方向相反的外力，汽车在这一外力作用下迅速地降低车速以至停车，这个外力称为汽车的制动力。

汽车在制动力作用下迅速降低车速以至停车，当汽车质量一定时，汽车制动力越大，则汽车的制动减速度就越大，汽车的制动性能就越好。因此，常用汽车制动力作为台试检测制动性的指标。汽车制动力能反映汽车制动系统的技术状况，能体现汽车制动过程的实质，它是评价汽车制动性最本质的检测指标。

2. 制动距离

制动距离与行车安全有直接关系，它是评价汽车制动性最直观的检测指标。驾驶人可按预计停车地点来控制制动强度。

各国对制动距离的定义不一致，在我国安全法中，是指在指定的道路条件下，机动车在规定的初速度下急踩制动时，从脚接触制动踏板(或手触动制动手柄)时起至车辆停止驶过的距离。

制动距离与制动过程的地面制动力以及制动传动机构与制动器工作滞后时间有关，而地面制动力与检验时在制动踏板上的踏板力或制动系统的压力(液压或气压)以及路面的附着条件有关，因此，测试制动距离时必须对制动踏板力或制动系统的压力以及轮胎与地面的附着条件作出相应的规定。

在检测条件一定时，制动距离的长短能反映制动系统的技术状况，其制动距离越短，则汽车制动性能越好。因此，常用制动距离作为路试检测制动性能的指标。

3. 充分发出的平均减速度

充分发出的平均减速度是指汽车在规定的初速度下急踩制动时，测试计算得到的减速度公式为

$$MFDD=(v_b^2-v_e^2)/25.92\times(s_e-s_b)$$

式中 $MFDD$——充分发出的平均减速度，m/s^2；

v_0——试验车制动初速度，km/h；

v_b——$0.8\,v_0$，试验车速，km/h；

v_e——$0.1\,v_0$，试验车速，km/h；

s_b——试验车速从 v_0 到 v_b 之间车辆行驶的距离，m；

s_e——试验车速从 v_0 到 v_e 之间车辆行驶的距离，m。

充分发出的平均减速度在车辆制动过程中较为稳定，能真实反映汽车制动系统的实际情况。制动时，汽车充分发出的平均减速度越大，说明汽车制动力越大，汽车的制动性能越好。

充分发出的平均减速度与地面制动力及车辆总质量有关，对某一具体车辆而言，充分发出的平均减速度与地面制动力是等效的。因此，常用充分发出的平均减速度作为路试检测制动性能的指标。

4. 制动协调时间

制动协调时间是指在急踩制动时，从脚接触制动踏板(或手触动制动手柄)时起至车辆减速度(或制动力)达到标准规定的充分发出的平均减速度(或制动力)的75%时所需的时间。

制动协调时间是制动器制动时间和滞后时间的主要部分，其长短反映了制动系统传动间隙消除的快慢和制动力增长的速度。制动时，制动协调时间越短，则制动距离越短，汽车制动性能越好。由于制动协调时间只反映制动过程的局部信息，因此，制动协调时间不能单独作为制动性能的检测指标，而只能作为制动性能的辅助检测指标。

5. 制动稳定性

制动稳定性是指汽车在制动过程中维持直线行驶的能力。制动稳定性差的汽车，路试时会产生偏

离规定通道宽度的现象，台试检测时会出现左、右车轮制动器制动力增长快慢不一致或左右车轮制动力不等的现象。因此，在我国安全法规中，路试时制动稳定性的检测指标是试车道的宽度；台试时制动稳定性的检测指标是同轴左、右车轮的制动力差值。

4.2 汽车制动性能检测设备

4.2.1 台试制动性能检测设备

制动检验台根据不同分类方法有多种类型，按检验台测量原理不同，可分为反力式和惯性式两类；按检验台支承车轮形式不同，可分为滚筒式和平板式两类；按检验台检测参数不同，可分为测制动力式、测制动距离式和多功能综合式三类；按检验台测量装置至指示装置传递信号方式不同，可分为机械式、液压式和电气式三类；按检验台同时能测车轴数不同，又可分为单轴式、双轴式和多轴式三类。国内汽车综合性能检测站所用制动检测设备多为反力式滚筒制动检验台和平板式制动检验台。目前国内外已研制出惯性式防抱死制动检验台，但价格昂贵，短期内难以普及应用。

1. 轴重检测台

利用制动检验台检测汽车制动性能时，其制动性能参数标准是以轴制动力占轴荷的百分比为依据的，因此必须在测得轴荷和轴制动力后才能评价轴制动性能是否符合国标要求。我们把用于检测车轴轴载质量的设备，称为轴重检测台，轴重检测台又称轴重仪。

电子轴重仪一般由机械部分(包括承载装置和传感器装置)和显示仪表所组成。双载荷台板式轴重仪，如图 4-1 所示。检测线使用较多，它能测量左、右车轮轮荷，它有左右两个秤体，分别安装在左右框架内，共用一个显示仪表。

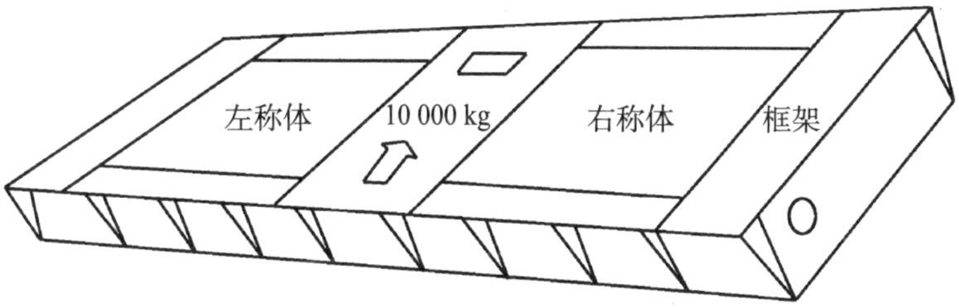

图 4-1　双载荷台板式轴重仪外形图

2. 滚筒反力式制动检验台

在诸多种类的制动检验台中反力式滚筒制动检验台(测制动力式)获得了广泛应用，其中，特别是单轴反力式滚筒制动检验台应用最为普遍，国内外汽车检测站所用的制动检测设备多为这种形式。

1) 基本结构

单轴滚筒反力式制动检验台的结构，如图 4-2 所示。它由框架、驱动装置、滚筒装置、测量装置、举升装置和指示与控制装置等组成。为使制动检验台能同时检测车轴两端左、右车轮的制动力，除框架、指示与控制装置外，其他装置是分别独立设置的。

(1) 驱动装置

驱动装置由电动机、减速器和链传动组成。电动机经过减速器减速后驱动主动滚筒，主动滚筒通过

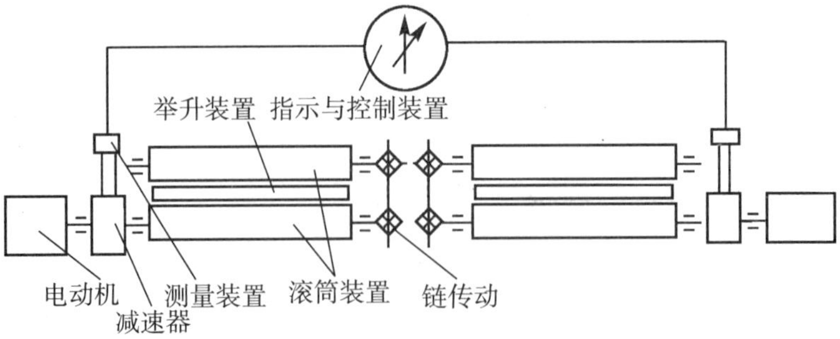

图 4-2 单轴反力式滚筒制动检验台结构简图

链传动带动从动滚筒旋转。减速器输出轴与主动滚筒同轴连接或通过链条、皮带连接，减速器壳体为浮动连接(即可绕主动滚筒轴自由摆动)。由于制动检验台测试车速较低，因此，驱动电动机的功率也较小。目前，国产的 10 t 滚筒反力式制动检验台驱动电动机的功率一般为 2×11 kW。减速器的作用是减速增扭，其减速比根据电动机的转速和滚筒测试转速确定。由于测试车速低，滚筒转速也较低，一般在 40～100 r/min 范围，因此要求减速器减速比较大，一般采用两级齿轮减速或一级蜗轮蜗杆减速与一级齿轮减速。

(2) 滚筒装置

滚筒装置由四个滚筒组成，左右各一对独立设置，每个滚筒的两端分别用滚动轴承与轴承座支承在框架上，并且保持两滚筒轴线平行。滚筒相当于一个活动路面，被测车轮置于两滚筒之间，用来支承被检车轮并在制动时承受和传递制动力。为了增大滚筒与车轮之间的附着系数，滚筒表面一般采用黏砂或嵌砂喷焊处理，使滚筒表面附着系数可达 0.8 以上。

(3) 测量装置

制动力测量装置主要由测力杠杆和传感器组成。测力杠杆一端与传感器连接，另一端与减速器壳体连接，被测车轮制动时测力杠杆与减速器壳体将一起绕主动滚筒(或绕减速器输出轴、电动机枢轴)轴线摆动，传感器将测力杠杆传来的、与制动力成比例的力(或位移)转变成电信号输送到指示、控制装置，传感器有应变测力式、自整角电动机式、电位计式、差动变压器式等多种类型。

(4) 举升装置(第三滚筒)

为了便于汽车出入制动检验台，在两滚筒之间设有举升装置。举升装置一般由举升器、举升平板和控制开关等组成，举升器有气压式、液压式和电动式等形式。通常滚筒反力式制动检验台在主、从动滚筒之间设置一直径较小，既可自转又可上下移动的第三滚筒，平时由弹簧使其保持在最高位置。第三滚筒上装有转速传感器，在进行制动力检测时，被检车辆的车轮置于主、从动滚筒上并同时压下第三滚筒，并与其保持可靠接触，控制装置通过转速传感器即可获知被测车轮的转动情况。当被检车辆制动，转速下降至接近抱死时，控制装置根据转速传感器送出的相应电信号使驱动电机停止转动，以防滚筒剥伤轮胎和保护驱动电机，同时起到防止被检车辆后移，读取被检车轮的最大制动力。在计算机控制的检测线上，第三滚筒还可作为被检车轮的到位控制和安全保护装置，只有当两个车轮制动单元的第三滚筒同时被压下时，计算机控制系统才确认被检车轮已经到位，发出信号接通制动检验台驱动电机电路，制动检验台开始正常检测。带有第三滚筒的制动检验台可不用举升装置。

(5) 指示与控制装置

指示装置有指针式和数字显示式两种。指针式指示仪表有单针式和双针式两种形式。制动检验台控制装置一般采用电子式。为提高自动化与智能化程度，有的控制装置中配置计算机。带计算机的控制装置多配置数字显示器，但也有配置指针式指示仪表的。带计算机的指示与控制装置主要由计算机、放大器、A/D转换器、数字显示器和打印机等组成。目前指示装置向大型点阵显示屏或大表盘、大刻度方向发展。以使检测人员在较远距离处也清晰易读。

2）工作原理

进行车轮制动力检测时，被检汽车驶上制动检验台，车轮置于主、从动滚筒之间，放下举升器（或压下第三滚筒，装在第三滚筒支架下的行程开关被接通）。通过延时电路起动电动机，经减速器、链传动和主、从动滚筒带动车轮低速旋转，待车轮转速稳定后驾驶人踩下制动踏板，车轮在车轮制动器的摩擦力矩作用下开始减速旋转。此时电动机驱动的滚筒对车轮轮胎周缘的切线方向作用制动力以克服制动器摩擦力矩，维持车轮继续旋转。与此同时车轮轮胎对滚筒表面切线方向附加一个与制动力方向反向等值的反作用力，在反作用力矩作用下，减速机壳体与测力杠杆一起朝滚筒转动相反方向摆动，如图4-3所示。测力杠杆一端的力或位移量经传感器转换成与制动力大小成比例的电信号。从测力传感器送来的电信号经放大滤波后，送往A/D转换器转换成相应数字量，经计算机采集、贮存和处理后，检测结果由数码显示或由打印机打印出来。打印格式或内容由软件设计而定。一般可以把左、右轮最大制动力、制动力和、制动力差、阻滞力和制动力-时间曲线等一并打印出来。

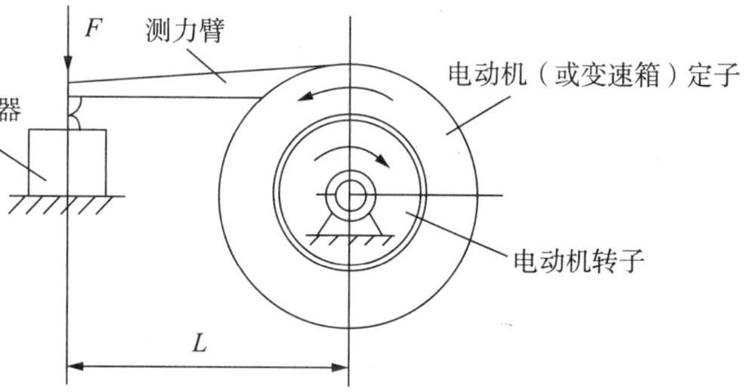

图4-3 制动力测试原理图

目前，采用的滚筒反力式制动检验台对具有ABS的汽车制动系统的制动性能，还无法进行准确的测试。主要原因是这些检验台的测试车速较低，一般不超过5 km/h，而现代ABS均在车速10～20 km/h以上起作用，所以在上述检验台上检测车轮制动力时，车辆的ABS不起作用，只能相当于对普通的液压制动系统的检测过程。

有的滚筒反力式制动检验台可以选择每一车轮制动力测试单元的滚筒旋转方向。两个测试单元的滚筒既可同向正转、同向反转，又可以一正一反。具有这种功能的制动检验台可以检测多轴汽车并装轴（如三轴汽车的中轴和后轴，其间设有轴间差速器）的制动力。测试时使左、右车轮制动测试单元的滚筒转动方向一正一反，只采集正转时的制动力数据，这样可以省去检验台前、后设置自由滚筒装置。这是因为驱动轴内有轮间差速器的作用，当左、右车轮反向等速旋转时差速器壳与主减速器将不会转动。所以当被检测轴车轮被滚筒带动时，另一在试验台外的驱动轴将不会被驱动。而对于装有轴间差速器的双后轴汽车可在一般的反力式滚筒制动台上逐轴测试每车轴的车轮制动力。

3. 平板式制动检验台

1）基本结构

平板式制动检验台由测试平板、测量显示系统和踏板力计组成，一般分为两条的测试平板共四块，且相互独立。平板式制动检验台的结构简图，如图4-4所示。

测试平板由面板、底板、钢球和力传感器等组成。底板作为底座固定在混凝土地面上，面板通过

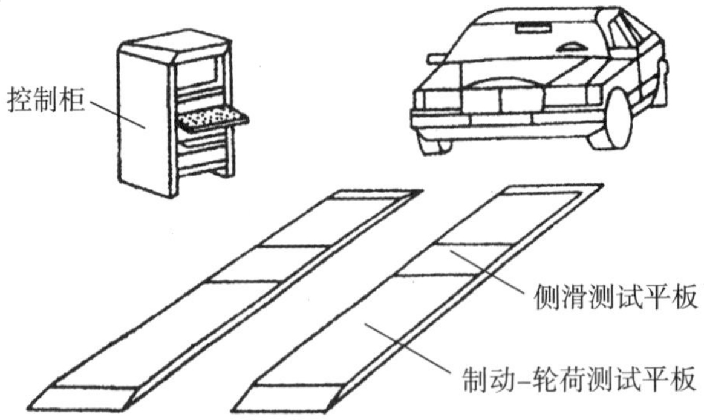

图 4-4　平板式制动试验台的结构简图

压力传感器和钢球支承在底板上，其纵向则通过拉力传感器与底板相连。压力传感器用于测量作用于面板上的垂直力；拉力传感器则用于测量沿汽车行驶方向，轮胎作用于面板上的水平力，水平力和垂直力的大小变化分别对应于拉力传感器和压力传感器所输出的电信号的变化。拉力传感器和压力传感器输出的电信号由计算机采集、处理后，换算成制动力和轮荷的大小并分别在显示装置上显示出来。

2）工作原理

现代汽车在设计上为满足汽车行驶状态的制动要求，提高制动稳定性，减少制动时后轴车轮侧滑和汽车甩尾，前轴制动力一般占 50%～70%左右，后轴制动力设计相对较少。除此以外还充分利用汽车制动时惯性力导致车辆重心前移轴荷发生变化的特点，使前轴制动力可达到静态轴重的 140%，上述制动特性只有在道路试验时才能体现，在滚筒反力式检验台上，由于受设备结构和检验方法的限制，前轴最大制动力是无法测量出来的。

平板制动检验台是一种低速动态检测车辆制动性能的设备，其检测原理基于牛顿第二定理"物体运动的合外力等于物体的质量乘加速度"，即制动力等于质量乘（负）加速度。检测时只要知道轴荷与减速度即可求出制动力。从理论上讲制动力与检测时车速无关，与制动后的减速度相关。

检测时汽车以 5～10 km/h（或按出厂说明允许更高）速度驶上平板，置变速器于空挡并紧急制动。汽车在惯性作用下，通过车轮在平板上附加与制动力大小相等方向相反的作用力，使平板沿纵向位移，经传感器测出各车轮的制动力、动态轮重并由数据采集系统处理计算出轮重、制动及悬架性能的各参数值，并显示检测结果。平板式制动检验台原理示意图，如图 4-5 所示。

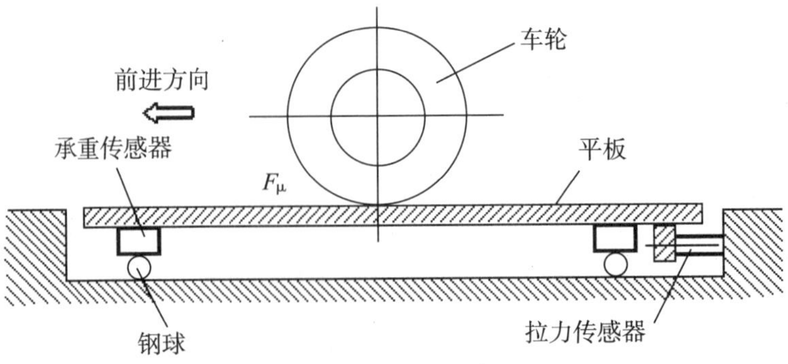

图 4-5　平板式制动检验台原理示意图

平板式制动检验台是一种新型的制动检测设备，它利用汽车低速驶上平板后突然制动时的惯性力作用，来检测制动效果。属于一种动态惯性式制动检验台，除了能检测制动性能外，还可以测试轮重、前轮侧滑和汽车的悬架性能，又是一种综合性检验台。

这种检验台结构简单、运动件少、用电量少、日常维护工作量小，提高了工作可靠性。测试过程与实际路试条件较接近，能反映车辆的实际制动性能，即能反映制动时轴荷转移带来的影响，以及汽车其他系统（如悬架结构、刚度等）对汽车制动性能的影响。平板制动检验台不需要模拟汽车转动惯量，较容易将制动检验台与轮重仪、侧滑仪组合在一起，使车辆测试方便且效率高。但这种检验台存在测试操作难度较大（测试重复性主要取决于车况及检测员踩制动踏板快慢）、对不同轴距车辆适应性差、占地面积大、需要助跑车道等缺点。

4. 四合一综合测试台

目前，许多汽车 4S 服务站、汽车维修厂、小型汽车检测站、汽车客运公司、教学科研单位等，配备四合一综合测试台对汽车安全性能指标进行检测，设置的主要检测项目有：制动、轴重、侧滑、悬架。汽车四合一综合测试台结构示意图，如图 4-6 所示。

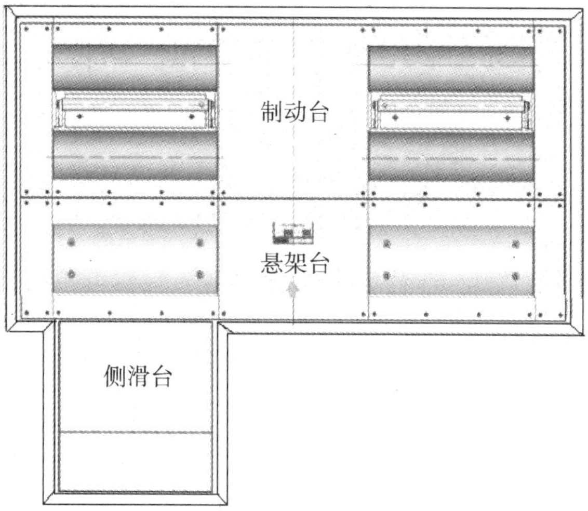

图 4-6 四合一综合测试台结构示意图

制动检验台的性能特点：

(1) 具有大滚筒直径（ϕ245 mm），高测试速度（2.5 km/h），主副滚筒均采用特殊工艺黏砂技术，当量附着系数 0.75～0.9，并长期保持稳定，使用寿命超过 20 万次。

(2) 采用新型第三滚筒机构，带缓冲装置、速度信号反馈装置、控制电机启动装置，信号准确可靠，有效地避免了滚筒对汽车轮胎的磨损。

(3) 第三滚筒表面滚花处理，避免打滑，第三滚筒回位阻尼装置，避免车辆进出制动台时第三滚筒回位冲击，损坏测速传感器。

(3) 高精度制动力传感器，测试精度高，测试状态稳定，重复性好。

(4) 制动台驱动电机和减速器采用中置式布置，减少占地面积。

(5) 可对汽车左、右轮最大制动力、阻滞力、过程差、驻车制动力等项目进行测试，检测数据重复性好、稳定性高。

4.2.2 路试制动性能检测设备

路试法检测汽车制动性能常用的仪器主要有五轮仪和制动减速度仪。五轮仪用来在汽车进行路试时测量行程、速度和时间等参数。制动减速度仪通过测量制动减速度来检测汽车制动性能。

1. 五轮仪

在路试检验汽车制动性能时，使用五轮仪可以测出制动初速度、制动距离和制动时间等参数。五轮仪一般由传感器和记录仪两部分组成，并附带一个脚踏开关。传感器部分和记录仪部分由导线相连，脚踏开关带有触点的一端套在制动踏板上，另一端插接在记录仪上。五轮仪传感器部分的结构，如图 4－7 所示。

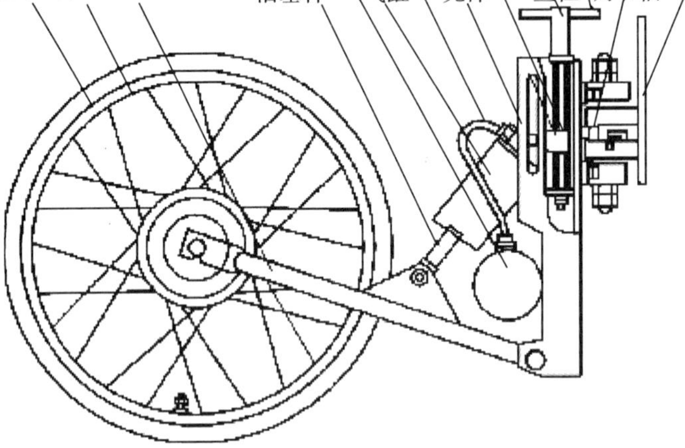

图 4－7　五轮仪传感器部分结构图

传感器部分的作用是将汽车行驶的距离变为电信号输出，一般由充气轮胎、传感器、减振器、连接装置和对地压力调节机构等组成。充气轮胎通过支架与连接装置安装在汽车的侧面或尾部的车身上，在减振器压簧的作用下，充气轮胎紧贴地面，并随汽车的行驶做纯滚动。当充气轮胎在路面上滚动一圈时，汽车就行驶了充气轮胎周长的距离。在充气轮胎中心处安装传感器，检测时，传感器将轮胎滚动距离转换成电信号送给记录部分。记录部分的作用是对传感器送来的电信号和内部产生的时间信号进行控制、计数，并计算出车速，根据设定的制动初速度测量制动距离和制动时间，并将结果显示出来。

2. 制动减速度仪

制动减速度仪也称制动仪，以检测制动稳定减速度和制动时间为主，用于整车道路试验。目前使用的减速度仪已多为微机式智能化仪器，一般由仪器部分和传感器部分两部分组成，并附带一个脚踏开关。仪器部分和传感器部分既可以制成整体式，装在一个壳体内；也可以制成分体式，两者用导线相连接。该种仪器小巧轻便，便于携带，不用五轮作传感器，并且对制动初速度和路面不平度要求也不高，因而使用较为方便。

4.3　汽车制动性能检测方法

依据国家标准《营运车辆综合性能要求和检验方法》(GB18565—2001)的规定，可用台试检测制动性能，也可以用路试检测制动性能。一般情况下，可用台试检测制动性能，但对台试检测结果发生争议时，可以用路试检测进行复检，并以满载状态路试的结果为准，以保证对其制动性能判断的准确性。

4.3.1　台试检测汽车制动性能

与路试法检测制动性能相比，检验台检测制动性能具有迅速、经济、安全，不受外界自然条件的限制，以及检测重复性好和能定量地指示出各轮的制动力等优点，因而已成为检测的发展方向，在国内外获得了广泛应用。

1. 制动性能检测项目

1）制动力

制动器制动力是评价汽车制动性能的基本指标之一。通过对制动力的检测，不仅可以测得各车轮的制动力的大小，还可了解汽车前后轴制动力合理分配，以及各轴两侧轮制动力平衡状况。若同时测得制动协调时间便能全面地检验车辆的制动性能。

由于制动力检测技术条件要求是以轴制动力占轴荷的百分比来评判的，对总质量不同的汽车来说是比较客观的标准。为此除了设置制动检验台外，还必须配置轴重计或轮重仪，有些复合式滚筒制动检验台装有轴重测量装置。其称重传感器（应变片式）通常安装在每一车轮测试单元框架的4个支承脚处。

2）制动力平衡

制动力平衡的检查通常是与制动力检查同时进行的，行车时，如果车辆出现明显的偏头或甩尾等现象，一般都是由制动力不平衡所引起的。

3）车轮阻滞力

车轮阻滞力是指行车和驻车制动装置处于完全释放状态，变速器处于空挡时，制动检验台驱动车轮所需的作用力。检测车轮阻滞力目的是了解制动器是否拖滞，车轮阻滞力大小取决于轮毂总成、制动器总成、半轴总成的维护情况，只有对这些部位进行调整、润滑等维护作业才能有效减少车轮阻滞力。

4）制动协调时间

《机动车安全运行技术条件》（GB7528—2004）中定义制动协调时间是从驾驶人踩下制动踏板的瞬间作为起始计时点，为此，在制动测试过程中必须由驾驶人通过套装在汽车制动踏板上的脚踏开关向检验台指示，控制装置发出一个"开关"信号，开始时间计数，直至制动力与轴荷之比达到标准规定值75%的瞬间为止。这段时间历程即为制动协调时间，通常可以通过检验台的计算机执行相应程序来实现。

2. 汽车制动性能的台试检测方法

汽车检测线进行制动性能检测的现场照片，如图4-8所示。

图4-8 汽车检测线制动性能检测

1）用滚筒反力式制动检验台检测

（1）准备工作

① 将制动检验台指示与控制装置上的电源开关打开，按使用说明书的要求预热至规定时间。

② 如果指示装置为指针式仪表，检查指针是否在零位，否则应调零。

③ 检查并清洁制动检验台滚筒上粘有的泥、水、砂、石等杂物。

④ 核实汽车各轴轴荷，不得超过制动检验台允许载荷。

⑤ 检查并清除汽车轮胎粘有的泥、水、砂、石等杂物。

⑥ 检查汽车轮胎气压是否符合规定，否则应充气至规定气压。

⑦ 将踏板力计装到制动踏板上。

(2) 检测方法

① 升起制动检验台举升器。

② 被检车辆正直居中行驶，各轴依次停放在轴(轮)重仪中间位置，并按仪器说明书规定的时间停放，分别测出轴重。

③ 汽车沿其纵向中心与滚筒轴线垂直的方向驶入制动检验台。先前轴，再后轴，使车轮处于两滚筒之间。

④ 汽车停稳后变速杆置于空挡位置，行车制动器和驻车制动器处于完全放松状态，根据需要，把制动踏板力计安装在制动踏板上。

⑤ 降下举升器，至举升器平板与轮胎完全脱离为止。

⑥ 起动电动机，在 2 s 后开始采样并保持足够的采样时间(5 s)，测车轮阻滞力。

⑦ 根据提示，踩下制动踏板，测得左、右车轮制动力增长全过程的数值。一般在 1.5～3.0 s 后或第三滚筒发出车轮即将抱死的信号后，滚筒自动停转。

⑧ 升起举升器，驶出已测车轴，驶入下一车轴，按上述同样方法检测各车轮制动力。

⑨ 当与驻车制动器相关的车轴在制动检验台上时，检测完行车制动性能后应重新起动电动机，在行车制动器完全放松的情况下，用力拉紧驻车制动器操纵杆，检测驻车制动性能。

⑩ 所有车轴的行车制动性能及驻车制动性能检测完毕后，升起举升器，卸下踏板力计，汽车驶出制动检验台，关闭检验台总电源。

(3) 注意事项

① 车辆进入检验台时，轮胎不得夹有泥、砂等杂物，除驾驶人外不得有其他乘员。

② 测制动时不得转动转向盘。

③ 在制动检验时，车轮如在滚筒上抱死，制动力未达到要求时，可换用路试或其他方法检验。

④ 空载检验时，气压制动系统：气压表的指示气压≤600 kPa；液压制动系统：踏板力，乘用车≤400 N；其他机动车≤450 N。

2) 用平板式制动检验台检测

(1) 准备工作

① 将检验台指示与控制装置上的电源开关打开，预热到规定状态。

② 检查并清洁制动检验台的测试平板，平板表面无水、油污等污染物。

③ 检验台仪表调零。

④ 检查并清洁被检汽车轮胎，轮胎气压、花纹深度应符合标准规定。清除轮胎花纹内、或后轴双轮胎间嵌入的小石子及金属等杂物。

⑤ 将踏板力计装到制动踏板上。

(2) 检测方法

① 将被测汽车停在距离检验台一个车位以外的位置，被检汽车对正检验台。

② 以 5～10 km/h 车速驶上测试平板。前轮驶上平板后踩下离合器，置变速器于空挡，在四个车轮分别驶上各自测试平板后，提示制动的指示灯闪亮。此时急踩制动踏板，使汽车停住。

③ 读取检测结果(车轮制动力和动态轮荷)。

④ 汽车重新起步，平稳驶离检验台。

⑤ 切断检验台电源。

(3) 注意事项

① 轴重大于检验台允许重量的汽车，请勿开上检验台。

② 车辆进入检验台时，轮胎不得粘有泥、砂等杂物；不应让油水、泥砂等污染测试板。

③ 空载检验时，气压制动系统：气压表的指示气压≤600 kPa。液压制动系统：踏板力，乘用车≤400 N；其他机动车≤450 N。

④ 不要在检验台上进行车辆维修作业。

3. 汽车制动性能的台试检测标准

国家标准《营运车辆综合性能要求和检验方法》(GB18565—2001)对台试检测制动性能按以下规定：

1) 行车制动检测标准

(1) 制动力

汽车、汽车列车在制动检验台上测出的制动力应符合表 4-1 的要求。对空载检验制动力有质疑时，可用表 4-1 规定的满载检验制动力要求进行检验。

表 4-1　台试检测制动力要求

汽车类型	制动力总和与整车质量的百分比/%		轴制动力与轴荷[①]的百分比/%	
	空载	满载	前轴	后轴
三轮汽车	≥45		—	≥60[②]
乘用车、总质量不大于 3 500 kg 的货车	≥60	≥50	≥60[②]	≥20[②]
其他汽车、汽车列车	≥60	≥50	≥60[②]	——

注：① 用平板制动检验台检验乘用车时应按动态轴荷计算；
② 空载和满载状态下测试均应满足此要求。

(2) 制动力平衡

在制动力增长全过程中同时测得的左右轮制动力差的最大值，与全过程中测得的该轴左右轮最大制动力中大者之比，对前轴不应大于 20%，对后轴(及其他轴)在轴制动力不小于该轴轴荷的 60%时不应大于 24%；当后轴(及其他轴)制动力小于该轴轴荷的 60%时，在制动力增长全过程中同时测得的左右轮制动力差的最大值不应大于该轴轴荷的 8%。

(3) 制动协调时间

对液压制动的汽车不应大于 0.35 s，对气压制动的汽车不应大于 0.60 s；汽车列车和铰接客车、铰接式无轨电车的制动协调时间不应大于 0.80 s。

(4) 车轮阻滞力

进行制动力检验时各车轮的阻滞力均不应大于车轮所在轴轴荷的 5%。

2) 驻车制动检测标准

当采用制动检验台检测汽车驻车制动装置的制动力时，汽车空载，乘坐一名驾驶人，使用驻车制动装置，驻车制动力的总和不应小于该车在测试状态下整车重量的 20%(对总质量为整备质量 1.2 倍以下的机动车为不小于 15%)。

3) 台架检测

当汽车经台架检测后对其制动性能有质疑时，可用规定的路试检测进行复检，并以满载路试的检测结果为准。

4) 汽车制动完全释放时间

从松开制动踏板到制动消除所需时间不应大于 0.80 s。

4. ABS的检测

装有ABS的车辆，由于其特殊性，其制动性能检测的方法也与普通车辆不同。交通行业标准《汽车防抱制动系统检测技术条件》(JT/T510—2004)规定了检测ABS的技术要求和方法。

1) 技术要求

(1) 制动力

车辆在检验台上测出的制动力应符合表4-2的要求。

表4-2　ABS系统制动力要求

制动力总和与整车质量的百分比/%	轴制动力与轴荷的百分比/%
≥60	≥60(前轴)

(2) 制动力平衡要求

在制动力增长全过程中同时测得的左右轮制动力差的最大值，与全过程中测得的该轴左右轮最大制动力中大者之比，对前轴不得大于20%；对后轴，在后轴制动力大于等于后轴轴荷的60%时不得大于24%；当后轴制动力小于后轴轴荷的60%时，在制动力增长全过程中同时测得的左右轮制动力差的最大值不得大于后轴轴荷的8%。

(3) 制动协调时间

车辆在检验台上测出的制动协调时间不大于0.6 s。

(4) 车轮阻滞力

车辆在检验台上测出的车轮阻滞力不大于该轴轴荷的5%。

(5) 驻车制动性能

车辆在检验台上测出的驻车制动力的总和应不小于该车在测试状态下整车质量的20%。

(6) 车轮滑移率

车轮滑移率应在15%～20%的范围内。

2) 检测方法

(1) 检验条件

① 检验为空载检验。

② 汽车制动踏板力或制动气压符合以下要求：

气压制动系统：气压表的指示气压不大于60 kPa；

液压制动系统：踏板力，座位数不大于9座的载客汽车不大于400 N；其他车辆不大于450 N。

③ 轮胎充气至厂定压力值，误差不超过±10 kPa；胎面花纹高度不低于1.6 mm。

④ 检验台应具备受检车各轴各轮同时测量下列参数功能：

a. 各轮制动特性测量；

b. 制动力测量；

c. 制动力平衡测量；

d. 制动协调时间测量；

e. 车轮阻滞力测量；

f. 驻车制动力测量；

g. 滑移率测量。

(2) 制动能力

① 检测程序。检验台滚筒表面应清洁，没有松散物质及油污。检验员将车辆位置摆正，起动检验

台，测取技术要求所规定的参数值，并记录车轮是否抱死。

在测量制动时，为了获得足够的附着力，以避免车轮抱死，允许在车辆上增加足够的附加质量或施加相当于附加质量的作用力(附加质量或作用力不计入轴荷)；也可采取防止车辆移动的措施。

② 检验结果处理。当采取增加足够的附加质量或施加相当于附加质量的作用力方法之后，仍出现车轮抱死并在滚筒上打滑或整车随滚筒滚动向后移出的现象，而制动力仍未达到合格要求时，应改用GB7258 中规定的其他方法进行检验。

当车辆经台架检验后对其制动性能有质疑时，可用 GB7258 中规定的路试检验进行复检，并以满载路试的检验结果为准。

使用台架检测车辆制动力时，当检测结果为不合格且与标准规定值之差不超过标准规定值的 15%时，在对车辆不进行任何调整的情况下，应重新进行检测。

(3) 车轮滑移率

① 检测程序。检验台滚筒表面应清洁，没有松散物质及油污。检验员将车辆位置摆正，起动检验台，使滚筒的线速度达到 50 km/h 以上；待滚筒的线速度稳定在(40±1.5)km/h 时实施制动，测取所要求的参数值。

② 检测结果处理。受检车辆每一车轮的滑移率均应在 15%～20%的范围内。

汽车检测线制动性能检测数据和制动曲线，如图 4 - 9、图 4 - 10 所示。

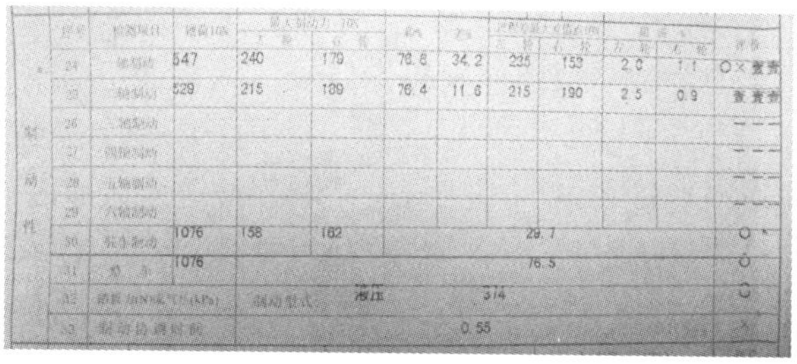

24	[illegible]	547	240	179	76.8	34.2	235	153	2.0	1.1	○×	
25	[illegible]	529	215	189	76.4	11.6	215	190	2.5	0.9		
26	[illegible]										---	
27	[illegible]										---	
28	[illegible]										---	
29	[illegible]										---	
30	[illegible]	1076	158	182			29.7				○	
31	[illegible]	1076					76.5				○	
32	[illegible]		液压			374					○	
33	[illegible]					0.55					×	

图 4 - 9 制动性能检测数据

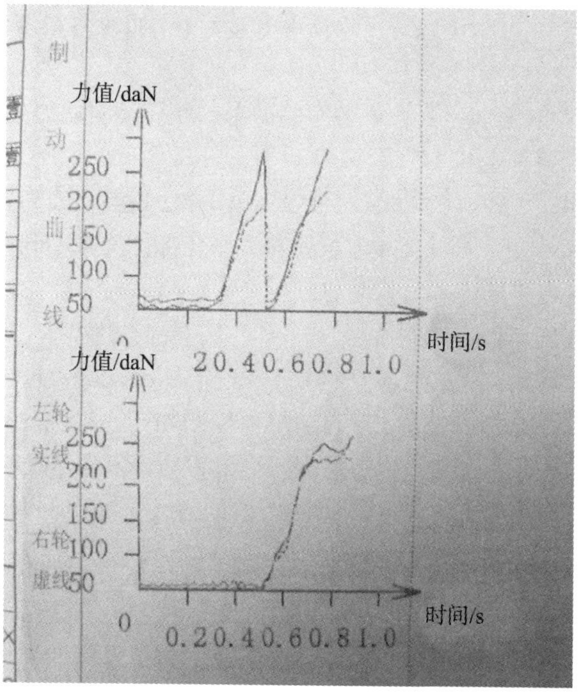

图 4 - 10 制动曲线

4.3.2 路试检测汽车制动性能

汽车制动性能除通过制动检验台检测制动力进行评价外，还可以通过道路试验检测制动距离和制动减速度进行评价。

利用试验仪器在试验道路上进行的试验称为道路试验，简称路试。路试法检测制动性能的特点在于直观、简便、能真实地反映汽车实际行驶过程中汽车动态的制动性能，如轴荷转移的影响；能综合反映汽车其他系统的结构性能对汽车制动性能的影响，如转向机构、悬架系统结构和型式对制动方向稳定性的影响，且不需要大型设备与厂房。

1. 路试制动性能检测项目

采用路试法可以对汽车的行车制动性能、应急制动性能和驻车制动性能进行检测。主要检测项目有制动距离、制动稳定性、充分发出的平均减速度和制动协调时间等。

2. 汽车制动性能的路试检测方法

1）制动距离和制动稳定性的检测

（1）检测方法

① 道路条件。路试检测制动距离应在平坦、硬实、清洁、干燥且轮胎与地面间的附着系数不小于0.7的水泥或沥青路面上进行。

② 车辆准备。在被测汽车的制动踏板上安装提供信号的踏板套，在汽车适当位置装上速度计或第五轮仪等检测仪器。

③ 路试检测。将被测汽车沿着试车道的中线行驶至高于规定的初速度后，变速器置于空挡（自动变速器可置于D挡），当滑行到规定初速度时，急踩制动，使汽车停住，测出汽车的制动距离，同时，检查制动时汽车是否超出试车道边线。对除气压制动外的汽车还应同时测取制动踏板力。

（2）检测特点

① 检测直观、简便，能真实反映汽车在实际行驶过程中的动态制动性能。

② 能充分体现整车的制动效果，可综合反映汽车其他系统（如转向系统、行驶系统）的结构、性能对制动性能的影响。

③ 只能检测整车制动性能，不能定量检测各车轮的制动状况及制动力分配，因而对制动性能不合格的汽车，不易诊断故障发生的具体部位。

④ 制动距离的长短对制动的初速度以及驾驶人的操作方法依赖性较高。

⑤ 紧急制动时，轮胎磨损严重，同时其冲击载荷对汽车各部件均有不利影响。

⑥ 路试时要求有良好的道路条件和气候条件。

2）充分发出的平均减速度和稳定性的检测

（1）检测方法

充分发出的平均减速度检测的道路条件与制动距离检测相同。检测时，将汽车行驶至高于规定的初速度后，变速器置于空挡（自动变速器可置于D挡），当滑行到规定初速度时，急踩制动，利用检测仪器（如速度计或第五轮仪）测取汽车充分发出的平均减速度，同时还可测出制动协调时间，并检查制动稳定性。对除气压制动外的汽车还应同时测取制动踏板力。

（2）检测特点

① 检测仪器简单，使用方便。

② 重复性较好，检测精度高。

③ 能根据制动协调时间的长短判断制动系的调整情况。

④ 充分发出的平均减速度只能反映整车制动效果，不能具体反映各车轮制动器的技术状况。

3. 汽车制动性能的路试检测标准

1）行车制动检测标准

（1）制动距离法检测

① 制动距离。汽车在规定的初速度下的制动距离和制动稳定性要求应符合表 4－3 的规定。对空载检验的制动距离有质疑时，可用表 4－3 规定的满载检验制动距离要求进行。

② 制动稳定性。制动过程中汽车的任何部位（不计入车宽的部位除外）不允许超出表 4－3 规定的试验通道宽度的边缘线。

表 4－3　　制动距离和制动稳定性要求

机动车类型	制动初速度/(km/h)	满载检验制动距离要求/m	空载检验制动距离要求/m	试验通道宽度/m
三轮汽车	20	≤5.0		2.5
乘用车	50	≤20.0	≤19.0	2.5
总质量不大于 3 500 kg 的低速货车	30	≤9.0	≤8.0	2.5
其他总质量不大于 3 500 kg 的汽车	50	≤22.0	≤21.0	2.5
其他汽车、汽车列车	30	≤10.0	≤9.0	3.0

（2）制动减速度法检测

① 充分发出的平均减速度。汽车、汽车列车在规定的初速度下急踩制动踏板时充分发出的平均减速度及制动稳定性要求应符合表4－4的规定。对空载检验的充分发出的平均减速度有质疑时，可用表4－4规定的满载检验充分发出的平均减速度进行。

表 4－4　　制动减速度和制动稳定性要求

机动车类型	制动初速度/(km/h)	满载检验充分发出的平均减速度/(m/s^2)	空载检验充分发出的平均减速度/(m/s^2)	试验通道宽度/m
三轮汽车	20	≥3.8		2.5
乘用车	50	≥5.9	≥6.2	2.5
总质量不大于 3 500 kg 的低速货车	30	≥5.2	≥5.6	2.5
其他总质量不大于 3 500 kg 的汽车	50	≥5.4	≥5.8	2.5
其他汽车、汽车列车	30	≥5.0	≥5.4	3.0

② 制动协调时间。对液压制动的汽车不应大于 0.35 s，对气压制动的汽车不应大于 0.60 s，对汽车列车、铰接客车和铰接式无轨电车不应大于 0.80 s。

③ 制动稳定性。汽车在规定的初速度下急踩制动踏板时，车辆任何部位（不计入车宽的部位除外）不允许超出表 4－3 规定的试验通道宽度的边缘线。

（3）制动踏板力或制动气压要求

① 满载检验时，气压制动系统：气压表的指示气压≤额定工作气压；液压制动系统：踏板力，乘用车≤500 N；其他机动车≤700 N。

② 空载检验时，气压制动系统：气压表的指示气压≤600 kPa；液压制动系统：踏板力，乘用车≤400 N；其他机动车≤450 N。

2）应急制动检测标准

汽车(三轮汽车除外)在空载和满载状态下，按表 4－5 所列初速度进行应急制动性能检测，应急制动性能应符合表 4－5 的要求。

表 4－5　　应急制动性能要求

机动车类型	制动初速度/(km/h)	制动距离/m	充分发出的平均减速度/(m/s^2)	允许操纵力不应大于/N	
				手操纵	脚操纵
乘用车	50	≤38.0	≥2.9	400	500
客车	30	≤18.0	≥2.5	600	700
其他汽车(三轮汽车除外)	30	≤20.0	≥2.2	600	700

3）驻车制动检测标准

在空载状态下，驻车制动装置应能保证机动车在坡度为 20%(对总质量为整备质量的 1.2 倍以下的机动车为 15%)、轮胎与路面间的附着系数不小于 0.7 的坡道上正、反两个方向保持固定不动，其时间不应少于 5 min。对于允许挂接挂车的汽车，其驻车制动装置必须能使汽车列车在满载状态下时停在坡度为 12%的坡道(坡道上轮胎与路面间的附着系数不应小于 0.7)上。

4.4　汽车制动性能检测结果分析

4.4.1　台试制动性能检测结果分析

在制动检验台上检测汽车制动性能时，制动系统的常见故障形式有制动力不足、同轴左右车轮制动力最大值差值过大、制动协调时间过长和车轮阻滞力过大等。

1. 各车轮制动力均偏低

1）液压制动系统

(1) 故障原因

① 制动踏板自由行程过大。

② 主缸内油量不足，制动液变质或管路内壁积垢太厚、管道或管路接头漏油、制动液内有空气。

③ 制动主缸、轮缸的皮碗、活塞、缸壁磨损过甚。制动主缸、轮缸的皮碗老化、发黏、发胀，使制动时阻滞力大。制动主缸阀门内损坏或补偿孔、通气孔堵塞、活塞复位弹簧弹力不足。

④ 制动摩擦片与制动鼓的间隙过大或接触不良，制动摩擦片硬化、油污或铆钉外露。制动鼓磨损过甚或制动时变形严重。制动蹄与支承销的配合孔磨损松旷或锈蚀。

⑤ 真空增压器、助力器效能不佳。

(2) 诊断方法

① 检查是否缺油。

② 车辆停止不动，用力踩下制动踏板，若踏板踩到底的位置太低，则可能自由行程太大，总泵存油不

足，主缸平衡孔或通气孔堵塞，车轮制动器制动间隙过大。

③ 踏板位置太低，连续踩踏板无升高，则主缸通气孔或补偿孔堵塞。

④ 踏板位置能升高，但升高后不抬脚继续踩，有弹力，则油内有空气。

⑤ 一脚不灵，连踩踏板位置升高正常，这说明自由行程过大或制动摩擦片与制动鼓间隙过大。

⑥ 连踩几脚，能升高，但升高后不抬脚继续踩，踏板无弹力且下沉到最低位置，说明制动有漏洞，可能是制动主缸皮碗、轮缸、管路、管路接头漏油或制动主缸、轮缸磨损严重皮碗破裂或密封不良。

⑦ 当踩下制动踏板，踏板高度符合要求，而深感有力不下沉，但制动效果不好，则为车轮制动器故障，如摩擦片硬化、铆钉头露出、摩擦片油污、制动鼓磨损及变形。

踏板高度符合要求，但踩踏板很硬，则制动液太稠、管路内壁积垢太厚、油管凹磨、软管内孔不畅或增压器、助力器效能不佳。

2）气压制动系统

(1) 故障原因

① 储气筒无气或气量不足。

a. 空气压缩机传动带折断或严重打滑。

b. 空气压缩机机械故障导致不供气。

c. 卸荷阀卡死在顶开进气阀位置上。

d. 空气压缩机向储气筒的供气管道破损、堵塞、冰阻或管道接头松脱、漏气严重。

e. 挂车制动分离开关未关或关闭不严。

f. 储气筒破裂，储气筒各功能阀失效、漏气。

② 制动阀故障。

a. 制动阀进气阀卡住或关闭不严，压缩空气从排气口排出。

b. 制动阀进气阀不能打开。

c. 制动踏板传动机构折断。

d. 制动阀至制动气室的管道折断，接头松脱，或管道堵塞，冰阻。

③ 制动气室故障。

a. 制动气室膜片破裂。

b. 制动气室壳体破损、接合面松动。

c. 制动气室推杆在壳体孔中卡死不能移动。

d. 调整臂调整不当导致制动气室推杆行程过小。

e. 制动气室推杆与调整臂联接销脱落，不能推动制动凸轮工作。

④ 车轮制动器故障。

a. 制动凸轮轴与支架衬套卡死，不能转动，或转角过小。

b. 制动蹄摩擦片、制动鼓磨损后间隙过大。

c. 制动蹄摩擦片大面积脱落，或严重烧蚀。

d. 制动鼓开裂、破碎。

e. 制动器过热或水湿。

(2) 诊断方法

① 发生车轮制动力偏低，首先查看气压表，检查储气筒气压，如气压低或无气压，则应检查以下项目：

a. 检查空气压缩机传动带。

b. 检查空气压缩机出气管道、接头。

c. 检查储气筒及储气筒上各功能阀。

② 如气压表指示正常，则踩下制动踏板同时注意观察气压变化，如气压下降极小或为零，说明制动阀开度极小或不能打开，应拆检制动阀。

③ 踩下制动踏板时，气压急剧下降并伴有漏气声，则应检查以下项目：

a. 检查制动阀到制动气室的管道、接头。

b. 检查制动气室壳体及膜片。

④ 踩下制动踏板，气压下降正常(40～50 kPa)且无漏气声，说明故障在车轮制动器，应检查以下项目：

a. 检查制动气室推杆运动是否卡滞，检查推杆行程。

b. 检查促动凸轮轴在支架运动是否灵活。

c. 拆检车轮制动器，检查制动鼓、制动蹄摩擦片、制动蹄轴。

在严寒季节里，如储气筒没有及时排水，容易造成水在管道内、控制阀上结冰而形成“冰阻”，引起全车制动失效的故障，应引起注意。

2. 个别车轮制动力偏小

1) 液压制动系统

主要原因是该车轮制动器故障，若同一制动回路两车轮制动力均偏小，则应检查该制动回路中有无空气或不密封处。

2) 气压制动系统

主要原因是该车轮制动间隙过大或制动器故障。若同一制动回路两车轮制动力偏低，主要原因是制动管路漏气或某一制动气室膜片破裂。

3) 诊断方法

个别车轮制动力偏小，故障诊断方法，见各车轮制动力均偏低故障的诊断方法。

3. 同轴左右车轮制动力最大值差值过大

1) 液压制动系统

故障原因为：

(1) 某轮缸的进油管被压扁、堵塞，或进油软管老化、发胀造成进油不畅、进油管接头松动漏油。

(2) 某轮缸的缸筒、活塞、橡胶碗磨损漏油，导致压力下降。

(3) 制动系统某个支路或轮缸内有空气未排出。

(4) 各车轮制动器的制动间隙、制动蹄摩擦片质量、制动蹄摩擦片与制动鼓接触贴合状况等相差过大。

(5) 各车轮制动器的制动鼓直径，制动鼓的圆度、圆柱度，盘式制动器的制动盘厚度，制动盘偏摆等各项技术指标相差过大。

(6) 各车轮制动器的制动鼓(盘)工作表面状况相差过大。

(7) 各车轮制动器的制动蹄复位弹簧弹力相差过大。制动蹄轴与衬套的配合、磨损程度不一致。

2) 气压制动系统

故障原因为：

(1) 某车轮制动器的制动气室进气管被压扁、锈蚀堵塞，或进气软管老化发胀、进气管接头松动、漏气。

(2) 某制动气室壳体连接螺栓松动引起漏气，或制动气定的膜片老化、破裂。

(3) 各车轮制动器的制动气室推杆行程不一致,或某制动气室推杆有卡滞现象。

(4) 各车轮制动促动凸轮轴转角相差过大,或制动促动凸轮轴与支架配合、磨损程度不一致,某制动促动凸轮轴转动不灵活。

(5) 各车轮制动器的制动间隙,制动蹄摩擦片的质量,以及制动蹄摩擦片与制动鼓的接触状况相差过大。

(6) 各车轮的制动鼓直径、圆度、圆柱度等技术指标相差过大,各制动鼓工作表面状况相差过大。

(7) 车轮制动器的蹄片复位弹簧弹力相差过大,制动蹄轴与衬套配合、磨损程度不一致。

3) 诊断方法

(1) 根据检测结果,先检查故障车轮的管路、接头以及制动分泵(制动气室)有无因堵塞、压扁、松动破裂而引起的漏油、漏气、不畅等现象。

(2) 经检查一切正常,则检查各车轮的制动间隙、气压制动的制动气室推杆行程是否符合技术规范要求,并调整为一致。

(3) 检查气压制动的制动气室推杆、制动促动凸轮轴是否有卡滞现象,应转动灵活。

(4) 如以上检查项目正常,则需拆检车轮制动器,检查制动蹄摩擦片、制动鼓、制动蹄轴与衬套配合及制动蹄复位弹簧并修理。

4. 各车轮制动协调时间过长

1) 液压制动系统

(1) 故障原因

① 制动踏板自由行程过大。

② 车轮制动间隙过大。

③ 制动回路中有空气。

(2) 维修方法

主要检查制动踏板自由行程是否过大;若个别车轮制动协调时间过长,则主要检查该车轮制动间隙是否过大;若同一制动回路两车轮制动协调时间过长则可能是该制动回路中有空气。

2) 气压制动系统

(1) 故障原因

① 制动踏板自由行程是否过大。

② 车轮制动间隙过大。

(2) 诊断方法

主要检查制动踏板自由行程是否过大;若个别车轮制动协调时间过长,则应主要检查该车轮制动间隙是否过大。

5. 车轮阻滞力超限

1) 液压制动系统

(1) 故障原因

① 液压制动总泵(主缸)故障。

a. 制动踏板没有自由行程,或踏板复位弹簧松脱、折断、太软。

b. 制动踏板轴锈蚀,磨损发卡,复位弹簧不能使其回位。

c. 制动液太脏或黏度太大,使得回油困难。

e. 制动总泵回油孔、旁通孔被脏物堵塞。

f. 制动总泵活塞发卡、橡胶碗发胀使其回位不灵活,堵住总泵回油孔。

g. 制动总泵活塞复位弹簧过软,或折断。

h. 制动总泵回油阀弹簧过硬。

② 液压制动分泵(轮缸)故障。

a. 制动分泵橡胶碗发胀、卡住、或橡胶碗被黏住。

b. 制动分泵活塞变形、磨损卡住。

c. 制动分泵进油口被脏物堵住不能回油。

d. 制动油管被压扁,或制动软管老化,内壁脱落堵塞导致回油不畅。

③ 车轮制动器故障。

a. 制动蹄摩擦片与制动鼓(盘)间隙过小。

b. 制动蹄摩擦片与制动鼓(盘)烧结、黏住。

c. 制动蹄摩擦片脱落,其碎片夹在制动蹄摩擦片与制动鼓(盘)之间。

d. 制动蹄复位弹簧脱落、折断,或弹力过小。

e. 制动蹄轴与衬套配合间隙过紧、润滑不良、锈蚀,引起回位转动困难。

f. 制动鼓失圆,制动盘翘曲变形。

④ 制动伺服机构故障。

a. 真空增压器的加力气室膜片复位弹簧过软。

b. 真空增压器的控制阀膜片弹簧过软。

c. 真空增压器的控制阀、空气阀与真空阀间距过大,使真空阀与阀座距离变小。

e. 真空增压器的控制阀活塞发卡,或橡胶碗发胀,使活塞运动不灵活。

f. 真空助力器的加力气室活塞复位弹簧过软。

g. 真空助力器的加力气室壳体变形使活塞复位困难。

⑤ 制动拖滞故障的其他原因。

a. 轮毂轴承调整不当,使制动鼓歪斜与制动蹄摩擦片接触。

b. 行车制动兼驻车制动的手刹杆未放松,或钢索调整不当。

(2) 诊断方法

出现车轮阻滞力超限后,用手摸制动鼓温度,如各制动鼓均有过热现象,则为全车车轮阻滞力超限,其故障多为制动总泵不良。如仅有个别制动鼓有过热现象,则为个别车轮阻滞力超限,其故障多在制动分泵,车轮制动器或液压支路油管。

如故障是个别车轮阻滞力超限,往往带有制动跑偏或行驶跑偏的故障现象。

① 若全车出现车轮阻滞力超限,首先应检查液压制动总泵部分。检查项目:

a. 检查制动踏板自由行程,如不符合要求应调整。

b. 检查制动踏板轴及踏板复位弹簧有无锈蚀、发卡。

② 若踏板自由行程符合要求,可打开储液罐盖,踩放制动踏板,同时观察储液罐的回油情况:如回油缓慢,则应检查制动液黏度,以及制动液清洁程度;如看不到回油情况,则应检查制动总泵回油孔是否堵塞,总泵橡胶碗是否退回不到位,堵住总泵回油孔。

③ 如制动液清洁、纯净,则应拆检制动总泵。检查项目:

a. 检查制动总泵活塞复位弹簧是否符合要求。

b. 检查制动总泵口油阀弹簧是否过硬。

c. 检查制动总泵橡胶碗、橡胶圈有无发胀、卡死。

④ 若制动总泵检查一切正常,则应检查液压制动伺服机构。检查项目:

a. 检查真空增压器加力气室膜片复位弹簧。

b. 检查真空增压器控制阀。

c. 检查真空助力器加力气室活塞复位弹簧。

d. 检查真空助力器加力气室外壳有无变形。

⑤ 若仅有个别车轮制动器有制动拖滞，可顶起有故障的车轮，不踩制动踏板，旋松该车轮的制动分泵放气螺钉。如果制动液从排气螺钉处喷出后，车轮恢复旋转自如，则应检查该轮液压支路的油管有无夹扁、堵塞。

⑥ 如打开排气螺钉后，该车轮仍然转动困难，则需拆检该轮的车轮制动器。检查项目：

a. 检查制动间隙是否调整过小。

b. 检查制动蹄摩擦片是否脱落，有无碎片卡死在制动蹄与制动鼓之间。

c. 检查制动蹄轴是否锈蚀、磨损、转动不灵活。

d. 检查制动蹄复位弹簧是否脱落、折断。

e. 检查制动鼓的圆度、圆柱度，检查制动盘有无翘曲变形。

⑦ 如以上检查均符合要求，则需拆检该轮制动分泵。检查项目：

a. 检查制动分泵活塞，轮缸是否磨损过大，活塞是否在缸筒内卡住。

b. 检查制动分泵橡胶碗、橡胶圈是否发胀，使运动不灵活造成制动蹄不回位。

2）气压制动系统

（1）故障原因

① 气压制动总泵（气压制动阀）故障。

a. 制动踏板无自由行程或自由行程太小。

b. 制动阀排气间隙调整过小。

c. 制动阀排气阀座橡胶发胀，堵塞排气口。

d. 气阀导向座锈蚀、发卡。

e. 制动踏板传动机构卡住不回。

② 车轮制动器故障。

a. 制动气室推杆卡住不回。

b. 制动促动凸轮轴在支架衬套中因锈蚀卡住。

c. 制动促动凸轮轴支架固定螺栓松动，引起凸轮轴不同心而转动不灵活。

d. 制动蹄摩擦片与制动鼓间隙过大，凸轮转角过大"立"起来。

e. 制动蹄摩擦片与制动鼓间隙过小。

f. 制动蹄摩擦片与制动鼓烧结、黏住。

g. 制动蹄摩擦片脱落，其碎片夹在摩擦片与制动鼓之间。

h. 制动蹄复位弹簧脱落、折断或弹力过小。

i. 制动蹄轴与衬套配合间隙过小、锈蚀、润滑不良引起转动困难。

③ 其他原因引起车轮阻滞力超限。

a. 半轴套管与轮毂轴承配合松旷导致制动鼓偏斜。

b. 半轴套管与后桥壳配合松旷。

c. 轮毂轴承外圈与轮毂配合松旷，导致制动鼓偏斜。

d. 制动气室膜片老化、膨胀、变形。

e. 制动软管老化、发胀、堵塞。

f. 制动踏板轴发卡、踏板复位弹簧脱落、折断引起踏板不回位。

(2) 诊断方法

气压制动车辆制动后抬起制动踏板时，如制动阀排气缓慢或不排气(排气声音小或听不到排气声，多属于制动阀故障，表现为整车车轮阻滞力超限，各车轮制动鼓均有发热现象。

如制动阀排气声正常或断续排气而有阻滞力超限现象，一般为个别车轮阻滞力超限，其故障多发生在气压支路管道、制动气室以及车轮制动器，可以试摸各车轮制动鼓的温度差别来辅助诊断。如有个别车轮制动拖滞，往往会伴随出现制动跑偏或行驶跑偏的现象。

① 若确定是全车车轮阻滞力超限，首先应检查制动踏板自由行程，以及制动踏板复位弹簧、制动踏板轴、制动阀摇臂。

② 如制动踏板自由行程符合要求，则应检查排气阀复位弹簧及排气阀橡胶座情况。

③ 如以上项目检查符合要求、则应分解制动阀，检查制动阀梃杆是否生锈或有污物卡住。

④ 如果是个别车轮阻滞力超限，可在踩制动踏板的同时，观察、比较正常车轮与故障车轮的制动气室推杆动作是否一致。如制动气室推杆回位迟滞，或不回位，则应检查制动促动凸轮轴与支架衬套是否润滑不良，磨损过多，或是安装调整不当引起同轴度超差；如各制动气室推杆回位良好，则应检查故障车轮的制动鼓与制动蹄片间隙是否过大、过小。

⑤ 如制动间隙正常，无变化，则应拆检车轮制动器。检查项目：

a. 检查制动蹄摩擦片有无黏结、烧死在制动鼓上。

b. 检查制动蹄摩擦片有无脱落或碎片夹在制动蹄与制动鼓之间。

c. 检查制动蹄轴与蹄铁衬套的配合间隙、润滑情况。

d. 检查制动凸轮转角是否过大。

e. 检查制动蹄复位弹簧情况。

f. 检查制动鼓圆度、圆柱度。

⑥ 如架起车轮检查，车轮转动灵活、正常，而落下车轮后，车轮制动间隙有变化，则应检查以下各项：

a. 检查轮毂轴承外圈与轮毂轴承孔的配合情况。

b. 检查轮毂轴承内圈与半轴套管轴颈的配合情况。

c. 检查半轴套管与后桥壳配合情况。

d. 检查轮毂轴承预紧调整情况。

e. 检查半轴套管外端螺纹、轮毂轴承调整螺母、锁紧螺母的螺纹。

4.4.2 路试制动性能检测结果分析

在路试检测汽车制动性能时，制动系的常见故障形式有制动失效、制动不灵、制动跑偏和制动拖滞。

1. 制动失效

1) 故障原因

(1) 制动主缸内无制动油液或制动油液严重不足。

(2) 制动主缸皮碗踏翻或损坏。

(3) 制动管路破裂或接头处严重泄漏。

(4) 制动踏板至主缸的连接部位脱落；制动摩擦片表面有油污。

2) 故障诊断

(1) 踩下制动踏板，如无连接感，则制动踏板至主缸之间的连接脱开。在车下检视，即可发现脱开部位。

(2) 连续踩几下制动踏板，踏板不升高，同时又感到无阻力，应先检查制动主缸是否缺油，再检查前、后制动管路有无漏油和损坏部位，通常根据油迹可诊断故障所在。

(3) 踩下制动踏板，稍有阻力感，则多为主缸无油或缺油所致。

(4) 踩下制动踏板，有阻力感，但踏板位置保持不住，有明显的下沉现象，则多为主缸皮碗破裂所致。

(5) 如上述情况良好，则故障可能是主缸皮碗踩翻或损坏，可分解制动主缸确诊。当制动主缸密封件失效时，应更换其密封件。

(6) 如上述情况良好，则故障可能是制动摩擦片表面有油污，可分解制动器确诊。

2. 制动不灵

1) 故障原因

(1) 制动踏板自由行程过大。

(2) 制动管路和轮缸内有空气。

(3) 制动管路或管路接头漏油。

(4) 制动主缸、轮缸的皮碗、活塞、缸壁磨损过甚；制动主缸、轮缸的皮碗老化、发黏、发胀，使制动时阻滞力大。

(5) 制动主缸阀门损坏或补偿孔、通气孔堵塞；制动摩擦片与制动鼓(盘)的间隙过大，或接触不良。

(6) 制动摩擦片硬化、铆钉外露或有油污；制动鼓(盘)磨损过甚或制动时变形严重。

(7) 增压器、助力器效能不佳或失效。

(8) 制动液量不足或制动管路不畅通。

2) 诊断方法

(1) 检查储油罐的油液是否太少或无油，若油液过少，说明制动系统内可能有漏油故障，可加满制动液后再诊断。

(2) 连续踩几下制动踏板，踏板逐渐升高，但升高后不抬脚继续踩，感到有弹力，说明制动液压系统内有空气。

(3) 一脚制动不灵，连踩几脚制动踏板，踏板位置逐渐升高并且效果良好，说明踏板自由行程过大或制动摩擦片与制动鼓(盘)间隙过大。

(4) 连踩几下制动踏板，踏板位置能逐渐升高，但升高后不抬脚继续踩，踏板则下沉至很低位置，说明制动系统中有漏油之处，可能是制动主缸、轮缸、管路、管路接头漏油或制动主缸、轮缸磨损严重、皮碗破裂损坏或主缸出油阀关闭不严。

(5) 当踩下制动踏板时，踏板位置很低，再踩几下踏板，位置还不能升高，一般为主缸通气孔或补偿孔堵塞。

(6) 当踏下制动踏板时，踏板高度符合要求，也深感有力且不下沉，但制动效果不好，则为车轮制动器故障，多为摩擦片硬化、铆钉头露出、摩擦片油污、制动鼓(盘)磨损及变形引起；若踏板高度合适，但踩踏板时感到很硬，则故障可能是制动液太稠、管路内壁积垢太厚、油管凹瘪、软管内孔不畅通或增压器、助力器效能不佳所致。

3. 制动跑偏

1) 故障原因

(1) 左、右轮制动摩擦片与制动鼓(盘)间隙不同，接触面积相差过大。

(2) 左、右轮制动摩擦片材质各异、新旧程度不同或安装修复质量不一样。

(3) 左、右轮制动蹄复位弹簧拉力相差过大。

(4) 左、右轮气压不一致、直径有差异、轮胎新旧不一及磨损程度不同。

(5) 个别轮缸活塞运动不灵活、皮碗发胀、油管堵塞或有空气。

(6) 个别车轮摩擦片油污、硬化或铆钉外露。

(7) 个别制动鼓失圆或制动盘产生严重翘曲变形。

(8) 车身变形以及前、后车轴不平行或两边钢板弹簧刚度不等。

2) 诊断方法

(1) 进行路试。先进行减速制动,若汽车向左跑偏,则说明右边车轮制动迟缓或制动力不足;若汽车向右跑偏,则说明左边车轮有故障。再进行紧急制动,并观察车轮抱死后在地面上的印迹。若同一轴两边车轮印迹不能同时发生,其中印迹短的车轮为制动迟缓,印迹轻的为制动力不足。

(2) 找出制动迟缓或制动力不足的车轮后,应仔细检查该轮制动管路有无碰瘪、漏油的现象,检查该轮的轮胎气压是否正常,轮胎磨损是否严重。

(3) 若上述目检正常,则可对该轮轮缸进行放气。放气时若发现有空气或放完后制动跑偏现象消除,则故障在该轮轮缸内或管路内有气阻。

(4) 若无气阻现象,则检查并调整该轮制动摩擦片与制动鼓(盘)之间的间隙。调整后若制动跑偏现象消除,则说明故障在该轮的制动器间隙调整不当。

(5) 若上述制动器间隙符合要求,则应分解制动器和轮缸进行深入检查。检查制动器的技术状况:如制动盘或制动鼓是否变形严重,摩擦片是否有硬化现象或有油污等;检查轮缸活塞和皮碗的形态是否正常,油管是否畅通等,以确诊故障部位。

(6) 若上述均正常,而故障现象依存,则说明制动跑偏的故障不在制动系统本身,而故障可能是由车身变形或其他系统(悬架系统、转向系统、行驶系统)的工作条件恶化所致。

4. 制动拖滞

1) 故障原因

(1) 制动踏板无自由行程;制动踏板复位弹簧脱落、拉断、过软或踏板轴锈蚀、卡住而回位困难。

(2) 制动主缸、轮缸皮碗发胀、发黏或活塞移动不灵活;

(3) 主缸活塞复位弹簧折断、预紧力太小。

(4) 制动鼓严重变形,制动摩擦片与制动鼓间隙过小,制动蹄复位弹簧过软;制动油管碰瘪、堵塞或制动液太脏、太稠而使回油困难。

(5) 真空助力器的空气阀漏气。

2) 诊断方法

(1) 汽车行驶一段里程后,用手触摸各车轮制动鼓。若个别车轮制动鼓发热,则故障在该车轮制动器;若全部车轮的制动鼓都发热,则进行下步诊断。

(2) 全部制动鼓发热时,应首先检查制动踏板自由行程。若自由行程符合要求,则检查制动主缸。可将主缸储油罐盖打开,并连续踩下和放松制动踏板,看其能否回油。若不能回油,说明回油孔堵塞;若回油缓慢,说明皮碗、皮圈发胀或复位弹簧无力,则故障在制动主缸。同时还应观察制动踏板的回位情况,若制动踏板不能迅速回位,说明复位弹簧过软或折断。若制动主缸回油正常,且制动踏板回位正常,则进行下步诊断。

(3) 做车轮转动试验。松开制动踏板,让各车轮悬空并用手转动车轮,若各轮的转动阻力很大,则说明故障在各轮制动摩擦片与制动鼓间隙过小或调整不当;若各轮的转动阻力较小处于正常,则检查采用真空助力器的制动系统,可将汽车变速器置于空挡,使发动机处于怠速运转,在松开制动踏板的情况下,再次用手转动车轮,若此时阻力增大,则说明汽车制动拖滞的故障是由真空助力器的空气阀漏气所致。

(4) 若故障在单个车轮制动器、应先拧松放气螺钉,若制动液急速喷出,制动蹄回位,则为油管堵塞致使轮缸不能回油所致。若制动蹄仍不能回位,则应调整摩擦片与制动鼓之间的间隙。

(5) 经上述检查调整均无效，则应拆下制动器检查轮缸活塞、皮碗、复位弹簧、制动鼓、制动摩擦片状况以及制动蹄片支承销的活动情况。

本章小结

(1) 汽车制动性能是指汽车行驶时，能在短距离内停车且维持行驶方向稳定和在坡道上长时间保持停住的能力。制动性能的好坏直接关系到行车安全，性能良好和可靠的制动系统可保证行车安全，避免交通事故。同时，制动性能的好坏还影响到汽车动力性的发挥。

(2) 根据《机动车运行安全技术条件》(GB7258—2004)对汽车的制动性能提出的要求，汽车必须设置行车制动、应急制动和驻车制动装置，应能保证汽车行车制动、应急制动和驻车制动的其中一个或两个系统的操纵机构的任何部件失效时，仍具有应急制动功能。

(3) 在用汽车制动性能的检测指标主要有：汽车制动力、制动距离、充分发出的平均减速度、制动协调时间及制动时的方向稳定性。

(4) 制动力是汽车在制动过程中人为地施加于汽车车轮，与汽车行驶方向相反，使汽车迅速降低车速以至停车的作用力。制动距离是指汽车在规定的初速度下急踩制动踏板时，从脚接触制动踏板(或手触动制动手柄)时起至汽车停住时止驶过的距离。

(5) 制动性能的检测设备主要有轴重仪、滚筒反力式制动检验台、平板式制动检验台、制动踏板力计等。台试检验汽车制动性能主要使用滚筒反力式制动检验台，根据国家标准对制动性能的技术要求，应进行的检测项目有：轴(轮)重、车轮阻滞力、制动力、左右轮制动力平衡、制动协调时间和驻车制动力等。

(6)《机动车运行安全技术条件》(GB7258—2004)中关于在用汽车制动性能检测的标准，规定可用台试检测制动性能，也可以用路试检测制动性能。一般情况下，用台试检测制动性能，但对台试检测结果发生争议时，可以用路试检测进行复检，并以满载状态路试的结果为准，以保证对其制动性能判断的准确性。

(7) 在制动检验台上检测汽车制动性能时，因制动力不足、同轴左右车轮制动力最大值差值过大、制动协调时间过长和车轮阻滞力过大等，则检测结果判定为不合格。通过分析其故障原因，进行故障诊断并予以排除。

复习思考题

1. 判断题

(1) 滚筒式试验台是以滚筒表面代替路面，试验时通过加载装置给滚筒施加负荷，以模拟行驶阻力，使汽车在尽可能接近于实际行驶工况下进行各项检测与试验。 (   )

(2) 轮胎与路面附着系数的最大值，出现在车轮边滚边滑状态，当车轮完全抱死，在路面滑移出印痕时，附着系数反而下降。 (   )

(3) 液压制动装置制动管路中有空气，不会影响制动效果。 (   )

(4) 反力式试验台不能测出被测车的前后及左右各车轮的制动力。 (   )

(5) 行车制动的控制装置与驻车制动的控制装置应相互独立。 (   )

(6) 行车制动的制动力应在各轴之间等量分配。（　）

(7) 汽车和无轨电车行车制动必须采用双管路或多管路，当部分管路失效时，剩余制动效能仍能保持原规定值的40%以上。（　）

(8) 当汽车经台架检测后对其制动性能有质疑时，可用规定的路试检测进行复检，并以空载路试的检测结果为准。（　）

(9) 使用台架检测车辆制动力时，当检测结果为不合格且与标准规定值之差不超过标准规定值的15%时，在对车辆不进行任何调整的情况下，应重新进行检测。（　）

(10) 制动踏板自由行程过大可能导致汽车各车轮制动协调时间过长。（　）

2. 选择题

(1) 汽车制动完全释放时间(从松开制动踏板到制动消除所需要的时间)不应大于(　　)。

A. 0.40 s　　B. 0.60 s　　C. 0.80 s

(2) 反力式滚筒实验台用来检测(　　)。

A. 车轮制动力　　B. 驱动轮输出功率　　C. 制动距离

(3) 通常检测制动距离用(　　)，检测制动减速度用制动减速度仪。

A. 第五轮仪　　B. 底盘测功机　　C. 平板检测台

(4) 汽车制动效能的评价指标主要有制动力、制动距离和制动减速度等，《机动车运行安全技术条件》(GB7258—2004)规定，当(　　)即判为合格。

A. 3个指标中只要其中之一合格

B. 3个指标中只要其中两个合格

C. 3个指标全部符合要求

(5) 制动协调时间包括(　　)。

A. 消除制动拉杆、制动鼓间隙时间

B. 制动器作用时间阶段的全部，要求单车不超过0.6 s

C. 制动器作用时间阶段的一部分，要求单车不超过0.6 s

(6) 行车制动在产生最大制动效能时的踏板力，对于乘用车不应大于(　　)。

A. 500 N　　B. 600 N　　C. 700 N

(7) 以下不属于台式制动性能检测项目的是(　　)。

A. 制动力　　B. 制动减速度　　C. 车轮阻滞力

(8) 装有ABS系统的车辆其车轮滑移率应在(　　)的范围内。

A. 10%～15%　　B. 15%～20%　　C. 20%～25%

(9) 在空载状态下，驻车制动装置应能保证机动车在坡度为20%、轮胎与路面间的附着系数不小于0.7的坡道上正、反两个方向保持固定不动，其时间不应少于(　　)。

A. 3 min　　B. 4 min　　C. 5 min

(10) 以下不属于同轴左右车轮制动力最大值差值过大故障的原因的是(　　)。

A. 制动踏板自由行程太大　　B. 车轮制动器故障　　C. 制动间隙不当

3. 填空题

(1) 制动性能好坏是安全行车最重要的因素之一，汽车制动系统具有__________、__________、__________三大功能。

(2) 汽车的制动协调时间，对液压制动的汽车不应大于__________，对气压制动的汽车不应大于__________。

(3) 驻车制动应通过纯机械装置把工作部件锁止，并且驾驶人施加于操纵装置上的力：手操纵时，乘用车不应大于__________，其他机动车不应大于 600 N；脚操纵时，乘用车不应大于__________，其他机动车不应大于 700 N。

(4) 四合一检测台具有__________检测、__________检测、__________检测及__________检测等四大功能。

(5) 采用路试法检测汽车制动性能时，主要检测项目有__________、__________、__________和__________等。

4. 问答题

(1) 为了保证汽车具有良好的制动性能，制动系统应满足哪些要求？

(2) 台式检验汽车行车制动性能对制动力平衡和制动协调时间有何要求？

(3) 什么叫车轮阻滞力？与车轮所在轴轴荷的关系如何？

(4) 汽车应急制动的主要技术要求有哪些？

(5) 采用液压制动系统的车辆各车轮制动力均偏低的原因有哪些？

5 汽车转向操纵性能检测

学习目标

知识目标

(1) 熟悉汽车转向操纵性能的评价指标;
(2) 掌握汽车转向操纵性能各项指标的检测方法;
(3) 了解汽车转向操纵性能检测仪器设备的基本结构与工作原理。

能力目标

(1) 学会正确使用汽车转向操纵性能检测仪器设备;
(2) 学会应用汽车侧滑检验台、汽车四轮定位仪等设备进行相关项目的检测;
(3) 能根据转向轮横向侧滑量、车轮定位参数等检测结果分析转向系统技术状况的变化。

转向操纵系统技术状况的好坏，直接关系着汽车的操纵稳定性和行驶安全性，汽车经长期运行后，转向系统各零件不可避免要发生磨损、变形以及金属疲劳产生裂纹。这些变化表现在行驶过程中的转向沉重、方向不稳、行驶跑偏、前轮摆振和轮胎异常磨损等故障，严重的话会引发安全事故。因此，对汽车转向操纵系统的检测很有必要，汽车转向操纵性能的检测参数一般包括：转向盘最大自由转动量、转向盘最大转向力、最小转弯直径和最大转向角，转向轮横向侧滑量和车轮定位值等。

5.1 汽车转向操纵性能评价指标

5.1.1 转向操纵性的评价指标

1. 转向盘最大自由转动量

转向盘的最大自由转动量，是指汽车转向轮在保持直线行驶位置静止不动时，轻轻转动转向盘，使转向盘从一侧转到另一侧所转过的角度。该参数反映了转向盘转动至带动车轮转动之间所有传动部件的配合状况。转向盘的自由转动量过大，会使操纵系统反应迟缓；过小会使路面的反冲作用过大，造成驾驶人驾驶操纵不柔和，容易产生疲劳。所以，应对转向盘最大自由转动量定期进行检测、调整和维护，使其保持在规定范围之内。

2. 转向盘最大转向力

转向盘的最大转向力，是指车辆在一定的行驶条件下，作用在转向盘外缘上的最大切向力。这个检测参数主要是用来检查转向系统中各零部件的配合状况。车辆在使用过程中，由于转向装置在装配时调整不当或使用中有关零部件的磨损、变形等原因引起转向沉重，容易使驾驶人产生疲劳或使车辆操纵失控，直接影响汽车的操纵稳定性和行车安全性。

3. 最小转弯直径和最大转向角

汽车基本采用前轮转向，在转向的每一时刻所有车轮都应围绕一个中心点做圆弧行驶，这个延长线的中心点称为瞬时转向中心。它的位置在与各车轮速度方向垂直的延长线的相交点上。汽车转向时，从瞬时转向中心到前外轮轮辙中心线的距离即转弯半径，通常用 R 表示。两倍转弯半径即为转弯直径，以 D 表示。

车辆的转弯直径越小，车辆转弯时所需场地面积就越小，机动性就越好。在转向时，外轮转角越大或轴距越小时，转弯直径就越小。对某定型汽车而言，轴距是一个定值，因此，在外轮转角达到最大值时，转弯直径最小。

实际上，汽车转向过程中，不是绕一个固定的圆心转动，这是由于车辆从直线行驶进入转弯行驶时，转向轮的转角开始由零变大，然后又从大变小，直到车辆恢复直线行驶为止。从整个转向过程看，转向轮的转角是随时变化的。

汽车的转弯直径对机动性有直接影响，机动性决定了驾驶人为装卸货物而移动车辆，或者在停车场地及维修车间内调车时所需场地面积、车道宽度及驾驶人的劳动强度。机动性还影响着车辆能够通过狭窄弯曲地带或绕开不可越过障碍物的能力。

转向轮的最大转向角直接影响到汽车转弯直径的大小，是转向系的重要参数之一。在汽车设计时，对转向轮的最大转向角都明确作出规定。一般在车辆的使用说明书或有关技术文件中，均可查到原厂规定的转向轮最大转向角。

4. 转向轮横向侧滑量

由于前束与外倾角的存在，车辆行驶过程中，车轮与地面之间产生一种相互作用力，使转向轮在向前滚动的同时，还将产生横向滑移，这种滑移就是侧滑。为保证汽车转向轮无横向滑移的直线滚动，要求车轮前束与车轮外倾角有适当的匹配。当前束与车轮外倾角匹配不当时，车轮就可能在直线行驶过程中不作纯滚动，而产生横向滑移现象，当这种横向滑移现象过于严重时，将破坏车轮的附着条件，减弱汽车定向行驶能力，导致轮胎异常磨损。

5. 车轮定位参数

车辆在使用中，由于车架、车轴、转向机构的变形与磨损，将改变原有参数值，致使车轮定位失准，正确的车轮定位参数，是车辆具有良好的转向操纵性能，保持直线行驶能力及避免车身振动、减少机件磨损的保证。车轮定位参数一般包括前轮前束、前轮外倾角、主销内倾角、主倾后倾角、后轮前束和后轮外倾角等。定期对车轮定位参数进行检测，通过维护、调修以维持正确的车轮定位参数，可及时消除车辆在行驶中(特别在高速行驶中)的不安全因素，从而提高汽车在行驶过程中的操纵稳定性和驾驶安全性，同时，可以减少轮胎和悬架系统磨损，降低燃油消耗。

5.1.2 转向操纵系统的其他要求

根据《营运车辆综合性能要求和检验方法》(GB18565—2001)，对转向操纵性能提出如下要求：

(1) 动力转向(或助力转向)的车辆卸载阀的工作时刻应符合原厂规定的该车有关技术条件。

(2) 汽车应具有适度的不足转向特性，以使车辆具有正常的操纵稳定性。

(3) 转向轮转向后应能自动回正，在平坦、硬实、干燥和清洁的道路上行驶不得跑偏，其转向盘不得有摆振或其他异常现象。

(4) 转向盘应转动灵活，操纵方便，无阻滞现象。车轮转向过程中不得与其他部件有干涉现象。

(5) 转向节及臂，转向横、直拉杆及球销应无裂纹和损伤，并且球销不得松旷。对车辆进行改装或修理时，横直拉杆不得拼焊。

转向节及臂，转向横、直拉杆及球头销是转向机构的重要部件，一旦损坏将使转向操纵失灵而导致重大恶性事故。所以必须经常检查，除外观检查这些部件是否有裂纹或损坏、装配是否松旷外，还应用探伤仪检查各部件内部是否有砂眼、气泡或其他损伤。发现故障，要及时排除，以确保车辆运行安全。

5.2 汽车转向操纵性能检测设备

5.2.1 转向盘转向力-转向角检测仪

1. 基本结构

转向盘转向力-转向角检测仪，一般可同时测量转向盘自由转动量和作用在转向盘外缘的最大切向力。仪器结构如图 5-1 所示。该仪器由操纵盘、主机箱、传感器、连接叉和定位杆等部分组成。操纵盘由螺钉固定在三爪底板上，底板经测力传感器与连接叉相连，每个连接叉上都有一只可伸缩长度的活动卡爪，以便与被检测转向盘相连接。主机箱为一圆形结构，固定在底板中央，其内装有接口板、微机处理器、显示窗口、打印机和电池等。测力传感器也装在其中。

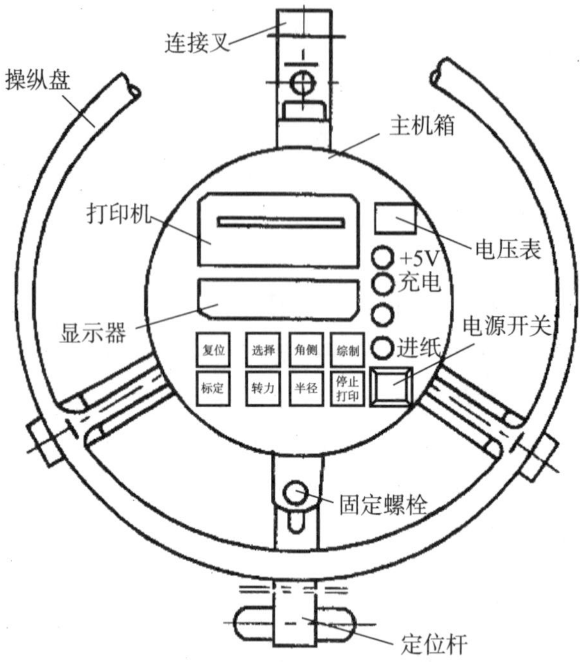

图 5-1　转向盘转向力-转向角检测仪

2. 检测原理

将转向盘测力仪的中心对准被测车辆的转向盘中心，调整好三只伸缩爪长度与转向盘连接牢固，然后转动仪器的操纵盘，此时施加于操纵盘上的转向力便通过底板、力矩传感器、连接叉传递到被测的转向盘上，使转向盘带动汽车的转向系统以实现汽车转向轮的转向。同时微机处理器读取测力传感器输出的最大电信号，并根据转向盘的直径换算成圆周上的切向操纵力显示在主机箱的窗口，或根据需要打印出来，如果同时配用角度指针座，还可以输出转向盘的最大自由转动量。

5.2.2　转向轮转向角检测仪

1. 基本结构

汽车转向轮转向角检测仪，俗称转角仪。全自动转角仪结构，如图 5-2 所示。机械台架分左、右两个基本测试单元，每个测试单元都能在台架的轨道上借助电动机的正反向转动或气动气缸的正反向运动而独立地左右移动，以适应不同的汽车轮距和不同的停车位置。每个测试单元上都有一个可以转动的

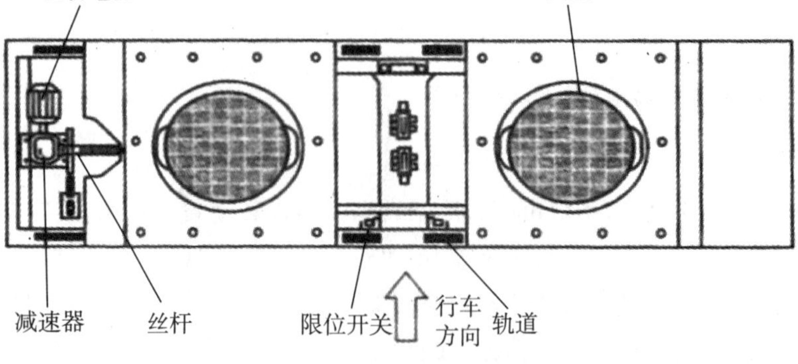

图 5-2　全自动转向角检测仪结构图

的圆盘，该圆盘可以绕圆心转动，还可以实现局部的前后左右移动，以适应车轮的偏位转动。圆盘的下方连接一个角度传感器，用来记录车轮转向的角度，从而实现对转向轮转角的检测。

控制系统由计算机、显示器、传感器、信号处理部分及打印机等组成。主要作用是引导车辆将转向轮停在转向圆盘上，提示向左（或右）转动转向盘，同时自动采集车轮转动的角度，并可根据需要打印检测结果。

2. 工作原理

当汽车的前轮缓慢接近设备时，车轮会挡住设备前的停车定位开关，显示屏提示汽车停止前进，车轮停住。同时控制程序启动左右测试单元自动移动，分别寻找左右车轮的停止位置，并将转角圆盘分别对准左右车轮。然后，在显示屏指引下，引车员将车轮前移并停在转角圆盘上。接着，引车员向左转动方向到底，再向右转动方向到底，最后回正转向盘。在转动转向盘的过程中，计算机自动采集左右轮（内外角）最大转向角数据，并显示检测结果和保存数据。

5.2.3 侧滑检验台

侧滑检验台是使汽车在滑动板上驶过时，用测量滑动板左右移动量的方法来测量车轮侧滑量的大小和方向，并判断是否合格的一种检测设备。侧滑台分双板式侧滑检验台和单板式侧滑检验台。

1. 侧滑检验台的结构

1）双板联动式侧滑检验台

双板联动式侧滑检验台由机械部分、测量装置、指示装置等几部分组成。

机械部分结构，如图 5－3 所示，包括：左右滑板、双摇臂杠杆机构、回位装置、导向和限位装置等。左右两块滑板分别支撑在各自的滚轮上，每块滑板与其连接的导向轴承在轨道内滚动。两块滑板通过中间的双摇臂杠杆机构相连，保证两块滑板同时向内或向外运动。滑板长度有 500 mm、800 mm 和 1 000 mm 三种，滑板越长精度越高。

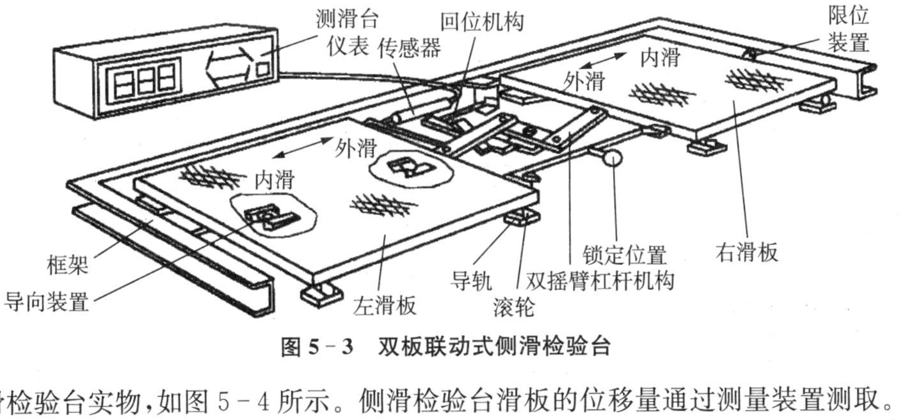

图 5－3　双板联动式侧滑检验台

汽车侧滑检验台实物，如图 5－4 所示。侧滑检验台滑板的位移量通过测量装置测取。目前常用的测量装置有两种，一种是电位计式，另一种是差动变压器式。

图 5－4　汽车侧滑检验台

电位计式的测量装置及安装位置，如图5-5所示。将一个可调电阻安装在侧滑检验台底座上，其滑动触点通过杠杆机构与滑板连接，在电位计两端输入一定的电压，当电位计的滑动触点随滑板移动时，触点的输出电压随位移量而变化，通过指示装置可读取对应于滑板的位移量。

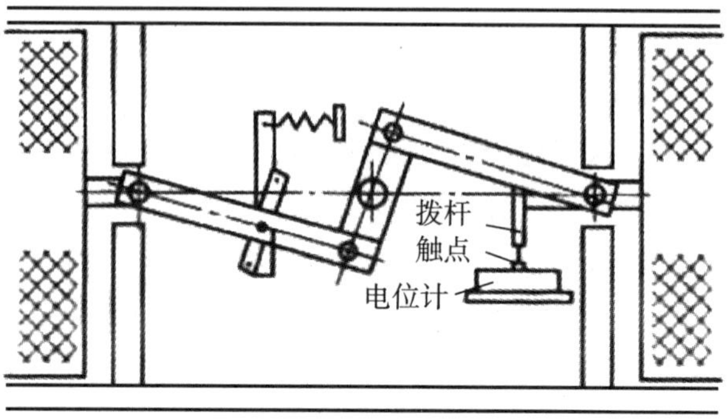

图5-5　电位计式测量装置

差动变压器式测量装置及安装位置，如图5-6所示。由滑板带动位移传感器的拨杆产生位移，传感器输出与位移量成正比的电压量，并传给指示装置。差动变压器是将测量信号的变化转化成线性互感系数变化的传感器，它的结构如同一个变压器，由初级线圈、次级线圈、铁芯等几部分组成。在初级线圈输入电压后，次级线圈即感应输出电压，滑板移动时引起铁芯的移动，从而引起线圈互感系数的变化，此时的输出电压随之作相应的变化。

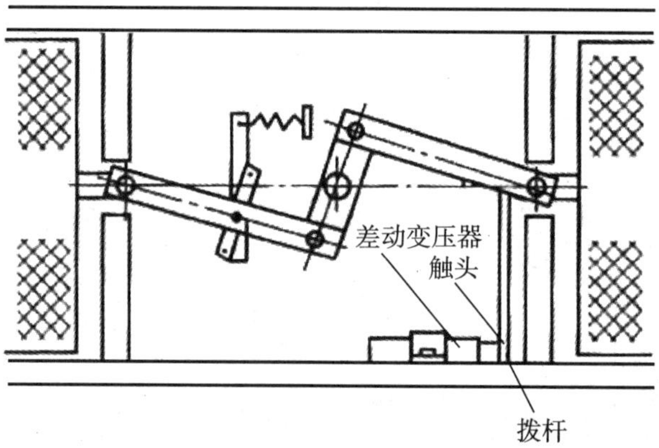

图5-6　差动变压器式测量装置

2）单板式侧滑检验台

便携式单板侧滑检验台，其结构如图5-7所示。在上下滑板之间装有棍棒，从而可以使得滑板沿横向（左右方向）自由滑动，但纵向不能移动，当被测车轮从上滑板上通过时，车轮的侧滑通过轮胎与上滑板间的附着作用传递给上滑板，使上滑板左右横向滑动，通过杠杆机构带动指针偏转，从而在刻度尺上显出侧滑量的大小和方向，为了防止滚动棒滑出上下板之外，在上下滑板间设有滚棒保持架和导轨。当车轮通过上滑板后，在复位弹簧的作用下，上滑板重新回位。

2. 侧滑检验台的测量原理

1）转向轮前束引起的侧滑

假设转向轮的外倾角为零，让只有前束的转向轮向前驶过，在滚动过程中转向轮力图向内侧收拢，但因受到车桥的约束，在实际滚动过程中，车轮不可能真正向内侧收拢。如果让带有前束的转向轮驶过只能横向移动的滑板，滑板在左右转向轮作用力的推动下，分别向外侧移动，如图5-8所示。

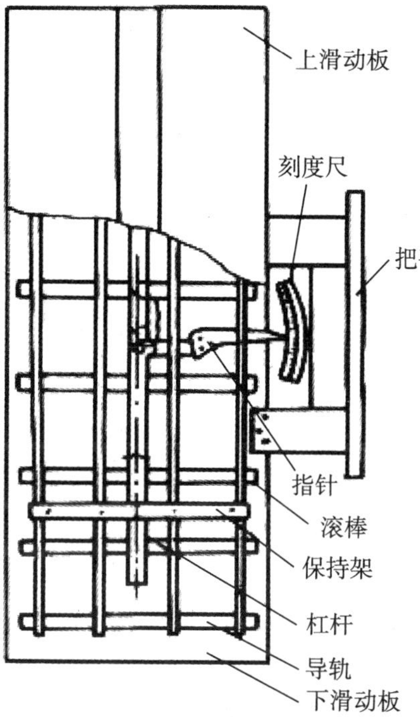

图 5-7　便携式单板侧滑检验台

其单边转向轮的外侧滑量为

$$S_t = \frac{L' - L}{2}$$

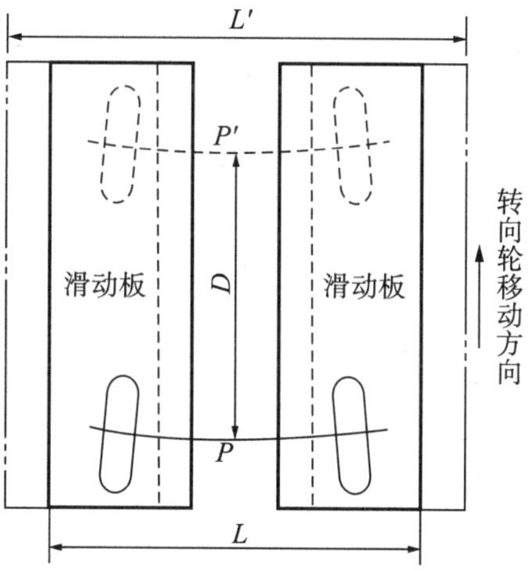

图 5-8　前束引起滑板的侧滑

2）转向轮外倾角引起的侧滑

假设转向轮的前束为零，让只有外倾角的转向轮向前驶过，在滚动过程中转向轮力图向外侧张开，但因受到车桥的约束，在实际滚动过程中，车轮不可能真正向外侧张开。如果让带有外倾角的转向轮驶过只能横向移动的滑板，滑板在左右转向轮作用力的推动下，分别向内侧移动，如图 5-9 所示。

其单边转向轮的内侧滑量为

$$S_c = \frac{L' - L}{2}$$

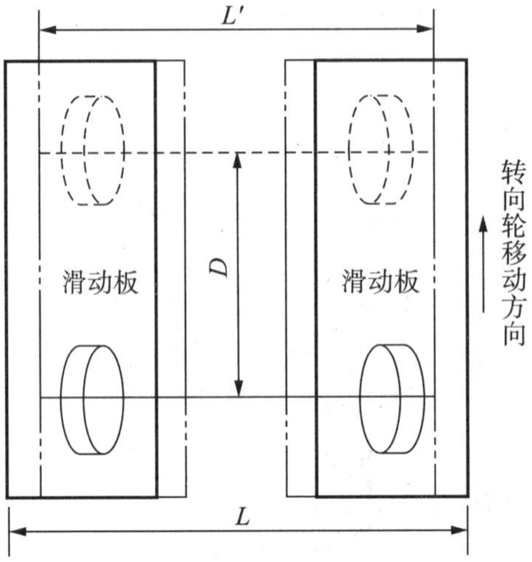

图 5-9　外倾角引起滑板的侧滑

3）转向轮前束和外倾角同时作用引起的侧滑

转向轮在前束和外倾角的共同作用下通过滑板时，由前束和外倾角引起的侧滑作用相反，总的侧滑量为两者的代数和。侧滑现象是左右转向轮共同引起的，侧滑量规定为每个车轮侧滑量的平均值。

侧滑检验台就是应用上述滑板原理来检测转向轮侧滑量的。按照有关标准，在检测转向轮侧滑量的大小及侧滑方向时，规定侧滑检验台的滑板向外侧移动为正，滑板向内侧移动为负。

5.2.4　车轮定位仪

1. 四轮定位仪的分类

车轮定位仪是专门用来测量车轮定位参数的设备，目前车轮定位仪均为电脑式四轮定位仪，分为拉线式、PSD 式、CCD 式、3D 图像式等。它们都应用计算机技术和精密传感技术，由装在车轮上的传感器将车轮定位角的几何关系转变成电信号输入微机进行处理、分析和判断，然后由显示器显示，并经打印机打印输出。

拉线式、PSD 式和 CCD 式四轮定位仪的主要区别是用于测量车轮前束等水平方向的定位角度传感器的形式不同，拉线式采用电阻式角位移传感器，PSD 采用光电位置传感器，CCD 则是数字图像传感器。而 3D 图像式四轮定位仪是采用图像识别技术，用数码相机采集装在车轮反光板上的图像信息，以测量出车轮的相对精度，车轮前后移动，由数码摄像头采集信息，求出其坐标和角度。

按照通信方式的不同，电脑式四轮定位仪可分为有线式和无线式。无线式又分红外线和蓝牙通信两种形式。有线式采用电缆传输，传输稳定可靠，但使用不方便，电缆线易被拉、压、折损。红外线传输使用方便，因其有方向性且容易受到强光或因操作人员走动遮挡而干扰，传输距离有很大局限性，信号传输不太稳定。蓝牙技术是一种短距离无线通讯技术，传输效率高，通信稳定可靠，使用方便，寿命长，并且具有极强的抗干扰能力，在 100 m 内不受任何方向限制，并能穿透障碍进行定位数据传送。

2. 四轮定位仪的结构

以元征 X-631 四轮定位仪为例，介绍 CCD 式四轮定位仪的结构。

CCD 式四轮定位仪由主机、传感器探杆、轮辋夹具、轮夹挂架、转角盘、转向盘固定架、制动踏板固定架等组成。四轮定位仪整机外形，如图 5-10 所示。

主机是用户的一个操作控制平台。由机柜、计算机、接口电路、电源等部分构成。计算机部分包括工控机、显示器、键盘、鼠标、打印机等。

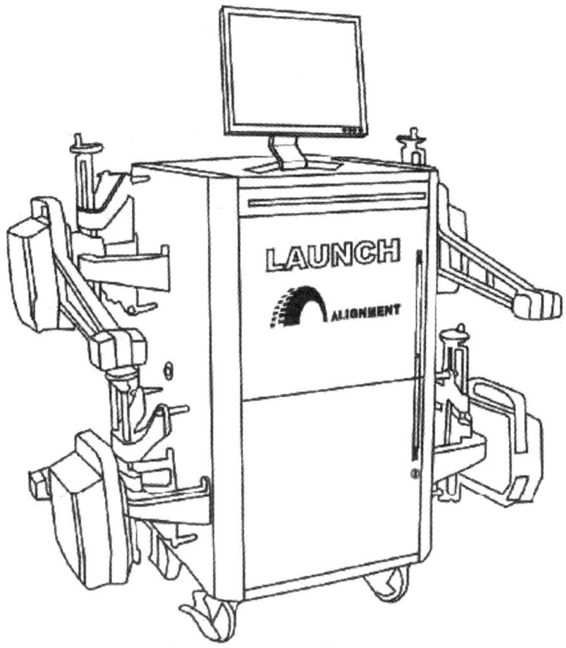

图 5－10　四轮定位仪

四轮定位仪配有 4 个传感器探杆，分别为左前传感器探杆（FL）、左后传感器探杆（RL）、右前传感器探杆（FR）、右后传感器探杆（RR），如图 5－11 所示。每个传感器探杆的端部和中部各装一个 CCD 传感器，中部装有一个射频发射接收器。CCD 传感器把获取的光点坐标无线传输给计算机系统，由计算机系统进行处理。

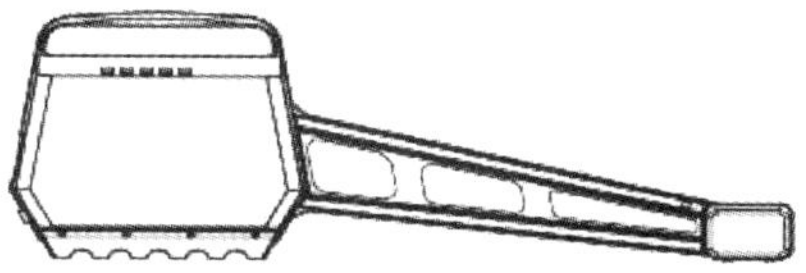

图 5－11　传感器探杆

每个传感器探杆的中部有一操作面板，分为 LCD 显示区域和按键操作区域，如图 5－12 所示。

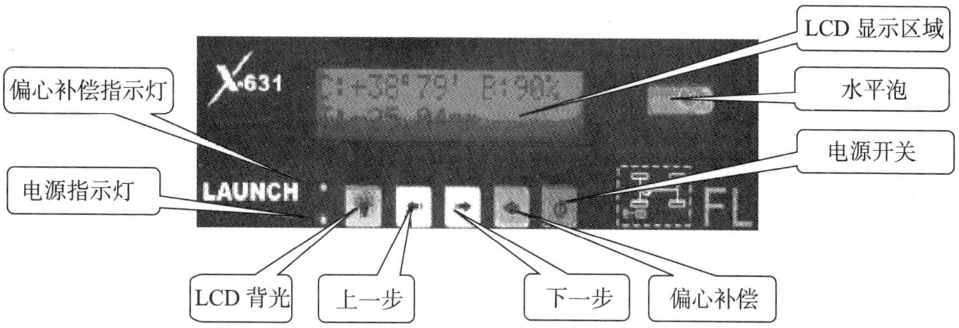

图 5－12　传感器操作面板

四轮定位仪配有 4 个轮辋夹具，如图 5－13 所示。使用时首先需通过调节旋钮将卡爪的间距调整合适，再与汽车轮辋相连。通过调节旋钮使轮夹与汽车轮辋紧密相连，为了安全起见，必须采用夹具绑带把夹具与轮辋连接起来。轮辋夹具装配正确与否同测试结果有很大关系。在装配轮辋夹具时，请使卡爪避开轮辋上配重铅块处；同时务必使4个卡爪与轮辋充分接触。

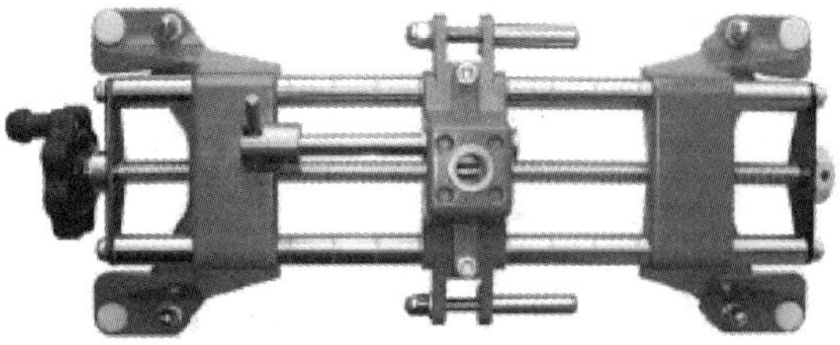

图5-13 轮辋夹具

四轮定位仪配有2个转角盘，如图5-14所示。转角盘放置于举升机的汽车前轮位置处，车辆驶入前，用锁紧销将转角盘锁止，防止其转动；汽车驶入后，松开锁止销。在测试中，要尽量使汽车前轮正对转角盘中心位置。

图5-14 前轮转角盘

四轮定位仪还配有转向盘固定架、制动踏板固定架，如图5-15所示。在测试中，需根据提示要求安装转向盘固定架和制动踏板固定架，以保证测试过程中汽车车轮方向不会发生变化，同时使汽车不会发生前后移动的现象。

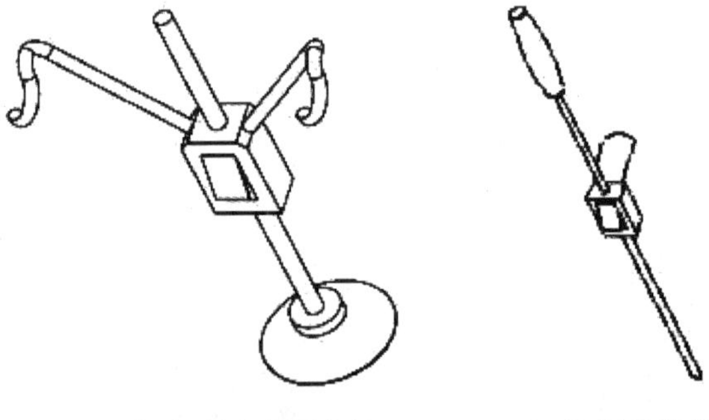

（a）转向盘固定架　　（b）制动踏板固定架

图5-15 转向盘和制动踏板固定架

3. 四轮定位仪的工作原理

四轮定位检测是通过装在被检测汽车4个车轮上的4个传感器总成，分别发射出红外光束，在车身四周构成一个封闭的矩形红外线辐射体，当车轮带动传感器总成改变角度后，使红外光束发生变化，变化的信号被输入计算机进行处理，各个车轮的定位参数最后被计算并在屏幕上显示。

目前的四轮定位仪普遍采用红外8束、16传感器封闭测量的方法，即每个传感器总成内都装有2个红外发射管、2个位置传感器和2个倾角传感器。位置传感器采用红外线光学测量系统，用于测量水平方向的定位角，如前束、推力角、轴距差、轮距差等；倾角传感器分外倾角传感器和主销内倾角传感器，外倾角传感器能直接测量车轮中性面的倾角，用于车轮外倾角和主销后倾角的测量，主销内倾角传感器则通过测量车轮平面绕转向节轴线的相对转角，计算出主销内倾角的大小。

各种类型的四轮定位仪测量原理是一致的，只是传感器的类型、测量方法及数据记录与传输方式不同。下面以目前主流的CCD式四轮定位仪，介绍四轮定位仪的工作原理。

1）数据采集部分

数据采集主要由4个传感器总成来完成，传感器总成内装有2个CCD传感器、2个红外发射管和2个倾角传感器，其中CCD传感器分别感应与其相对的红外发射管的图像，由于CCD传感器的图像反映了其自身和与其对应的红外发射管的相互关系，通过8个CCD传感器的图像可以计算出4个轮辋的相互关系，如图5-16所示。以CCD传感器的图像计算出的4个车轮相互关系为基准，再加上2个倾角传感器测量的倾角，即可确定车轮的所有定位参数。

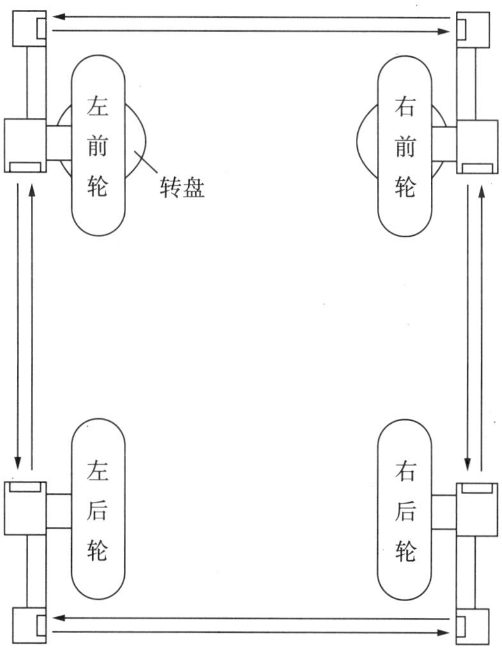

图5-16　CCD传感器数据采集示意图

2）数据传输部分

数据传输部分是数据采集部分与数据处理部分的连接装置，主要通过蓝牙无线通信技术传输数据。蓝牙通信技术是一种开放的低成本、短距离无线连接技术，是可以实现一对多通信的技术，4个传感器总成采集的参数值可通过蓝牙无线通信技术传给数据处理部分。

3）数据处理部分

数据处理由四轮定位仪主机部分完成。主机部分包括工业控制计算机、电源及接口电路，它可以通过专用软件实现对四轮定位仪的操作，同时可以对数据进行处理，并与原厂设计参数进行对比，指导操作者对车轮定位参数进行调整，最后打印检测结果。

四轮定位仪需要把检测结果与原厂标准数据进行对比，指导操作者进行车轮定位参数调整，因此，四轮定位仪的数据库含有上万种车型的四轮定位数据，对于数据库未包含的车型，可以扩充新的车型及相应的车轮定位数据。

4. 3D图像式四轮定位仪简介

3D图像式四轮定位仪即三维成像四轮定位仪，它应用高精密度三维成像技术和计算机图像处理技术实现非接触测量，是目前最先进的四轮定位系统。

3D图像式四轮定位仪将多个高分辨率的图像传感器安装在定位仪主机上，而装夹在车轮上的测量机头仪是一个反光板，其上有若干个规定大小的反光斑。图像传感器由一个半导体激光发射器和一个CCD摄像机组成，如图5-17所示。CCD摄像机又是由成像物镜和面阵CCD组成。半导体激光发射器发出的光经柱面镜单方向拉伸形成一个光平面打在装夹在车轮上的反光板上，反光板的图像成像在CCD摄像机的像平面上。经过图像采集卡采集，送入计算机形成数字图像。

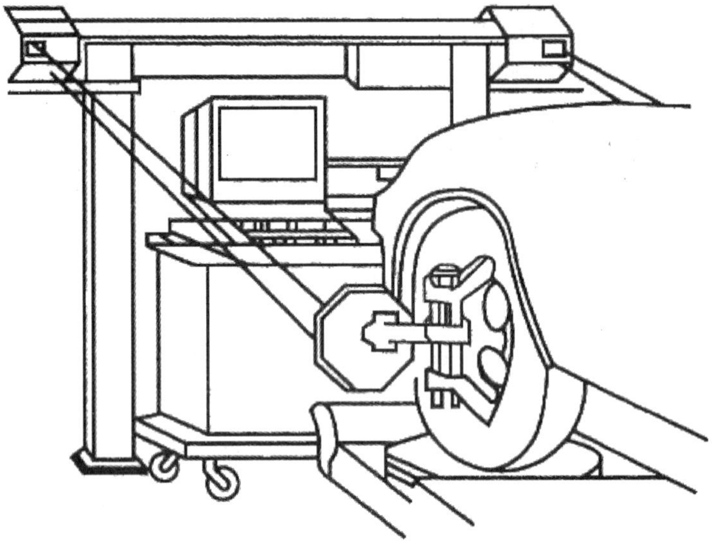

图5-17　3D图像式四轮定位仪

3D图像式四轮定位仪是通过前后移动汽车，传感器机头随车轮转动，然后用CCD图像传感器拍摄装在车轮的机头(即多点反光板)随车轮滚动和转向的空间运动图像，如图5-18所示。由计算机三维图像处理技术对空间运动图像进行处理和坐标变换，通过比较传感器机头的起始位置和终点位置图像，计算出每个车轮的转动轴线，直接计算出车轮前束角、车轮外倾角。通过左右转动转向盘，系统比较两个不同的位置，测量车轮转动轴线，直接计算主销内倾角和主销后倾角。

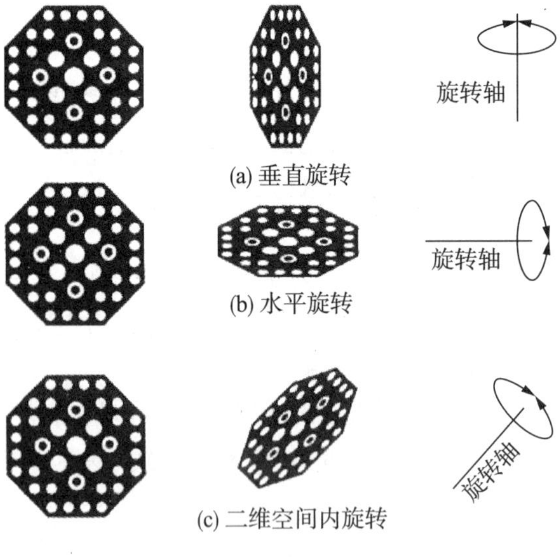

图5-18　反光板随车轮转动时的空间运动图像

3D图像式四轮定位仪具有以下的主要特征：

(1) 普通的定位仪的测量机头精密而又复杂，使用中如有磕碰，轻者会降低精度，重者会导致损坏。

3D图像式四轮定位仪机头是用有机玻璃制成，没有任何传感器和电路，不会因精密电子元件损坏而重新校准，并且机头和定位仪主机间无电缆连接。

(2) 由于是测量车轮的转动轴线，所以轮辋的好坏和机头的安装是否准确都不影响测量精度。不需要进行测量机头的水平调整和轮辋偏摆补偿。

(3) 检测速度较快，工作效率高。在定位操作时，将汽车开上举升器，前轮停在转盘上。然后操作人员将测量机头安装在车轮上。两个专门设计的高分辨率摄像头安装在定位仪主机两侧，对准车身两侧车轮上的测量机头，确定测量机头的三维空间位置。操作人员按提示安装制动踏板固定器，然后需将汽车向后推动一定距离，显示器屏幕上显示"停止"，再将汽车向前推回转盘上原来位置即可。通过这样简单的位置移动，直接测量出前束角和外倾角。然后通过左右转动转向盘，直接测出主销后倾角和主销内倾角。通过上述操作，整个汽车的定位状态的所有测量数据汇总显示在显示器屏幕上，并可通过打印机打印出来。

5.3 汽车转向操纵性能检测方法

5.3.1 转向盘自由转动量和转向力的检测

1. 转向盘最大自由转动量和转向力的限值

1) 转向盘最大自由转动量的限值

根据《机动车运行安全技术条件》(GB7258—2004)规定，最高设计车速不小于100 km/h的机动车，其转向盘的最大自由转动量不允许大于20°，其他机动车不允许大于30°。

2) 转向盘最大转向力的限值

根据《营运车辆综合性能要求和检验方法》(GB18565—2001)的规定，检测时施加于转向盘外缘的最大转向力必须符合如下要求：

(1) 路试检测：汽车空载在平坦、干燥和清洁的硬路面上以10 km/h的速度在5 s之内沿螺旋线从直线行驶过渡到直径为24 m的圆周行驶，施加于转向盘外缘的最大切向力不得大于150 N。

(2) 原地检测：汽车转向轮置于转角盘上，转动转向盘使转向轮达到原厂规定的最大转角，在全过程中用转向力测试仪测得的转动转向盘的操纵力不得大于120 N。

2. 转向盘最大自由转动量和最大转向力的检测方法

1) 转向盘最大自由转动量的检测方法

转向盘自由转动量采用专用检测仪进行检测。

简易的转向盘自由转动量检测仪由刻度盘和指针组成。刻度和指针分别固定在转向盘轴管和转向盘边缘上。检测时，应使汽车两转向轮处于直线行驶位置不动，分别轻轻转动转向盘至两极端位置，指针所示刻度即为转向盘的自由转动量。

用转向盘转向力-角检测仪进行检测时，应使汽车转向轮保持在直线行驶位置，安装转向盘转向力-角检测仪。轻轻转动转向盘到一侧极限位置，调整转向角指示零位，然后把转向盘转动到另一侧极限位置，此时转向盘所转过的角度(空转的角度)就是要检测的该车转向盘最大自由转动量。

2) 转向盘最大转向力的检测方法

转向盘最大转向力的检测方法有路试检测和原地检测两种，路试检测比较接近道路实际行驶状况，但对场地、仪器及人员操作要求较高。原地检测较为简单，具有可操作性。

(1) 路试检测：检测场地应选择在平坦、硬实、干燥和清洁的水泥或沥青道路上。检测时，在转向盘上安装转向盘测力仪，并将显示值窗口的数值调零，由检测员驾驶车辆，从起点以 10 km/h 的速度，在5 s之内从直线沿螺旋线过渡到直径为 24 m 的圆周上行驶，在这个过程中，读取施加于转向盘测力仪显示的最大切向力(或力矩)，并通过公式换算出该车转向盘外缘的最大切向力。检测车辆正反两个方向转向时的转向力，取其较大值为检测结果。

(2) 原地检测：将转向轮置于转角盘上，保持转向轮直线行驶位置。在汽车转向盘上安装转向盘转向力-角检测仪，将显示值窗口的数值调零。转动转向盘，使转向轮达到原厂规定的最大转向角，在此转向过程中，测量转动转向盘的操纵力即为最大转向力。检测时，车轮要尽量停在转角盘的中央。

5.3.2 转向轮最大转向角的检测

1. 转向轮最大转向角的限值

根据《营运车辆综合性能要求和检验方法》(GB18565—2001)的规定，车辆的最小转弯直径，以前外轮轨迹中心线为基线测量，其值不得大于 24 m。转向轮的最大转向角应符合原厂规定的该车有关技术条件。内外轮转角应符合一定的几何比例关系。

2. 转向轮最大转向角的检测方法

转向轮最大转向角可采用全自动转向角检测仪进行检测。具体检测操作程序如下：

1) 检测准备

(1) 打开设备控制系统电源，预热至规定时间。

(2) 车辆沿转角仪中心线，按提示行驶到预停位置，控制系统自动启动电机或气动元件，移动测试单元，并将转角盘对准当前的车轮位置。

(3) 移动停止后，提示车辆直线向前行驶，停在转角仪的圆盘上。

2) 检测方法

(1) 根据显示屏提示，向一侧转动转向盘到极限位置，等待系统采样测取左、右车轮转向角的数值；同样，根据提示向另一侧转动转向盘到极限位置，等待系统采样测取左、右车轮的内、外转向角的数值。然后，转向盘回到中间位置。

(2) 在转动车轮过程中，要缓慢转动转向盘，防止车轮在转动中与转盘发生相对移动，造成测量数据不准确。

(3) 检测结束，转向角检测仪转盘锁止，按照显示屏提示，车辆驶离转向角检测仪。

5.3.3 转向轮横向侧滑量的检测

1. 转向轮横向侧滑量的限值

根据《机动车运行安全技术条件》(GB7258—2004)的规定，汽车(三轮汽车除外)的车轮定位应符合该车有关技术条件，车轮定位值应在产品使用说明书中标明。对前轴采用非独立悬架的汽车，其转向轮的横向侧滑量，用侧滑台检验时侧滑量值应在±5 m/km 之间。

2. 转向轮横向侧滑量的检测方法

以双板联动式侧滑检验台为例，介绍其检测程序。

1) 检测准备

(1) 接通电源前，应先检查仪表指针的机械零位(数码显示的除外)是否正常；接通电源后，打开滑动板锁止装置，拨动滑板，查看仪表的显示零位是否正常。

(2) 检查侧滑台前后路面及滑动面板，应无机油、石子、泥污等杂物。

(3) 检查侧滑台前后地面及滑板,应无油污。

(4) 检查车辆轮胎气压、花纹深度,应符合规定值,胎面保持清洁。

2) 检测方法

(1) 将汽车对正侧滑检验台,并使转向盘处于正中位置。

(2) 使汽车沿台板上的指示线以 3~5 km/h 车速平稳前行,在行进过程中,不允许转动转向盘。

(3) 转向轮通过台板时,测取横向侧滑量的最大值。

(4) 记录侧滑值,侧滑板向外侧滑动,侧滑量记为负值,侧滑板向内滑动,侧滑量计为正值。

3) 注意事项

(1) 超过侧滑台允许轴重的汽车,不得驶上侧滑台。

(2) 汽车通过侧滑检验台时,不允许使用制动器,不得转动转向盘,不得急加速(或减速)。

(3) 禁止汽车在滑动板上停留及起步。

(4) 侧滑台不使用时,要锁止滑动板,防止人为因素引起滑板经常晃动损坏测量机件。

5.3.4 车轮定位的检测

1. 准备工作

(1) 车辆准备:

① 车辆空载,所有车轮必须安装同一规格轮胎,轮胎磨损程度要一致,轮胎气压符合规定。

② 检查悬架、减振器。车身无明显倾斜,减振器不得漏油,螺栓无松动,橡胶衬套或缓冲块无破损。

③ 转向盘自由行程应符合要求,轴承间隙正常,底盘各球头及衬套应无松动。

④ 将汽车缓慢开上举升机,前轮停在转角盘中心,后轮置于滑板上,拉紧驻车制动器,在后轮前后放置车轮楔。汽车驶入前用锁紧销锁止转角盘,防止其转动。

⑤ 将车辆举升到工作高度,并锁止举升机。

(2) 仪器设备准备:

① 安装轮辋夹具。将 4 个轮辋夹具装在车轮上,并旋转手柄以锁紧轮辋夹具。根据实际情况将卡爪固定在轮辋外圈或内圈,卡爪深浅应一致,并尽量避免卡在变形比较大的区域。

② 安装传感器。将 4 个红外线传感器装在相应的夹具上,锁紧。松开传感器水平锁紧悬钮。

③ 打开机箱总电源开关。确认计算机显示器、主机已经连接好信号线和电源线,打开计算机主机开关,在运行自检程序之后,显示器显示四轮定位仪检测程序主界面。

2. 检测步骤

(1) 选择车型、车辆规定的定位参数。进入检测程序,根据汽车的厂牌、车型和年份,在车型索引目录中,选出被检测车辆原厂规定的四轮定位技术参数。如果没有该车型,可查找使用说明书或相关技术资料,然后,通过计算机输入该车型的有关四轮定位技术数据,并存盘保存。

(2) 进行偏心补偿:

① 转动转向盘,使车轮平直,用转向盘固定架固定转向盘,松开驻车制动器,然后用举升机举起车身,使车轮悬空并可以自由旋转。

② 分别调整 4 个传感器水平。

③ 依次对左前、右前、左后、右后车轮做偏心补偿。

④ 抽出转角盘及滑板的定位销,落下车身。

(3) 调整传感器及车身状态:

① 用力按压车身,然后迅速放开,使车身和车轮处于完全自由状态。

② 将前轮转到正直向前位置，调整传感器的水平，并锁紧。

③ 踩下制动踏板，使车轮制动，并用制动踏板抵杆顶住制动踏板。

(4) 根据计算机屏幕提示，依次向左(右)转动转向盘至仪器规定的角度(10°或 20°)。

(5) 转向盘回正，计算机屏幕显示各车轮的检测参数值。

(6) 根据前后轮测试数据分析四轮定位参数的情况，与车辆技术资料进行比较，判断是否需要调整。

3. 调整车轮定位参数

(1) 检测结果不符合规定，需要调整时，应先锁止转向盘，再进行调整。

(2) 调整时，各车轮定位参数值的变化在屏幕上显示。直至调整到该车型规定的技术要求范围之内。

5.4 汽车转向操纵性能检测结果分析

5.4.1 转向盘自由转动量和转向力检测结果分析

转向盘自由转动量是评价转向是否灵敏、操纵是否稳定的指标，转向盘操纵力是评价转向盘转动是否灵活、轻便的量化指标。如转向盘自由转动量超过规定要求，在行驶中，要用较大幅度转动转向盘，才能控制车辆的行驶方向，且在直线行驶时感到行驶不稳定；转向盘操纵力大，即转向沉重，会增加驾驶人的劳动强度，影响行车安全。

转向盘最大自由转动量大于允许限值，说明转向系统存在故障。

转向盘自由转动量过大的故障现象：转向轮保持直线行驶位置静止不动时，转向盘左右转动的游动角度过大。

转动盘自由转动量过大的故障原因：转向系统的齿轮啮合间隙调整不当；转向器齿轮箱安装不良；转向器齿轮磨损；转向轴万向节磨损；横拉杆连接处磨损等。

诊断与排除方法：架起汽车转向轮，左右转动转向盘，当用力转动时，拉杆才同步运动，说明拉杆球节连接处磨损而旷量过大；若拉杆不动，则说明转向器齿轮的磨损过大。

主要有以下几方面的原因：

(1) 转向机齿轮、转向机传动轴花键套、转向节十字轴及轴承、转向系传动机构球头及球头销等严重磨损、松旷；

(2) 转向机紧固螺栓、转向节连接或 U 型螺栓、转向盘中心螺栓等松动；

(3) 转向机内摇臂轴齿轮啮合间隙过大；

(4) 转向机摇臂轴与摇臂的安装、磨损松旷等。

转向盘最大转向力大于允许限值时，称为“转向沉重”，主要有以下几种原因：

(1) 转向系统传动部件润滑不良，传动部件锈蚀；

(2) 横、直拉杆的球头与球头销磨损严重或配合间隙调整不当(过紧或过松)；

(3) 转向机内部齿轮啮合间隙过小；

(4) 转向轮定位参数值发生变化，如后倾角变大、前束值变小等；

(5) 车桥、车架或车身发生严重变形，或传动杆件在运动中有干涉现象；

(6) 转向轮的轮胎气压不足等。

5.4.2 转向轮最大转向角检测结果分析

转向轮的最大转向角应符合原厂规定的有关技术条件，内、外轮转向角应符合一定的几何比例关系。如果转向轮的最大转向角小于原厂的规定值，会影响汽车转向时的机动性能，影响行车安全。

转向轮最大转向角过大或过小，一般是转向轮限位螺钉调整不正确造成的。转向轮的最大转向角在车辆二级维护时应予检查、调整。

5.4.3 转向轮横向侧滑量检测结果分析

转向轮横向侧滑量与车轮外倾角和前束的匹配有关，如果检测结果超出允许的限值，大多数情况下是车轮前束值发生变化，与外倾角不能匹配所致。车轮前束失准，过大或过小都将引起轮胎偏磨，影响轮胎使用寿命。如果向外侧滑超标(侧滑值为"＋")，表明前束过大，会引起车轮外侧轮胎磨损严重；如果向内侧滑超标(侧滑值为"－")表明前束过小，车轮内侧轮胎磨损加快。对前轴采用非独立悬架的汽车，车轮外倾角通常不可调整，只能通过调整前束值，将侧滑量调整到允许范围内。车轮前束的大小可通过改变转向梯形机构横拉杆长度来调整。调整时，须先松开横拉杆锁紧螺母，然后转动套管，使横拉杆向两端伸长或缩短。

5.4.4 车轮定位检测结果分析

汽车车轮定位失准，表现为转向轮振动、转向盘发抖、行驶跑偏、转向盘自动回正能力减弱、转向沉重、轮胎异常磨损、燃油消耗增加等。车轮定位失准的原因很多，主要是不按时、按规定进行维护，造成各运动部件配合面的严重磨损、松旷；其次是事故碰撞、车桥、车架、转向系统杆件变形；还有相关零部件变形，装配或调整不正确等。

保持车轮定位正确的方法，一是要定期维护，检查车轮定位值并及时进行调整；二是正确驾驶车辆，不要用力急、猛扳动转向盘，要避免高速冲过凹凸路面；三是注意车轮、车桥、车身不能碰撞障碍物；四是更换车轮和轮胎后，要及时重新检测、调整车轮定位。

本章小结

(1) 汽车转向操纵性评价指标有：转向盘最大自由转动量、转向盘最大转向力、车辆最小转弯直径和转向轮最大转向角、转向轮横向侧滑量、车轮定位参数等。标准限值采用《机动车运行安全技术条件》(GB7258—2004)、《营运车辆综合性能要求和检验方法》(GB18565—2001)中的有关规定。

(2) 转向盘的最大自由转动量，是指汽车转向轮在保持直线行驶位置静止不动时，轻轻转动转向盘，使转向盘从一侧转到另一侧所转过的角度。转向盘的最大转向力，是指车辆在一定的行驶条件下，作用在转向盘外缘上的最大切向力。

(3) 汽车转向时，从瞬时转向中心到前外轮轮辙中心线的距离即为转弯半径，两倍转弯半径即为转弯直径。车辆的转弯直径越小，车辆转弯时所需场地面积就越小，机动性就越好。在转向时，外轮转角越大或轴距越小时，转弯直径就越小。对某定型汽车而言，轴距是一个定值，因此，在外轮转向角达到最大值时，转弯直径最小。

(4) 侧滑是指由于前束与车轮外倾角配合不当，在汽车行驶过程中，车轮与地面之间产生一种相互作用力，使车轮处于边滚动边滑动的状态。如果让汽车驶过可以在横向自由滑动的滑板，由于存在上述作用力，滑板将产生横向滑动。

(5) 车辆在使用中，由于车架、车轴、转向机构的变形与磨损，将改变原有参数值，致使车轮定位失准，正确的车轮定位参数，是车辆具有良好的转向操纵性能，保持直线行驶能力及避免车身振动、减少机件磨损的保证。车轮定位参数一般包括：前轮前束、前轮外倾角、主销内倾角、主倾后倾角、后轮前束和后轮外倾角等。

(6) 汽车转向操纵性能检测常用的检测设备有：转向盘转向力-转向角检测仪，用于检测转向盘最大自由转动量和转向盘最大转向力；全自动转向角检测仪，用于检测转向轮最大转向角；侧滑检验台，用于检测转向轮横向侧滑量；四轮定位仪，用来检测汽车的车轮定位值。

(7) 转向操纵性能指标的检测方法，依据《机动车运行安全技术条件》(GB7258—2004)、《营运车辆综合性能要求和检验方法》(GB18565—2001)中的有关规定。

(8) 汽车的转向操纵系统在使用中，由于磨损、变形或事故损坏，会造成系统部件的配合发生改变，使转向操纵性能变差，影响汽车行驶安全。当检测参数值偏离规定值时，应及时查找、分析其影响因素，找出故障原因并予以排除，提高检测合格率。

复习思考题

1. 判断题

(1) 前左、前右减振器弹簧刚度不一致会造成转向盘自由转动量过大。 (　　)

(2) 左右轮胎气压不一致会造成转向盘自由转动量过大。 (　　)

(3) 前轮定位不正确，尤其是前束与外倾配合不正确会引起轮胎异常磨损。 (　　)

(4) 车轮定位检测时，车轮外倾角可以直接测得，而主销后倾角和主销内倾角是间接测量的。 (　　)

(5) 转向轮定位失准会造成自动跑偏。 (　　)

(6) 有些汽车，尤其是轿车不仅具有前轮定位，还具有后轮外倾角和后轮前束等定位参数。 (　　)

(7) 前稳定杆变形会造成转向沉重。 (　　)

(8) 转向拉杆的球头销与球头座配合过紧会造成转向沉重的故障现象。 (　　)

(9) 转向轮某一侧的前稳定杆、下摆臂变形，会造成自动跑偏。 (　　)

(10) 汽车前轮前束测量时，一定要找正直线行驶位置，在检测过程中能转动转向盘。 (　　)

(11) 前轮最大转向角左右应相等。 (　　)

(12) 当转向轮为正前束时滑板将向外侧滑移。 (　　)

(13) 滑板式侧滑检验台，除测量前轮侧滑量以外，还可检测外倾角是否正确。 (　　)

(14) 如调整横拉杆长度，调整前束无法使侧滑量正常，则说明前轴变形。 (　　)

(15) 车轮定位检测时应保证前后轮胎气压及胎面磨损基本一致。 (　　)

2. 选择题

(1) 根据国家标准《机动车运行安全技术条件》(GB7258—2004)规定，最高设计车速不小于 100 km/h 的机动车，转向盘的最大自由转动量不允许大于(　　)。

A. 20°　　　　B. 30°　　　　C. 15°

(2) 转向系统的齿轮啮合间隙调整不当会造成(　　)故障。

A. 转向盘自由转动量过大　B. 自动跑偏　C. 前轮摆振

(3) 转向轮轮胎气压不足容易引起(　　)故障。

A. 自动跑偏　B. 转向沉重　C. 前轮摆振

(4) 四轮定位仪不具备(　　)特点。

A. 升级方便　B. 提示调整　C. 自动调整

(5) 汽车转向轮的横向侧滑量主要受(　　)的影响。

A. 转向轮外倾角　B. 转向轮前束值　C. 转向轮外倾角及转向轮前束值

(6) 利用侧滑检验台检测侧滑量是一种(　　)检测法检测车轮定位参数。

A. 动态　B. 静态　C. 动静结合

(7) 根据国家标准《机动车运行安全技术条件》(GB7258—2004)规定,对前轴采用非独立悬架的汽车,其转向轮的横向侧滑量,用侧滑台检验时侧滑量值应在(　　)之间。

A. 3～5 m/km　B. ±5 m/km　C. ±3 m/km

(8) 汽车侧滑台可检测汽车(　　)。

A. 轮胎气压是否符合规定　B. 前束是否符合规定　C. 转向角是否符合要求

3. 填空题

(1) 汽车转向操纵性能的检测参数一般包括__________、__________、最小转弯直径和__________,转向轮横向侧滑量和车轮定位值等。

(2) 汽车侧滑试验台可分析__________和__________的匹配状况。

(3) 四轮定位仪是专门用来测量车轮定位参数的设备,电脑式四轮定位仪分________、________、________、________等。

(4) 四轮定位仪主要检测项目有________、________、________、________、后轮前束、后轮外倾角、轮距、轴距、推力角和左右轴距差等。

(5) 汽车转向系统常见故障有转向盘自由转动量过大、________、________、前轮摆振等。

4. 问答题

(1) 汽车转向操纵性能的评价指标有哪些?

(2) 汽车转向轮横向侧滑量的限值是如何规定的?

(3) 电脑四轮定位仪是如何分类的?

(4) 汽车何时需进行车轮定位?

(5) 汽车前轮摆振的主要原因有哪些?

6 汽车悬架特性和车轮动平衡检测

学习目标

知识目标

(1) 熟悉汽车悬架特性的评价指标，汽车平衡的概念及检测原理；

(3) 掌握汽车悬架特性的检测方法，车轮动平衡的检测方法；

(5) 了解汽车悬架检测台的结构和工作原理，车轮动平衡机的结构与工作原理。

能力目标

(1) 学会正确使用汽车悬架检测台和车轮动平衡机；

(2) 学会应用汽车悬架检测台和车轮动平衡机进行相关项目的检测；

(3) 能对汽车悬架特性和车轮动平衡检测结果进行分析。

6.1 汽车悬架特性检测

汽车悬架装置是汽车行驶系统的一个重要装置，是将车身与车轴弹性连接的部件，通常由弹性元件、导向装置和减振器三部分组成。其主要功能是：缓和由路面不平引起的振动和冲击，以保证汽车具有良好的平顺性；迅速衰减车身和车桥的振动；传递作用在车轮和车身之间的各种力和力矩；保证汽车行驶时必要的安全性和操纵稳定性。

6.1.1 汽车悬架特性的评价指标

汽车悬架装置的弹性元件或减振器损坏后，会使悬架装置的角刚度减少，增加了高频非悬架质量的振动位移，使车轮和道路的接触状态变坏。车轮作用在地面的接地力减少，大振幅的车轮振动甚至会使车轮跳离地面。因此，悬架装置性能损坏的汽车，不仅影响汽车行驶的平顺性，也会使汽车的操纵稳定性下降，汽车的行驶安全性变坏。

车轮与道路的接触状态可以用车轮对地面的作用力来表征，把这个作用力称为接地力。但在实际路面上时，汽车的各个车轮与地面的作用状况是不一样的。这是由于各车轮悬架装置的性能不一样，或承受负荷不一样，或轮胎气压不一样，或路面冲击不一样等原因造成的。如果在检测台上，人为使各车轮的轮胎气压、承受的负荷和台面冲击做到一致，那么，车轮与地面的作用状态就主要决定于悬架装置的工作性能。因此，用测量汽车在检测台上车轮与台面接地力的大小和变化，来评价汽车悬架装置的品质和性能，是完全可行的。

汽车悬架装置的工作性能可以用车轮接地性指数表征，车轮接地指数表明了悬架装置在汽车行驶中确保车轮与路面相接触的最小能力。

《营运车辆综合性能要求和检验方法》(GB18565—2001)中规定，对于最大设计车速≥100 km/h、轴载质量≤1 500 kg 的载客汽车，应用悬架检测台按规定的方法进行悬架特性检测，受检车辆的车轮在受外界激励振动下测得的吸收率，即被测汽车共振时的最小动态车轮垂直载荷与静态车轮垂直载荷的百分比值(又称车轮接地性指数)应不小于 40%，同轴左右轮吸收率之差不得大于 15%。

6.1.2 悬架装置检测台的结构原理

汽车悬架装置工作性能的检测方法有经验法、按压车体法和检测台检测法。经验法是指通过人工外观检视的方法，主要从外部检查悬架装置的弹簧是否有裂纹，弹簧和导向装置的连接螺栓是否松动，减振器是否漏油、缺油和损坏等项目。按压车体法既可以人工按压车体，也可以用检测台的动力按压车体，按压使车体上下运动，观察悬架装置、减振器和各部件的工作情况，凭经验判断其技术状况。检测台检测法是利用检测台快速检测、诊断悬架装置工作性能，并进行定量分析。

1. 悬架装置检测台的分类

根据激振方式的不同，悬架装置检测台可分为跌落式和共振式两种类型。其中，共振式悬架检测台根据采用传感器的不同，又可分为测力式和测位移式。

1) 跌落式悬架检测台

跌落式悬架检测台的结构，如图 6-1 所示。在测试开始时，先通过举升装置将汽车升起一定高度，然后突然松开支撑机构，车辆下落后自由振动，这时可用测量装置测量车体振幅，或者用压力传感器测量车轮对台面的冲击压力，对压力波进行分析，以此评价汽车悬架装置的性能。

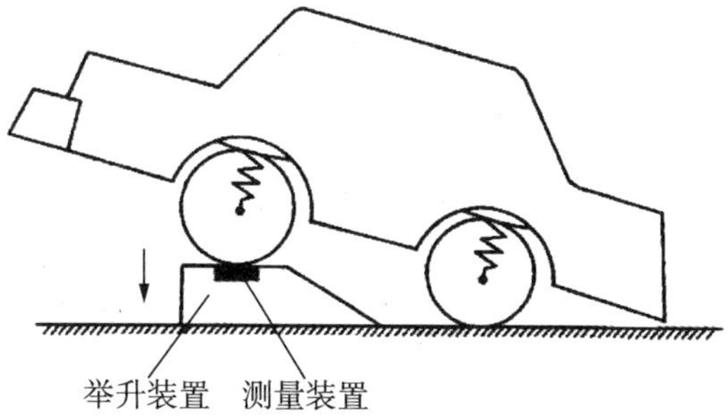

图 6-1　跌落式汽车悬架检测台

2）共振式悬架检测台

共振式悬架检测台主要由机械部分和电子控制系统两部分组成，其中机械部分由机架和左右两套相同的振动系统构成，如图 6-2 所示。

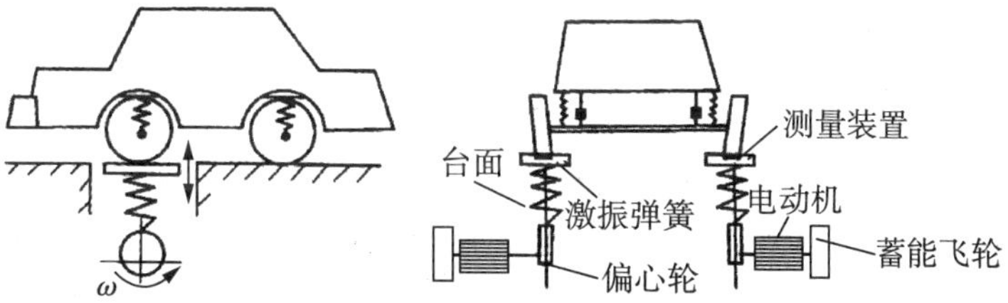

图 6-2　共振式悬架装置检测台

2. 共振式悬架检测台的结构与测试原理

1）共振式悬架检测台结构

共振式悬架检测台机械部分结构，如图 6-3 所示。图中所示为检测台单轮支承结构。每套振动系统由上摆臂、中摆臂、下摆臂、台面、弹簧、驱动电机、飞轮和传感器构成。

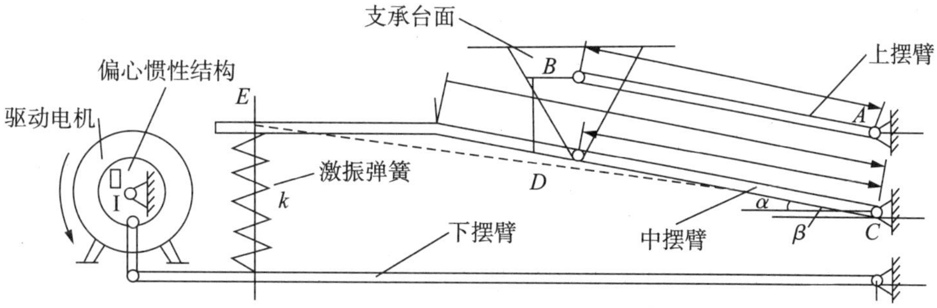

图 6-3　共振式悬架检测台单轮支承结构简图

目前，共振式悬架检测台采用的传感器有两种形式：一种是测力式传感器，测量振动衰减过程中力的变化；另一种是测位移量式传感器，测量振动衰减过程中台面上下位移量的变化。测力式和测位移式悬架装置检测台结构，如图 6-4 所示。

为保证车轮与台面共同振动时，能始终保持垂直受载的水平面上下移动，在台体上设计有上摆臂、中摆臂和下摆臂，并通过 3 个摆臂轴和 6 个轴承安装在箱体上。上摆臂和中摆臂与支承台面连接，构成平行四边形的四连杆机构，以保证振动时台面的上下运动。中摆臂和下摆臂端部之间装有弹簧。驱动电动机的一端装有飞轮，另一端装有凸缘，凸缘上有偏心轴，连接杆一端通过轴承和偏心轴连接，另一端和下摆臂端连接。

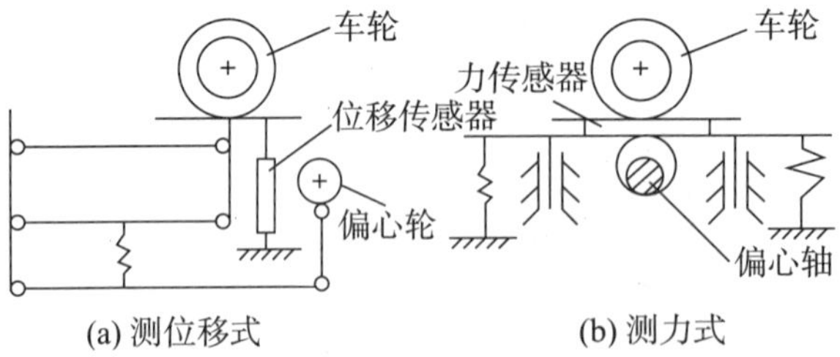

图 6-4 测力式和测位移式悬架检测台结构

电子控制系统主要由计算机、传感器、A/D 转换器、电磁继电器及控制软件等组成。控制软件不仅实现对悬架检测台动作程序的控制，同时也对悬架检测台所采集的数据进行分析和处理，并最终将检测结果显示和打印出来。

2）共振式悬架检测台测试原理

检测时将汽车驶上支承台面，启动测试程序，首先由一侧的电动机带动偏心机构使整个主台系统振动，激振数秒后，带动停在该侧台面上的汽车悬架装置产生振动，待激振系统的振动稳定后，系统电源自动关闭。此后，旋转着的惯性飞轮所储存的能量开始释放，带动车轮悬架系统继续振动。由于电动机旋转产生的激振频率比车轮悬架系统的固有频率高得多，因此，在飞轮振动能量逐渐衰减到零的扫频振动过程中，总可以扫描到汽车悬架装置的固有频率处，而使台面汽车悬架系统产生共振。通过检测台的测量传感器，将此振动过程的振动频率和振动幅度或振动压力信号传输给计算机，经计算机处理后，给出汽车悬架装置的性能评价。用同样的方式启动检测台另一侧的电动机进行激振，得出另一侧车轮的检测结果，最终评价出该车悬架装置性能的好坏，并打印出检测报告和振动曲线。

6.1.3 悬架特性的检测方法

悬架特性的检测，不仅考虑悬架装置对汽车平顺性的影响，更要考虑对汽车操纵稳定性和行驶安全性的影响。它考查的是汽车在最差工作条件下，即地面激振使悬架达到共振时，车轮与地面的接触状态，是一个比较直观的平均方法，既能快速检测，又能综合评价汽车悬架装置的弹簧与减振器的匹配性能及品质。

悬架特性的检测方法如下：

(1) 轮胎规格、气压应符合规定值，不乘人(无驾驶人)。

(2) 将车辆的车轮依次驶上检测台的台面，使轮胎位于台面的中央位置。

(3) 启动检测程序，激振器工作，带动汽车悬架产生振动，使振动频率上升超过系统的共振频率。

(4) 当振动频率超过共振点后，关闭激振器电源，系统振动频率自然衰减(降低)，并通过系统共振点。

(5) 记录衰减振动过程数据及曲线变化，设纵坐标为车轮动态载荷变化值，横坐标为时间。计算并显示车轮动态载荷与静态载荷的百分比，计算同轴左右轮百分比的差值。

6.1.4 悬架特性检测结果分析

《营运车辆综合性能要求和检验方法》(GB18565—2001)中规定，根据我国的实际情况，目前，只对于最大设计车速大于或等于 100 km/h、轴载质量小于或等于 1 500 kg 的载客汽车提出悬架特性要求。悬架特性检测结果满足标准规定的限值，评定为合格；不满足标准规定的限值，评定为不合格。对不合格的车辆应进行调试、修理，直至检测合格为止。

汽车悬架装置是联接车身和车轮的弹性元件系统，在行驶中，传递车轮和车身之间的各种力和力矩；吸收和衰减由路面不平引起的对车身车轮系统的冲击和振动；保证汽车行驶时必要的安全性和操纵稳定性。为避免悬架装置早期损坏，延长其使用寿命，在使用中，要正确驾驶操作车辆，应注意以下几个方面：

(1) 汽车起步要平稳，行驶中尽量避免紧急制动。因为起步过急，悬架系统所承受的负荷增加，容易造成零部件的损坏。汽车紧急制动时，由于惯性力和制动力的作用，使悬架系统同时受到弯曲应力和拉伸应力，这两种力的合力大大超过了垂直弯曲时的应力。紧急制动是造成悬架系统损坏的主要原因。

(2) 转弯要慢。汽车转弯时产生离心力，转弯时的车速越高，所产生的离心力也越大。由于离心力的作用，增加了外侧弹簧的负荷，过急的转弯，不仅可能发生事故，而且还使外侧悬架系统的负荷增大过多，由于其应力过大，故容易损坏。

(3) 保持中速行驶。汽车行驶速度过快，特别是在不平道路上高速行驶，会使悬架系统的变形幅度加大和变形次数增多，加速疲劳或折断。

(4) 避免超载行驶。汽车的装载量超过规定标准时，均会使悬架系统的负荷增大，产生过大的变形应力，使悬架系统的耐疲劳性能降低，会缩短使用寿命。

在悬架系统中，起主要作用的部件是减振器。减振器是最容易发生故障的元件，因而减振器的性能对汽车行驶平顺性和操纵稳定性的影响很大。试验表明，大约 1/4 的汽车至少有一个减振器工作不正常。而有故障的减振器，在行驶中会使车轮轮胎有 30%的路程接地力减少，甚至不与地面接触。这样会造成汽车在行驶中方向发飘，特别是曲线行驶时难以控制；制动时容易跑偏和侧滑；车身长时间的振动影响乘坐舒适性；加重车轮轴承、轴头、轴头螺母、转向拉杆、稳定杆等部件的过载现象。

对在悬架装置检测中不合格的车辆，其可能的故障原因有：

(1) 减振器内部的轴磨损，内部阀片损坏，各密封处漏油，导致减振功能失效。

(2) 减振器外部的紧固螺栓磨损、松动、脱落。

(3) 减振用螺旋弹簧弹性降低，疲劳或折断，造成早期损坏。

(4) 悬架系统各连接部件磨损、松动。

6.2 汽车车轮动平衡检测

随着道路质量的提高和高等级公路及高速公路的出现，汽车行驶速度越来越快，因此对车轮的平衡度要求越来越严格。如果车轮不平衡，则在其高速行驶时，不平衡质量将引起车轮上下跳动和振摆，不仅影响汽车行驶平顺性、乘坐舒适性和操纵稳定性，而且车辆难以控制，也影响了汽车行驶的安全性。此外，还因加剧轮胎及有关机件的磨损和冲击，缩短了汽车的使用寿命，增加了汽车运输成本。因此，车轮平衡问题越来越引起人们的注意。车轮动平衡已成为汽车底盘技术性能检测的主要项目之一。

6.2.1 车轮平衡的概念

1. 车轮静平衡及检测原理

若车轮的质心与旋转中心不重合，则该车轮为静不平衡。静不平衡的车轮在旋转时，由于存在着不平衡质量，因而产生离心力，如图 6-5(a) 所示。

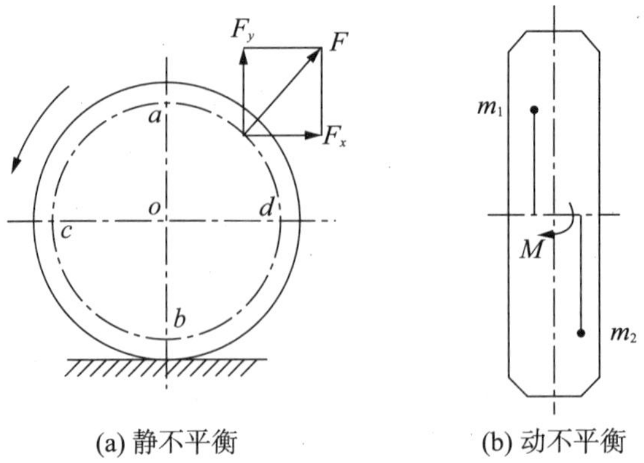

图 6-5　车轮的平衡

该离心力 F 可分解为一个水平分力 F_x 和一个垂直分力 F_y。车轮每转动一周，垂直分力 F_y 在通过车轮旋转中心垂直线的 a、b 两点时达到最大值，且方向相反，易使车轮上下跳动，对于转向轮由于陀螺效应还可导致转向轮摆振；而水平分力 F_x 在通过车轮旋转中心水平线的 c、d 两点时达到最大值，且方向相反，易引起车轮前后窜动，对于转向轮，它将产生绕主销来回摆动的力矩，造成转向轮摆振。当左、右转向轮的不平衡质量相互处于 180°位置时，转向轮摆振将最为严重，从而影响汽车行驶的操纵稳定性。

车轮静不平衡检测时，不考虑不平衡质量在车轮宽度上的分布，只将车轮视为无厚度的旋转圆盘。

车轮静不平衡检测原理，如图 6-6 所示。假设不平衡质量 m 集中在 r(轮辋半径)处。检测时，车轮以角速度 ω 旋转，产生离心力 F，而 F 在应变梁 y 方向上产生应变力，导致应变梁产生应变。理论分析表明，应变梁产生的应变正比于车轮的不平衡力。因此，通过图中传感器检测应变梁产生的最大应变就可确定车轮的不平衡力，从而测得不平衡质量 m，而依据最大应变产生的时刻，则可测得不平衡质量的位置。

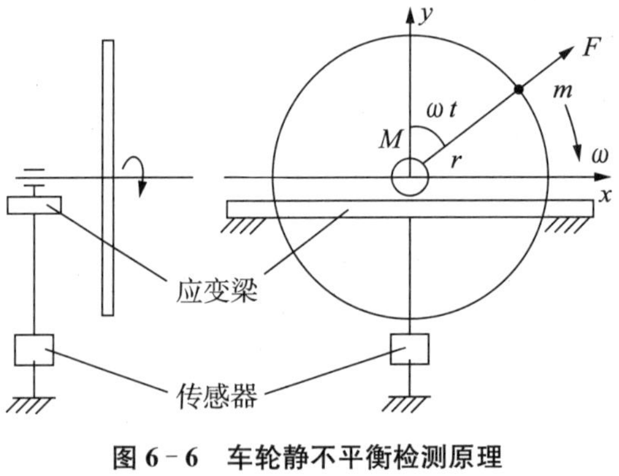

图 6-6　车轮静不平衡检测原理

2. 车轮动平衡

静平衡的车轮，若车轮的质量分布相对于车轮纵向中心面而不对称，如图 6-5(b)所示，则该车轮为动不平衡。假设在不同平面内径向位置相反的 a 点和 b 点上，分别具有作用半径相同、质量相等的质点 m_1 和 m_2，则说明车轮质心与车轮旋转轴线重合，车轮处于静平衡状态。当该车轮旋转时，m_1 和 m_2 将分别产生离心力，虽然其离心力合力为零，但离心力构成的合力矩却不为零。因而，在车轮转动时，由离心力作用而产生的方向反复变动的力矩 M，使车轮处于动不平衡中。若转向轮动不平衡，则车轮转动时，由于力矩 M 的作用，将会造成转向轮绕主销摆振。若在 m_1、m_2 同一作用半径相反的方向上分别配置相同质量，则力矩消失，车轮会处于动平衡。

车轮动不平衡检测原理，如图 6－7 所示。设车轮不平衡质量为 m_1 和 m_2，并集中在轮辋边缘处，车轮转动时，由 m_1、m_2 引起离心力 F_1 和 F_2，水平传感器 A 和垂直传感器 E 感受的支反力分别为 F_A 和 F_E，根据传感器处的动反力来求取两校正面（轮辋两边缘）上离心力 F_1、F_2，而根据 F_1、F_2 来确定两校正面所需的平衡块质量和安装方位。

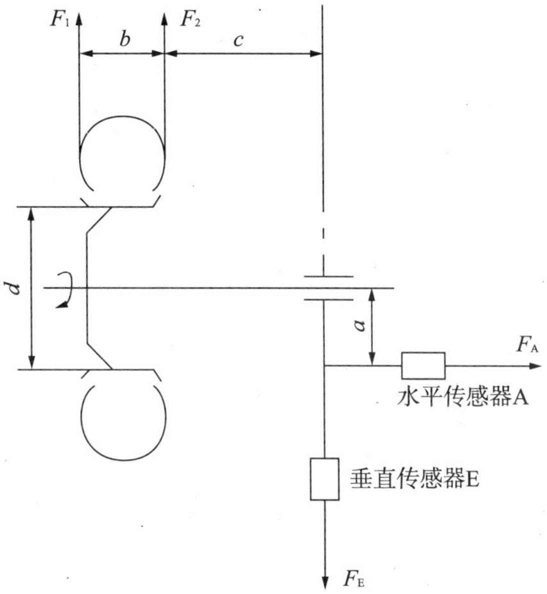

图 6－7　车轮动不平衡检测原理

6.2.2　车轮平衡机的结构原理

1. 车轮平衡机的类型

车轮平衡机按功能可分为车轮静平衡机和车轮动平衡机；按测量方式可分为离车式车轮平衡机和就车式车轮平衡机；按车轮平衡机转轴的形式可分为软式车轮平衡机和硬式车轮平衡机。

2. 离车式车轮平衡机的结构

离车式车轮平衡机目前应用最多的是卧式平衡机，如图 6－8 所示。离车式车轮平衡机一般由驱动装置、转轴与支承装置、显示与控制装置、制动装置、机箱和车轮防护罩等组成。

转轴由两个滚动轴承支承，每个轴承均有一能将动反力变为电信号的传感器。转轴的外端通过锥体和大螺距螺母等固装被测车轮。

显示与控制装置多为计算机式，具有自诊断和自动控制系统，能将传感器的电信号通过计算机运算、分析、判断后显示出不平衡量及相位。

为了使显示的不平衡量恰是轮辋边缘所加平衡块的质量，还必须将测得的轮辋直径 d、轮辋宽度 b 和轮辋边缘至平衡机机箱的距离 a（轮辋外悬尺寸），通过键盘或选择器旋钮输入计算机。

离车式车轮平衡机按动平衡原理工作，既可以检测不平衡力，也可用于测定不平衡力矩。车轮拆离车桥装于平衡机主轴上，一切结构和安装基准都已确定，所以无须自标定过程。平衡机的构造和电测系统都较简单，平衡操作时只要将被测车轮的轮辋直径和轮胎宽度以及安装尺寸输入电测电路即可完成平衡检测，平衡机显示装置会自动显示车轮两侧的不平衡质量及其相应位置。

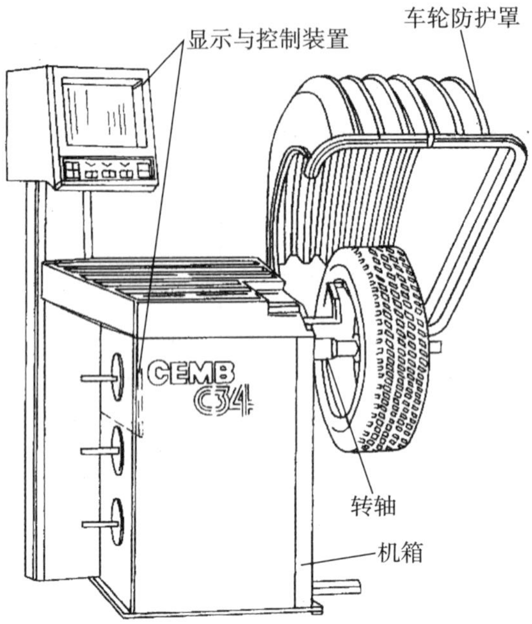

图 6-8　离车式车轮平衡机

3. 就车式车轮平衡机的结构

就车式车轮平衡机,如图 6-9 所示。它主要由驱动装置、传感器支架、电测系统、光电相位检测装置、指示装置等组成。

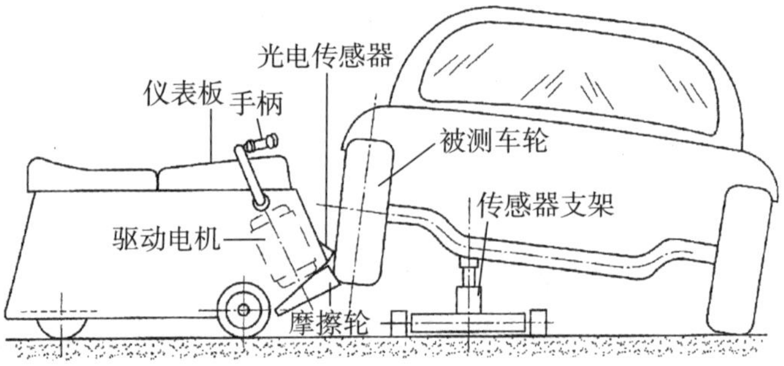

图 6-9　就车式车轮平衡机

驱动装置由电动机和摩擦轮组成,检测从动车轮时,将摩擦轮直接贴靠在车轮的胎面,电动机通过摩擦轮驱动车轮旋转,而检测驱动轮时,可直接由发动机经传动系驱动被测车轮。

传感器支架由可调支架、底座、传感器等组成。检测时,传感器支架在车桥下支承就位,承受车桥重力和不平衡振动力,并将振动信号传给支架内的力传感器。该传感器将不平衡力信号转变成电信号输送给电测系统。

电测系统用来计算和处理各传感器输出的信号,以便得到车轮不平衡质量值和相位值。

光电相位检测装置包括一个强光源和两个光电管,它装在平衡机驱动小车前下部靠近被测轮胎处,其强光源用以照射轮胎上的反光标志,为光电管提供相位信号以供计算机识别,计算机同时根据两个光电管接受反光信号的前后来判断车轮的旋转方向。

指示装置由不平衡度表和相位显示表组成。不平衡度表用来指示车轮的不平衡质量,相位显示表用来指示车轮的不平衡位置。

6.2.3 车轮动平衡的检测方法

1. 用离车式车轮平衡机检测校正车轮动平衡

(1) 根据轮辋中心孔的大小选择锥体，装上被测车轮，用大螺距螺母紧固。

(2) 打开电源开关，检查指示与控制装置的面板是否指示正确。

(3) 用卡尺测量轮辋宽度 b，从轮胎规格查找轮辋直径 d，用平衡机上的标尺测量轮辋边缘至机箱距离 a，用键入或选择器旋钮核准测量值的方法，将 a、b、d 直接输入指示与控制装置中。

(4) 放下车轮防护罩，按下起动键，车轮旋转，平衡测试开始，计算机自动采集数据。车轮自动停转或听到“笛”声，按下停止键并操纵制动装置使车轮停转，从指示装置读取车轮内、外不平衡量和不平衡位置。

(5) 抬起车轮防护罩，用手慢慢转动车轮。当指示装置发出指示(音响、指示灯亮、制动、显示点阵或显示检测数据等)时停止转动。在轮辋的内侧或外侧的上部加装指示装置显示的该侧平衡块质量。

(6) 安装平衡块后可能产生新的不平衡，应重新进行平衡试验，直至不平衡量小于 5 g，指示装置显示“00”或“OK”时才能满意。

2. 用就车式车轮平衡机检测校正车轮动平衡

(1) 车辆准备。用千斤顶支起车轴，两边车轮离地间隙要相等。清除被测车轮上的泥土、石子和旧平衡块。检查轮胎气压，视必要充至规定值。检查轮毂轴承是否松旷，视必要调整至规定松紧度。在轮胎外侧面任意位置上用白粉笔或白胶布做好记号。

(2) 安装车轮动平衡机。用三角木垫住非测试车轮，将就车式车轮动平衡机的测量装置推至被测车轮一端车轴下，传感磁头吸附在悬架下或转向节下，调节可调支杆高度并锁紧。推平衡机至车轮侧面或前面(视车轮动平衡机形式不同而异)。检查频闪灯工作是否正常，检查转动的旋转方向能否使车轮的转动力与前进行驶方向一致。

(3) 动不平衡检测。操纵车轮动平衡机转轮与轮胎接触，起动驱动电机带动车轮旋转至规定转速。观察频闪灯照射下的轮胎标记位置，并从指示装置(第一挡)上读取不平衡量数值。操纵平衡机上的制动装置，使车轮停止转动。用手转动车轮，使其上的标记处在上述观察位置上，此时轮辋的最上部即为加装平衡块的位置。

(4) 按指示装置显示的不平衡量选择平衡块，牢固地装卡到轮辋边缘上。重新驱动车轮进行复查测试，指示装置用二挡显示。若车轮平衡度不符合要求，应调整平衡块质量和位置，直至符合平衡要求。

3. 车轮平衡机使用注意事项

(1) 车轮平衡机装有精密的位移传感器和易碎裂的压电晶体传感器，严禁冲击和敲打主轴和传感器支架。

(2) 在检修车轮平衡机时，传感器的固定螺栓不得松动。

(3) 对严重变形的轮辋或胎面大面积剥离的车轮是不能上机进行平衡检测的。

(4) 当不平衡量超过最大配重时，可用两个以上配重并列使用，但要注意因多个配重占用较大的扇面会使其有效质量低于实际质量。

(5) 一般情况下，离车式车轮平衡机或就车式车轮动平衡机都是分别各自使用的。但对高速行驶的汽车车轮而言，如果用离车式车轮平衡机平衡后再装在车上行驶时，仍会出现不平衡现象，最好能再用就车式车轮平衡机进行校对。

6.2.4 车轮动平衡检测结果分析

车轮动平衡检测时，若其不平衡量小于该车型的规定值，则不必对该车轮进行平衡校正，若其不平衡量超标，则应进行平衡校正。通过平衡校正可使车轮平衡性满足要求，但当不平衡值过大时，或通过平衡校正难以达到要求时，应对车轮做进一步的检查，找出故障原因。

1. 车轮动平衡的检测标准

许多车轮动平衡检测设备当校准至不平衡质量小于 5 g 时，指示装置会显示“00”或“OK”，虽然这种平衡结果最为理想，但完全做到较难。根据实际测试使用情况并参照国外有关标准及资料，一般检测评定办法是：小型车不平衡质量≤10 g，中型车不平衡质量≤20 g 为合格，且车轮每侧轮辋边缘所加平衡块以不超过 3 块为宜。这样评定，既能达到车轮平衡性要求，又能满足经济性的要求。

2. 引起车轮不平衡的主要原因

(1) 轮毂、制动鼓(盘)加工时定心定位不准、加工误差大、非加工面铸造误差大、热处理变形、使用中变形或磨损不均。

(2) 轮胎螺栓质量不等、轮辋质量分布不均或径向圆跳动、端面圆跳动太大。

(3) 轮胎质量分布不均、尺寸或形状误差太大、使用中变形或磨损不均、使用翻新胎或修补胎。

(4) 并装双胎的充气嘴未相隔 180°安装，单胎的充气嘴未与不平衡点标记(经过平衡试验的新轮胎，往往在胎侧标有红、黄、白或浅蓝色的□、△、○、或◇符号，用来表示不平衡点位置)相隔 180°安装。

(5) 轮毂、制动鼓(盘)、轮胎螺栓、轮辋、内胎、衬带、轮胎等拆装后重新组装成车轮时，累计的不平衡质量或形位偏差太大，破坏了原来的平衡。

(6) 前轮定位不准，尤其是前束和主销倾角，不仅影响汽车的操纵稳定性，并且会造成轮胎偏磨，使车轮重心改变。

本章小结

(1) 汽车悬架特性的评价指标为“悬架吸收率”。用悬架装置检测台检测时，受检车辆的车轮在受外界激励振动下测得的吸收率(被测汽车共振时的最小动态车轮垂直载荷与静态车轮垂直载荷的百分比值)应不小于 40%，同轴左右轮吸收率之差不得大于 15%。

(2) 汽车悬架检测台按激振方式不同可分为跌落式悬架装置检测台和共振式悬架装置检测台两种，应用较多的是共振式悬架装置检测台。

(3) 依据《营运车辆综合性能要求和检验方法》(GB18565—2001)中的规定，用共振式悬架装置检测台检测时，将车轮依次静止停放在台面上，启动检测程序，激振器工作，带动汽车悬架产生振动，当振动频率超过系统共振点后，关闭激振源，系统振动频率自然衰减(降低)，在通过系统共振点时测取最小动态载荷。

(4) 影响汽车悬架装置性能的因素有很多，但主要因素是减振器的工作性能，其次是车轮与车身连接部件的性能。

(5)《营运车辆综合性能要求和检验方法》(GB18565—2001)中规定，根据我国的实际情况，目前，只对于最大设计车速大于或等于 100 km/h、轴载质量小于或等于 1 500 kg 的载客汽车提出悬架特性要求。悬架特性检测结果满足标准规定的限值，评定为合格；不满足标准规定的限值，评定为不合格。对不合格的车辆应进行调试、修理，直至检测合格为止。

(6) 车轮静平衡是指车轮质心与其旋转中心重合。若车轮的质心与旋转中心不重合，则该车轮为静不平衡。静平衡的车轮在高速旋转时可能产生不平衡转矩，出现动不平衡，使车轮产生摆振。

(7) 车轮平衡机按功能可分为车轮静平衡机和车轮动平衡机；按测量方式可分为离车式车轮平

衡机和就车式车轮平衡机;按车轮平衡机转轴的形式可分为软式车轮平衡机和硬式车轮平衡机。离车式车轮平衡机一般由驱动装置、转轴与支承装置、显示与控制装置、制动装置、机箱和车轮防护罩等组成。

(8) 车轮动平衡检测时,若其不平衡量小于该车型的规定值,则不必对该车轮进行平衡校正,若其不平衡量超标,则应进行平衡校正。

复习思考题

1. 判断题

(1) 最大设计车速大于等于 100 km/h 的车辆,应检测其悬架特性。 (　　)

(2) 悬架特性只能用悬架装置检测台进行检测。 (　　)

(3) 悬架装置性能损坏的汽车,不仅影响汽车行驶的平顺性,也会使汽车的操纵稳定性下降,汽车的行驶安全性变坏。 (　　)

(4) 更换悬架的螺旋弹簧时,要同时更换左右两个螺旋弹簧。 (　　)

(5) 车轮动不平衡不会导致汽车高速行驶摆振。 (　　)

(6) 若车轮的质心与旋转中心不重合,则该车轮为静不平衡。 (　　)

(7) 汽车悬架装置的工作性能可以用车轮接地性指数表征。 (　　)

(8) 车轮动平衡检测时,若其不平衡量小于该车型的规定值,应进行平衡校正。 (　　)

(9) 对严重变形的轮辋或胎面大面积剥离的车轮不能进行动平衡检测。 (　　)

(10) 汽车悬架装置的工作性能可以用车轮接地性指数表征。 (　　)

2. 选择题

(1) 汽车悬架检测台主要用于测试汽车(　　)的性能。

A. 弹性元件　　B. 导向装置　　C. 减振器

(2) 进行悬架特性检验时,所测得的“吸收率”是指(　　)。

A. 最小动态车轮垂直载荷与静态车轮垂直载荷的百分比值

B. 最大动态车轮垂直载荷与静态车轮垂直载荷的百分比值

C. 静态车轮垂直载荷与最小动态车轮垂直载荷的百分比值

(3) 用悬架装置检测台检测时,受检车辆的车轮在受外界激励振动下测得的吸收率应不小于40%,同轴左右轮吸收率之差不得大于(　　)。

A. 10%　　B. 15%　　C. 20%

(4) 离车式车轮动平衡机专用卡尺用于测量(　　)

A. 轮辋直径　　B. 轮辋宽度　　C. 轮辋边缘至平衡机机箱的距离

(5) 车轮动平衡检测,若其不平衡质量超过(　　)时,需进行车轮平衡校正。

A. 3 g　　B. 4 g　　C. 5 g

3. 填空题

(1) 汽车悬架装置是汽车行驶系统的一个重要装置,是将车身与车轴弹性连接的部件,通常由弹性元件、________和________三部分组成。

(2) 汽车悬架装置工作性能的检测方法有________、________和悬架检测台检测法。

(3) 共振式悬架检测台采用的传感器有两种形式：一种是________传感器，测量振动衰减过程中力的变化；另一种是________传感器，测量振动衰减过程中台面上下位移量的变化。

(4) 离车式车轮平衡机一般由________、________、显示与控制装置、制动装置、机箱和车轮防护罩等组成。

(5) 用离车式平衡机进行车轮动平衡检测时，只需输入被测车轮的________和________，以及轮辋边缘至平衡机机箱的距离，即可进行平衡检测。

4. 问答题

(1) 简述悬架特性的检测标准。

(2) 简述悬架特性的检测方法。

(3) 如何用简易方法进行车轮静平衡检验？

(4) 如何用离车式车轮平衡机检测校正车轮动平衡？

7 汽车排气污染物与噪声检测

学习目标

知识目标

(1) 熟悉汽车尾气分析仪和烟度计的结构与检测原理；
(2) 掌握汽车排气污染物的检测方法和检测标准；
(3) 了解汽车排气污染物的主要成分及其危害。

能力目标

(1) 学会正确使用汽车尾气分析仪和烟度计；
(2) 学会应用汽车废气分析仪和烟度计进行汽车尾气排放检测；
(3) 能够正确判定检测结果并分析尾气排放超标的原因。

随着汽车保有量的增加，汽车排气污染物与噪声造成的环境污染情况日趋严重，检测并控制汽车排气污染物与噪声，对于保护人类生存环境具有重要意义。用排气分析仪和烟度计检测汽车排气污染物浓度，控制排气污染物的扩散；用声级计检测汽车噪声，将其限定在允许范围内，以达到环境保护的目的。

7.1 汽车排气污染物评价指标

7.1.1 汽车排气污染物评价指标

1. 汽油车排气污染物评价指标

1）一氧化碳(CO)

在采用双怠速法和简易工况法检测汽油车排气污染物时，排气中CO的计量单位为体积分数(即体积浓度)，用“%”表示。在采用瞬态工况法和简易瞬态工况法检测排气污染物时，排气中CO的计量单位为质量单位，用“g/km”表示。

2）碳氢化合物(HC)

在采用双怠速法和简易工况法检测汽油车排气污染物时，排气中HC的计量单位为体积分数(即体积浓度)，用“10^{-6}”表示。在采用瞬态工况法和简易瞬态工况法检测排气污染物时，排气中HC的计量单位为质量单位，用“g/km”表示。

3）氮氧化物(NO_x)

在采用简易工况法检测汽油车排气污染物时，排气中NO_x的计量单位为体积分数(即体积浓度)，用“10^{-6}”表示。在采用瞬态工况法和简易瞬态工况法检测排气污染物时，排气中NO_x的计量单位为质量单位，用“g/km”表示。

4）过量空气系数(λ)

过量空气系数(λ)是指燃烧1 kg燃料的实际空气量与理论上所需空气量之比。在采用双怠速法检测汽油车排气污染物时，要对λ进行测定。对于使用闭环控制电子燃油喷射系统和三元催化转化器技术的汽车，也需进行λ的测定。发动机转速为高怠速时，λ应在1.00±0.03或制造厂家规定的范围内。

2. 柴用车排气污染物评价指标

(1) 对于2001年10月1日以前生产的柴油车排气烟度，采用GB3847—2005规定的自由加速试验，使用滤纸式烟度计进行检测，排气烟度值为波许(Bosch)单位，用“Rb”表示。

(2) 对于2001年10月1日以后生产的柴油车排气烟度，采用GB3847—2005规定的自由加速试验，使用不透光烟度计进行检测，排气烟度值为光吸收系数K，用“m^{-1}”表示。

(3) 在采用加载减速法检测柴油车排气烟度时，排气烟度值为光吸收系数K，用“m^{-1}”表示。

7.1.2 汽车排气污染物及其危害

汽车排气污染物主要有CO、HC、NO_x、碳烟，以及硫化物(主要是SO_2)等。汽车排气污染物中，CO、HC、NO_x和碳烟主要来源于汽车尾气的排放，少部分来自曲轴箱窜气，还有部分来自油箱和整个供油系统的蒸发与滴漏。

CO是一种无色、无嗅的气体。人体通过呼吸道吸入CO，并经肺部吸收进入血液，由于CO与血红色素的亲和力是氧的 300 倍，能很快形成碳氧血色素，使血色素丧失输氧能力。当进入血液中的 CO 达到一定浓度后，人体会因缺氧出现中毒症状，如头晕、恶心、四肢无力，严重时甚至昏迷不醒，直至死亡。

汽车尾气中的 HC 有 200 多种，其中 C_2H_4 在大气中的体积分数达 0.5×10^{-6} 时，能使一些植物发育异常。汽车尾气中还发现有 32 种多环芳烃，包括苯并芘等致癌物质。当苯并芘在空气中的质量浓度达到 0.012 $\mu g/m^3$ 时，得肺癌的人数会明显增加。离公路越近，公路上汽车流量越大，肺癌死亡率越高。

汽车尾气中的 HC 和 NO_x 在太阳光紫外线作用下，会进行一系列光化学反应，生成臭氧(O_3)和过氧化酰基硝酸盐(PAN)等光化过氧化产物，以及各种游离基、醛、酮等成分，形成一种毒性较大的浅蓝色烟雾，即光化学烟雾，其对健康的危害主要表现为刺激眼睛，引起红眼病；刺激鼻、咽喉、气管和肺部，引起慢性呼吸系统疾病。光化学烟雾能使树木枯死，农作物大量减产；能降低大气的能见度，妨碍交通。

汽车尾气中的 NO_x 含量较少，但毒性很大，其毒性是含硫氧化物的 3 倍。氮氧化物进入肺泡后，能形成亚硝酸和硝酸，对肺组织产生剧烈的刺激作用，增加肺毛细管的通透性，最后造成肺气肿。亚硝酸盐则与血红蛋白结合，形成高铁血红蛋白，引起组织缺氧。NO_x 达 5×10^{-6} 时，就会对哮喘病患者有影响，若在 $100\times10^{-6}\sim150\times10^{-6}$ 的高浓度下连续呼吸 30～60 min，就会使人陷入危险状态。即使 NO_x 浓度很低，也会对某些植物产生不良影响。

汽车尾气中的二氧化硫(SO_2)和悬浮颗粒物，会增加慢性呼吸道疾病的发病率，损害肺功能。SO_2 有强烈的气味，它本身可刺激咽喉与眼睛，严重时可使人中毒，引起呼吸道疾病。SO_2 还是形成酸雨的主要成分，能严重污染河流、湖泊等水系，使土壤和水源酸化，殃及野生动植物的生存安全，破坏自然界的生态平衡。

碳烟颗粒中对人体和大气环境危害最大的是 2.5 μm 左右的微粒，它悬浮于离地面 1～2 m 高的空气中，容易被人体吸收。对人体危害大的是碳烟颗粒上夹附的 SO_2 和多环芳香烃、苯并芘等有害物质。

7.1.3 汽车排气污染物生成机理

1. 一氧化碳(CO)

CO 是汽油中烃类燃烧的中间产物。理论上，当空燃比等于或大于理论空燃比时，混合气将实现完全燃烧，生成 CO_2 和 H_2O；现实中，由于混合气分布不匀，会出现局部缺氧情况，不可避免地产生 CO。同时就算燃料和空气混合很均匀，由于燃烧的高温也会使一部分 CO_2 分解成 CO 和 O_2。另外排气中的 H_2 和未燃烧的 HC 也可使排气中的一部分 CO_2 还原成 CO。

柴油机 CO 主要源于喷注中过浓部分的不完全燃烧。只有较低负荷，温度过低以及高负荷和在喷油过程中，在高压油管内燃油波动造成的二次喷射和喷油器滴漏等不正常喷射的情况下，才会出现较高的 CO 排放值，即 CO 排放值随过量空气系数的变化呈两头高、中间低的特点。

2. 碳氢化合物(HC)

汽车排气污染物中的 HC 是由发动机未燃尽的燃料分解产生的气体。另外，由于发动机气缸壁淬冷作用使缸壁表面约 0.5 mm 厚度(称为淬冷层)的混合气无法燃烧，而由排气管排出。

在柴油机中 HC 的形成，主要有两个原因：一是在滞燃期中，处于喷注前缘的极稀混合气，其浓度远低于燃烧极限而无法着火。其中的一部分混合气，在后续过程中，避开了缸内燃烧而被排出。滞燃期越长，滞燃期中的喷油量越多，过分稀释的混合气也越多，HC 的排放也就增多。二是喷油过程中，混合气由于混合不良导致 HC 增多。最主要的情况是燃油的喷射期过长。总体上看，柴油机低负荷时，混合气更稀，缸内温度又低，所以 HC 排放量随负荷减小而上升。

3. 氮氧化物(NO_x)

NO_x 是空气在燃烧室的高温条件下,由空气中的 N 和 O 反应生成。燃烧废气的温度越高,燃烧后残留的氧气浓度越大,高温维持时间越长,NO_x 的生成量越多。发动机刚排出的 NO_x 中,有少量的 NO_2,但大部分是 NO。在大气中,NO 会很快氧化成 NO_2。通常把 NO 和 NO_2 统称为 NO_x。

4. 微粒和碳烟

微粒和碳烟是柴油机燃烧不完全的产物,它是由直径较小的多孔性碳粒构成。一般认为,燃烧时的一段高温和局部存在特别浓的混合气,是微粒和碳烟产生的必要条件。混合气越浓,其中碳成分就越多,柴油机喷注中,混合气浓度由芯部的极浓到前缘的极稀,即使在空气混合后也会由于浓稀不均而在较浓区域产生自由碳。由于柴油机总体混合气都偏稀,较浓区域生成的自由碳在往后的过程中,是否会被富裕的空气所氧化,涉及燃料的裂解成碳和燃料的氧化二者之间的总体平衡问题。柴油机微粒和碳烟主要形成缓燃期的扩散燃烧区和后燃期以及二次喷射和喷油器滴漏。

7.2 汽车排气污染物检测设备

目前用于汽油车排气污染物分析测试的仪器主要有:不分光红外线分析仪、氢火焰离子分析仪、化学发光分析仪。用于柴油机排气烟度分析测试的仪器有:滤纸式烟度计、不透光烟度计。

7.2.1 汽车排气分析仪

1. 不分光红外线分析仪

不分光红外法(NDIR)是指红外光源发射出的连续光谱全部通过长度固定的含有被测气体混合组分的气体层,利用待测气体成分对特定波长的红外辐射能的吸收程度来测定它的浓度,然后测量温度变化或由红外探测器将热量变化转换成为压力变化,进而测定温度或压力参数以完成对气体浓度的定量分析。实现这一原理的方法经历了不同的发展阶段,即两组分排气分析仪和多组分排气分析仪。

不分光红外线分析仪是一种能从汽车排气管中采集气样,并对其中所含 CO 和 HC 的浓度进行连续测量的仪器。它由废气取样装置、气体分析装置、浓度指示装置和校准装置组成。

1) 废气取样装置

该装置由取样头、滤清器、导管、水分离器和泵等组成,如图 7-1 所示。通过取样头、导管和泵从汽车排气管中采集废气,经滤清器和水分离器除去废气中的碳渣、灰尘和水分后,送入气体分析装置。

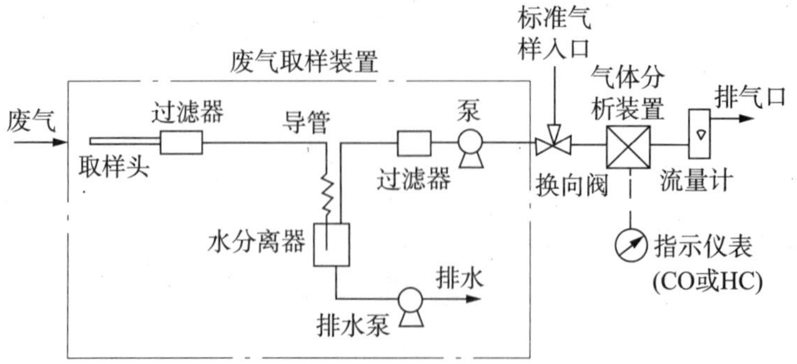

图 7-1 废气取样装置组成示意图

2) 气体分析装置

该装置根据废气中 CO、HC 能分别吸收不同波长红外线能量的原理，从来自取样装置的混有多种成分的废气中，分别测量出 CO 和 HC 的浓度，并以电信号形式输送给浓度指示装置。

分析仪的测量原理是建立在一种气体只能吸收其独特波长的红外线特性基础上的。即是基于大多数非对称分子对红外线波段中一定波长具有吸收功能，而且其吸收程度与被测气体的浓度有关。如 CO 能够吸收 4.5～5 μm 波长的红外光线，CO_2 能吸收 4～4.5 μm 波长的红外线，CH_4 能吸收 2.3 μm、3.4 μm、7.6 μm 波长的红外线，NO 能吸收 5.3 μm 波长的红外线。

气体分析装置由红外线光源、气样室、旋转光栅和传感器组成，如图 7－2 所示。气样室由比较室和试样室构成，其中比较室内充满不吸收红外线能量的气体(如 N_2)，以作为比较之用；而试样室则可接受连续流过的废气，以供分析。检测室用于吸收红外光的能量，它由容积相等的左右两腔构成，中间用兼作电容传感器极板的金属膜片隔开，两腔充有相同浓度的被测气体，如测废气中 CO 含量时，两腔均充有 CO，而测 HC 含量时，充有 C_6H_{14} 气体。在过滤室中充有干扰气体，其作用是预先滤掉干扰气体所能吸收的那部分波段，以防检测时排气中所含的干扰气体的干涉而产生测量误差，如分析 CO 时，在过滤室中充入 CO_2、HC_4 等，就可在分析时不受排气中 CO_2 和 HC_4 的干扰。旋转光栅的作用是交替遮挡和让开红外线，使两极间的电容循环变化，从而产生交替信号，有利于测量。

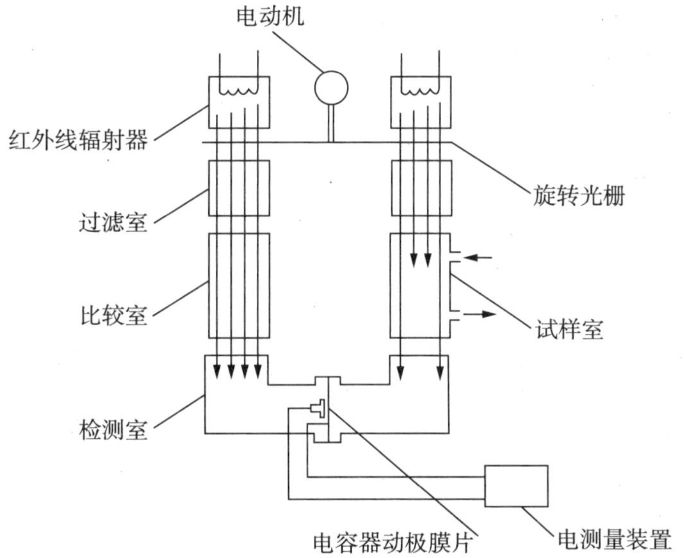

图 7－2　气体分析装置结构原理图

3) 浓度指示装置

浓度指示装置由 CO 指示装置和 HC 指示装置组成。CO 的浓度以体积百分数(%)表示；HC 浓度以正己烷当量体积的百万分数(10^{-6})表示。

4) 校准装置

校准装置是一种为了保持分析仪的指示精度，使之能准确指示测量值的装置。在分析仪上通常设有标准气样校准装置，即把分析仪生产厂附带的供校准用的标准气样，从分析仪上专设的标准气样注入口直接送到废气分析装置，再通过比较标准浓度值和指示值的方法来进行校准。

2. 氢火焰离子分析仪

氢火焰离子法(FID)是目前测定排气污染物中 HC 的最好方法，有很高的灵敏度(可达 10^{-9} 数量级)，线性度好，动态响应快，受环境温度及大气压力等外界影响因素小。不但用于稳定工况测试，还可用于瞬态工况测试。

FID 的工作原理是基于有机碳氢化合物在氢火焰中燃烧产生大量电离的现象来测定 HC 浓度的。因电离度与引入火焰中的碳氢化合物分子中碳原子数成正比，故此法对不同类型的烃没有选择性，因而只能测定 HC 的总量。

氢火焰离子分析仪通常由燃烧器、离子收集器及测量电路组成，其工作原理如图 7-3 所示。被测气体与含有 40% H_2（其余为 He）的燃料气体混合后进入燃烧器，并与引入的空气一起形成可燃混合气。此时用点火丝点燃，HC 便在氢火焰的高温（2 000℃左右）中，裂解产生元素态碳，然后形成碳离子，在 100～300 V 外加电压作用下形成离子流，这个离子流（电流）的强度与 HC 中 C 原子数成正比，可见只要测出这个离子电流的大小，就可得到 HC 的浓度。

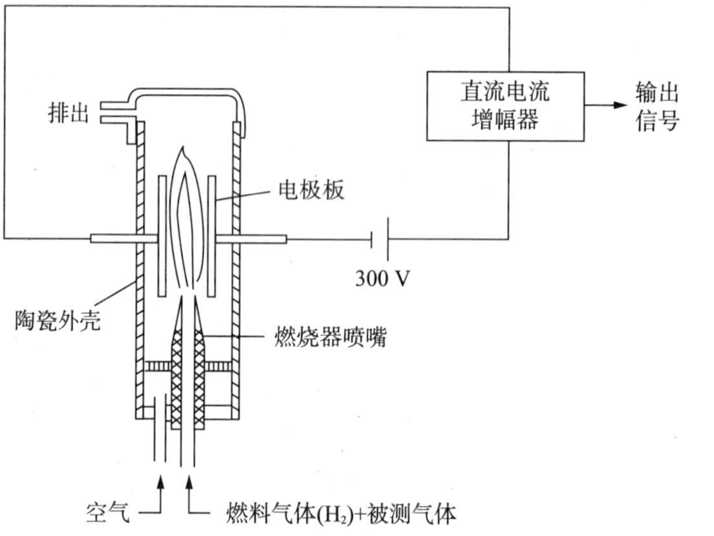

图 7-3　FID 工作原理示意图

3. 化学发光分析仪

用化学发光法（CLD）分析排气中的 NO_x 是目前最好的方法。采用 CLD 测量 NO_x，其灵敏度高，体积分数可达 10^{-7}，响应特性好，在 $0 \sim 10^{-2}$ 范围内具有良好的线性输出。

化学发光分析仪的检测原理，如图 7-4 所示。检测时，O_2 持续不断地进入臭氧发生器，产生的臭氧 O_3 进入反应室。在检测 NO 时，汽车尾气经二通阀后直接进入反应室，NO 与 O_3 反应产生化学发光，经

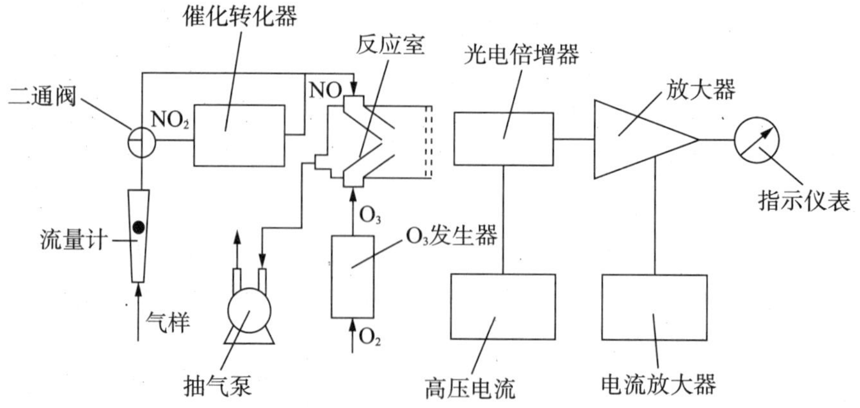

图 7-4　CLD 检测原理图

滤光片进入光电倍增器，反映 NO 浓度的电信号经信号放大器输出，并由指示仪表显示，其测量结果是 NO 的浓度。检测 NO_2 时，转动二通阀，汽车尾气全部经催化转化器，其中的 NO_2 在此转化为 NO，然后进入反应室再与 O_3 反应，这时仪器测出的是 NO 与 NO_2 的总和 NO_x，再利用测定的 NO_x 和 NO 的浓度差值，可以测出 NO_2 的浓度。为使 NO_2 全部转化成 NO，催化转化器的工作温度必须在 650℃以上。使用滤光片的目的是分离给定的光谱区域，以避免反应气体中其他一些化学发光的干扰。

4. 四气体/五气体分析仪

四气体/五气体分析仪是根据汽车排放法规的要求，将各种废气成分分析仪有机组合成一体的检测仪器，它可以对排放法规中规定的全部气体排放物进行分析测量。即用 NDIR 测量 CO 和 CO_2，用 FID 测量 HC，用 CLD 测量 NO_x。

为适应电控燃油喷射发动机汽车检测需要，现代开发的汽车排气分析仪增加了 O_2 的检测功能，用氧传感器测量 O_2，即能检测五种气体（CO、CO_2、HC、NO_x、O_2）成分的浓度，并通过对排气中的 CO、HC、CO_2、O_2 浓度进行计算可得出相应的空燃比的值。因 CLD 法测量 NO_x 浓度的设备结构复杂，现在的五气体分析仪不用 CLD 法，而多采用 NDIR 测量 NO_x 浓度，但其测量的精度较低。

7.2.2 烟度计

1. 滤纸式烟度计

滤纸式烟度计有手动、半自动和全自动三种类型。滤纸式烟度计主要由取样装置、烟度测量与指示装置、控制装置、校准装置等组成，如图 7-5 所示。

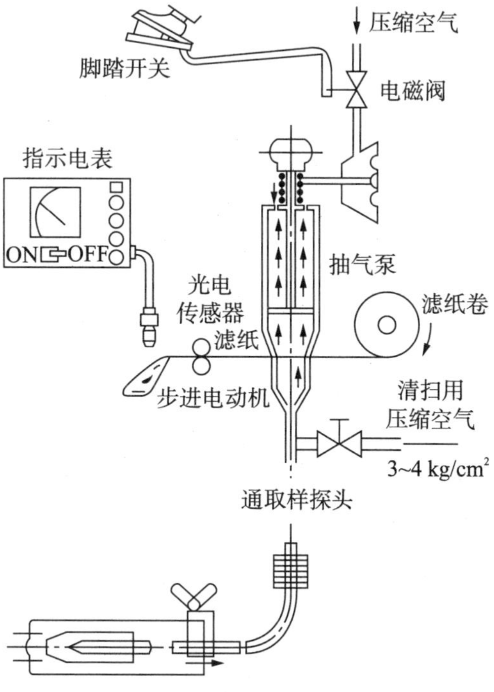

图 7-5　滤纸式烟度计结构简图

1）取样装置

取样装置的作用是将柴油机的碳烟取出并吸附于滤纸上，然后送到烟度检测装置。取样装置由取样探头、活塞式抽气泵和取样软管等组成。取样软管把取样探头与活塞式抽气泵连接在一起，取样探头的结构形式能保证在取样时不受排气动压的影响。取样时，滤纸在泵筒内，取样探头在活塞式抽气泵的作用下抽取废气，抽气时碳烟留在滤纸上并将其染黑，夹持机构保证滤纸的有效工作面直径为32 mm。取样完成后，滤纸夹持机构松开，染黑滤纸由进给机构送至烟度检测装置。

2）烟度测量与指示装置

烟度测量与指示装置，如图 7-6 所示。由环形硒光电池、光源和指示仪表构成。检测时，光源的光线通过有中心孔的环形光电池照射到滤纸上，一部分光线被滤纸上的碳烟所吸收，另一部分光线被滤纸反射到环形硒光电池上，使光电池产生电流。光电流的大小反映了滤纸反射率的大小，而滤纸反射率则取决于滤纸的染黑程度。滤纸染黑程度越高，则滤纸反射率越低，光电流就越小；滤纸染黑程度越小，则滤纸反射率越高，光电流就越大。

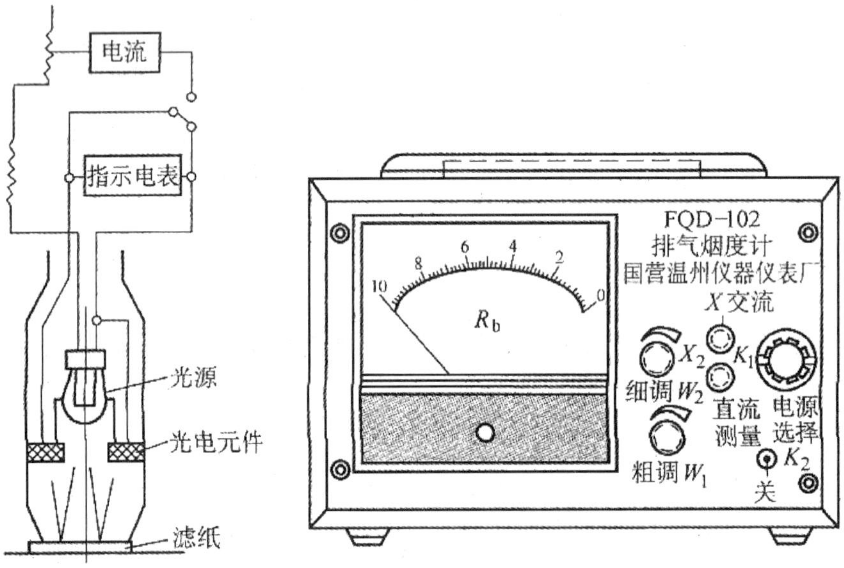

图 7-6　烟度测量与指示装置

指示仪表是一块微安表，当由硒光电池输送来的电流强度不同时，指示仪表指针的位置也不同。实际使用的烟度计上，多数指示仪表盘的刻度为 0～10 的均匀刻度，用波许单位(R_b)表示，测量全白滤纸时指针位置为 0，测量全黑滤纸时指针位置为 10，在表盘上可以直接读出波许单位烟度值。

3）控制机构

控制机构包括用脚操纵的抽气泵电磁开关、滤纸进给机构和压缩空气清洗机构等。压缩空气清洗机构可在废气取样前，用压缩空气清除探头和取样管内积存的碳粒，以避免前一次测量残留在取样管内的碳烟影响。

4）校准装置

烟度计在使用过程中，由于电源电压的变化，会引起灯光发光强度改变，影响测量精度，因此要经常校准。通常烟度计附带有供标定用的标准烟样纸，烟度校准时，把标准烟样纸放在烟度计测量装置的规定位置上，开灯照射，再用仪表调整旋钮把仪表指针调到标准烟样纸所代表的污染度数值上。

滤纸式烟度计具有结构简单，调整方便，使用可靠，测量精度较高等优点，它曾广泛用于各国柴油车烟度检测，目前，我国许多检测站仍在使用滤纸式烟度计。

2. 不透光度烟度计

不透光烟度计是根据光在排气中被烟气消减程度来测量烟度的仪器。不透光烟度计分为全流式不透光烟度计和分流式不透光烟度计两类。全流式不透光烟度计是通过测量全部排气的透光衰减率来检测烟度，而分流式不透光烟度计是通过测量部分烟气的透光衰减率来检测烟度。

1）基本检测原理

不透光烟度计主要由光源、光通道、光接收器等组成，其基本检测原理如图 7－7 所示。不透光烟度计光源发出的可见光通过一定有效长度的、充满被测烟气的光通道，其光强度被烟气吸收，而透过烟气被衰减的光量到达光吸收器，于是光吸收器输出与光强度衰减成正比的不透光度信号，从而检测烟度。

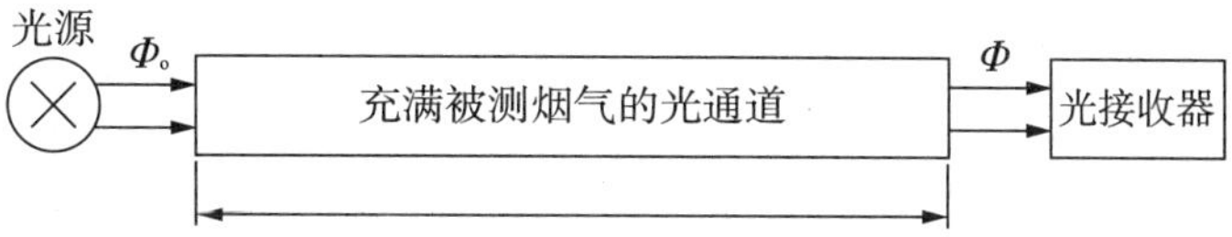

图 7－7　不透光烟度计基本检测原理

排气对光的吸收（或衰减）能力反映了排气烟度的大小，可用光吸收系数（K）表示。光吸收系数（K）表示光束被单位长度的排烟衰减的一个系数，它是单位体积的微粒数 n，微粒的平均投影面积 A 和微粒的消光系数 Q 三者的乘积。在测量排烟时，碳烟颗粒的 A 和 Q 值对于柴油机大部分运行工况变化不大，而每个颗粒本身的密度也大致相等，因此，可近似认为光吸收系数与碳烟的质量浓度成正比。

根据光的透射原理为

$$\Phi = \Phi_o e^{-KL}$$

式中　Φ_o——入射光通量，lm；

Φ——出射光通量，lm；

K——光吸收系数，m^{-1}；

L——光通道有效长度，m。

由上式可得

$$K = \frac{1}{L}\ln\frac{\Phi}{\Phi_o}$$

根据 GB3847—2005 规定，用光吸收系数作为柴油车排放烟度的评价指标，因此不透光烟度计应使用光吸收系数作为计量单位，它是一种光吸收的绝对单位。但有的不透光度烟度计用不透光度作为计量单位，其不透光度是指光线被排烟吸收而不能到达光接收器的百分率。仪表的不透光度可换算为光吸收系数，公式为

$$K = -\frac{1}{L}\ln\left(1 - \frac{N}{100}\right)$$

式中　N——不透光度读数，%；

K——相应的光吸收系数值。

两种计量单位的刻度范围均以光全通过时为零，光全吸收时为满量程。即烟气完全不吸光时，$N=0$，$K=0$；光线完全被烟气吸收时，$N=100$ 时，$K=\infty$。

2）全流式不透光烟度计结构原理

全流式不透光烟度计结构原理，如图 7－8 所示。它基于光电转换原理，用透光度来测定排烟浓度。在排气管口端不远处的排气烟束两侧分别布置有光源和光电池，排烟时，光电池接受的不透光度信号与排气烟度成正比。为了减少排气的热影响，光源和光电元件放在离排气通道有一定距离的地方。

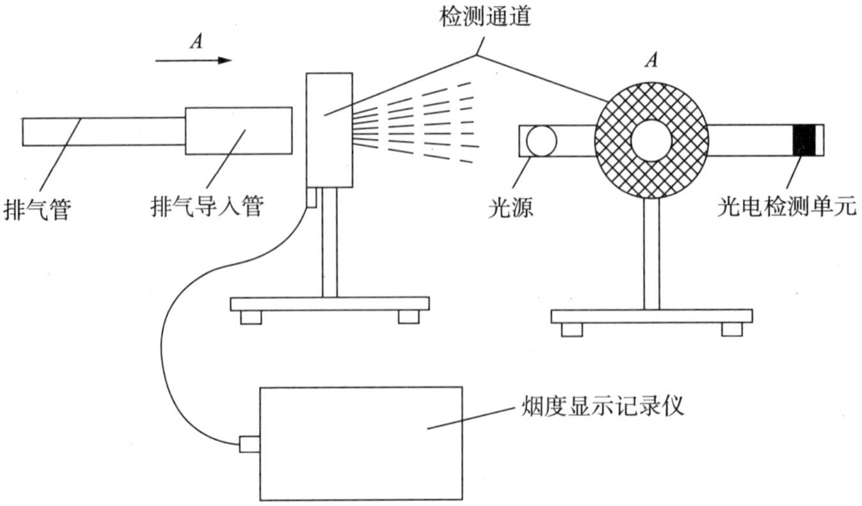

图 7－8　全流式不透光烟度计结构原理图

3）分流式不透光烟度计结构原理

分流式不透光烟度计利用光线通过部分烟气时透光的衰减率来测量排气烟度，其结构原理如图 7－9所示。测定前，用鼓风机向空气校正管吹入干净空气，旋转转换手柄，使光源和光电池分别置于校正管两侧，作零点校正。然后，再旋转转换手柄，将光源和光电池移至测试管两侧并把需要测定的一部分排气连续不断地导入测试管，光源发出的光部分被排气中的烟气吸收衰减，光电检测单元可连续测出光源发射光透过排放气体的透光强度，并通过光电转换显示测量结果。烟度指示值以 0 表示无烟，以 100 表示全黑。

不透光烟度计可以对柴油车排气进行连续测量，可按排放法规的要求进行稳态和非稳态工况下的烟度测量，在低烟度时有较高的分辨率，目前，在世界各国得到了广泛应用。

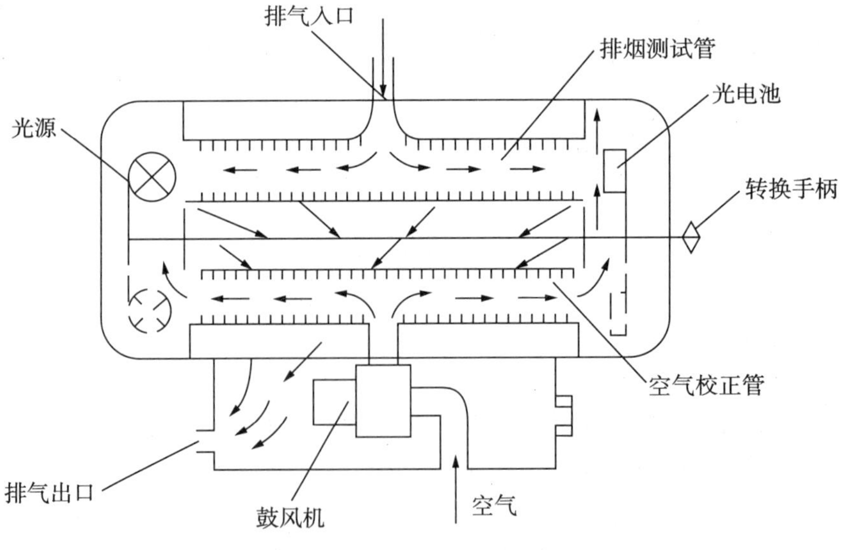

图 7－9　分流式不透光烟度计结构原理图

7.3 汽车排气污染物检测方法

7.3.1 汽车排气污染物限值

1. 汽油车排气污染物排放限值

目前，我国制定汽车排放标准主要从两方面考虑，一是针对汽车制造厂新车定型的型式认证和生产一致性检查；另一是针对在用车辆(营运车辆)。

根据《点燃式发动机汽车排气污染物排放限值及测量方法(双怠速法及简易工况法)》(GB18285—2005)，装用点燃式发动机的新生产汽车，其型式核准和生产一致性检查的排气污染物排放限值，如表7－1所示；在用汽车排气污染物排放限值，如表7－2所示。

表7－1　新生产汽车排气污染物排放限值(体积分数)

车　型	类　别			
	怠　速		高怠速	
	CO/%	HC/10^{-6}	CO/%	HC/10^{-6}
2005年7月1日起新生产的第一类轻型汽车	0.5	100	0.3	100
2005年7月1日起新生产的第二类轻型汽车	0.8	150	0.5	150
2005年7月1日起新生产的重型汽车	1.0	200	0.7	200

表7－2　在用汽车排气污染物排放限值(体积分数)

车　型	类　别			
	怠　速		高怠速	
	CO/%	HC/10^{-6}	CO/%	HC/10^{-6}
1995年7月1日前生产的轻型汽车	4.5	1 200	3.0	900
1995年7月1日起生产的轻型汽车	4.5	900	3.0	900
2000年7月1日起生产的第一类轻型汽车	0.8	150	0.3	100
2001年10月1日起生产的第二类轻型汽车	1.0	200	0.5	150
1995年7月1日前生产的重型汽车	5.0	2 000	3.5	1 200
1995年7月1日起生产的重型汽车	4.5	1 200	3.0	900
2004年9月1日起生产的重型汽车	1.5	250	0.7	200

注：① 轻型汽车：指最大总质量不超过3 500 kg的M_1类、M_2类和N_1类车辆。

M_1类车指至少有4个车轮，或有3个车轮且厂定最大总质量超过1 000 kg，除驾驶人座位外，乘客座位不超过8个的载客车辆。

M_2 类车指至少有 4 个车轮，或有 3 个车轮且厂定最大总质量超过 1 000 kg，除驾驶人座位外，乘客座位超过 8 个，且厂定最大总质量不超过 5 000 kg 的载客车辆。

N_1 类车指至少有 4 个车轮，或有 3 个车轮且厂定最大总质量超过 1 000 kg，厂定最大总质量不超过 3 500 kg 的载货车辆。

② 第一类轻型汽车：设计乘员数不超过 6 人(包括驾驶人)，且最大总质量≤2 500 kg 的 M_1 类车。

③ 第二类轻型汽车：本标准适用范围内除第一类车以外的其他所有轻型汽车。

④ 重型汽车：指最大总质量超过 3 500 kg 的车辆。

⑤ HC 容积浓度值按正己烷当量。

⑥ 高怠速：轻型汽车规定为(2 500±100)r/min；重型汽车规定为(1 800±100)r/min；如有特殊规定的，按照制造厂技术文件中规定的高怠速转速。

对于使用闭环控制电子燃油喷射系统和三元催化转化器技术的汽车进行过量空气系数(λ)的测定。发动机转速为高怠速转速时，λ 应在 1.00±0.03 或制造厂规定的范围内。进行 λ 测试前，应按照制造厂使用说明书的规定预热发动机。

2. 柴油车排气烟度限值

根据《车用压燃式发动机和压燃式发动机汽车排气烟度排放限值及测量方法》(GB3847—2005)，对标准实施前后的在用汽车，按照生产日期规定了不同的排放限值。

1) 对于 2001 年 10 月 1 日前生产的在用汽车

自 1995 年 6 月 30 日以前生产的在用汽车和 1995 年 7 月 1 日起至 2001 年 9 月 30 日期间生产的在用汽车，应按《在用汽车自由加速试验滤纸式烟度法》的要求进行在自由加速试验，所测得的自由加速烟度排放限值，如表 7－3 所示。

表 7－3　柴油车自由加速烟度排放限值

汽车类型	烟度值/Rb
1995 年 6 月 30 日前生产的在用车	5.0
1995 年 7 月 1 日至 2001 年 9 月 30 日期间生产的在用车	4.5

2) 对于 2001 年 10 月 1 日起生产的在用汽车

自 2001 年 10 月 1 日起至 2005 年 7 月 1 日生产的在用汽车，应按标准规定的《在用汽车自由加速试验不透光烟度法》的要求进行自由加速试验，所测得的自由加速烟度排放限值，如表 7－4 所示。

表 7－4　柴油车自由加速烟度排放限值

汽车类型	排气光吸收系数/m^{-1}
自然吸气式	2.5
涡流增压式	3.0

3) 对于 2005 年 7 月 1 日以后生产的在用汽车

自 2005 年 7 月 1 日起，按标准规定经型式核准生产的在用汽车，应按《在用汽车自由加速试验不透光烟度法》进行自由加速试验，所测得的排气光吸收系数不应大于车型核准的自由加速排气烟度排放限值，再加 0.5 m^{-1}。

7.3.2　汽油车排气污染物检测方法

目前，我国在用汽车排气污染物检测方法可分为怠速法及双怠速法、稳态工况法、瞬态工况法、简易瞬态工况法。按《点燃式发动机汽车排气污染物排放限值及测量方法(双怠速法及简易工况法)》(GB18285—2005)的规定，自该标准实施之日起，全国点燃式发动机在用汽车排放监控，采用本标准规定的双怠速法排气污染物限值及测量方法；在机动车保有量大、污染严重的地区，也可采用稳态工况法、瞬态工况法和简易瞬态工况法三种简易工况法中的一种方法作为在用汽车排气污染物排放检测方法。采用简易工况法的地区，应制定地方排气污染物排放限值。

1. 怠速工况法

怠速法是让汽车静止不动，发动机处于怠速工况，不带负荷，即关闭空调和动力转向油泵等，然后将排气采样管插入汽车排气管尾端，按照规范对汽车排气中的CO和HC浓度进行检测的方法。

怠速检测的特点：只能反映发动机怠速状态下空负荷排放情况，这时发动机为贫氧偏浓燃烧，主要产生CO和HC，产生少量或不产生NO_x。怠速检测操作方便快捷，检测仪器价格与使用成本低。怠速时排放的CO和HC浓度虽高，但汽车怠速运行时间占总运行时间的比例不大，检测结果缺乏全面性，为提高测量精度，我国已经开始采用双怠速法进行排放测量。

1) 怠速法的测试条件

测量时，首先使汽车处于怠速工况。怠速工况指发动机无负载运转状态，即离合器处于接合位置、变速器处于空挡位置(对于自动变速箱的车应处于“N”或“P”挡位)；采用化油器供油系统的车，阻风门应处于全开位置；加速踏板处于完全松开位置。然后，待发动机达到规定的热状态后，再按制造厂规定的调整方法将发动机转速调至规定的怠速转速和点火正时。在确定排气系统无泄漏的情况下，用排气分析仪进行测量。

2) 怠速法的测试程序

(1) 发动机由怠速升到0.7倍额定转速，维持60 s，再降至怠速状态。

(2) 发动机在怠速状态下维持15 s后，开始读数，读取30 s内的最低值及最高值，其平均值即为测量结果。

(3) 若为多排气管时，取各排气管测量结果的算术平均值。

2. 双怠速法

双怠速法是指在怠速工况和高怠速工况下测试汽车的排放浓度。高怠速工况指满足怠速工况条件下，用加速踏板将发动机转速稳定控制在50%额定转速或制造厂技术文件中规定的高怠速转速时的工况。轻型汽车的高怠速转速规定为(2 500±100) r/min，重型汽车的高怠速转速规定为(1 800±100)r/min；如有特殊规定的，按照制造厂技术文件规定的高怠速转速。

双怠速法测量程序：

(1) 应保证被检测车辆处于制造厂规定的正常状态，发动机进气系统应装有空气滤清器，排气系统应装有排气消声器，并不得有泄漏。

(2) 应在发动机上安装转速计、点火正时仪、冷却液和润滑油测温计等测量仪器。测量时，发动机冷却液和润滑油温度应不低于80℃，或者达到汽车使用说明书规定的热车状态。

(3) 发动机从怠速状态加速至70%额定转速，运转30 s后降至高怠速状态。将取样探头插入排气管中，深度不少于400 mm，并固定在排气管上。维持15 s后，由具有平均值功能的仪器读取30 s内的平均值，或者人工读取30 s内的最高值和最低值，其平均值即为高怠速污染物测量结果。对于使用闭环控制电子燃油喷射系统和三元催化转化器技术的汽车，还应同时读取过量空气系数(λ)的数值。

(4) 发动机从高怠速降至怠速状态15 s后，由具有平均值功能的仪器读取30 s内的平均值，或者人工读取30 s内的最高值和最低值，其平均值即为怠速污染物测量结果。

(5) 若为多排气管时，取各排气管测量结果的算术平均值作为测量结果。

(6) 若车辆排气管长度小于测量深度时，应使用排气加长管。

3. 稳态工况法

稳态工况法(ASM)是指汽车预热到规定的热状态后，加速至规定车速，根据汽车规定车速时的加速负荷，通过底盘测功机对汽车加载，使汽车保持等速运转的运行工况，在此工况下测试汽车排气污染物情况。

ASM 测试运转循环由 ASM5025 和 ASM2540 两个稳态工况组成，其规范如图 7-10 所示。

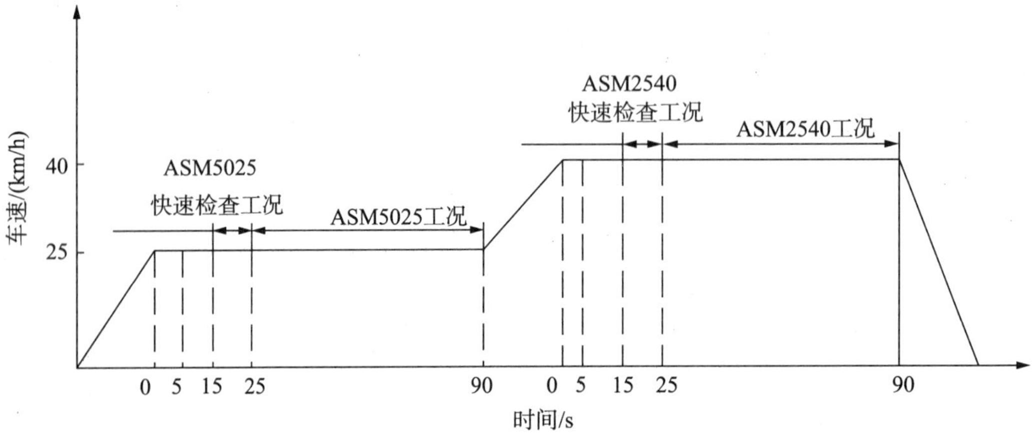

图 7-10　稳态工况法(ASM)试验运转循环

1) ASM5025 工况

经预热后的车辆加速至 25.0 km/h，测功机以车辆速度为 25.0 km/h、加速度为 1.475 m/s^2 时的输出功率的 50%作为设定功率对车辆加载，工况计时器开始计时(t=0 s)。车辆以(25.0±1.5)km/h 的速度持续运转 5 s，如果底盘测功机模拟的惯量值在计时开始后持续 3 s 超出所规定误差范围，工况计时器将重新开始计时(t=0 s)。如果再次出现该情况，检测将被停止。系统将根据分析仪最长响应时间进行预置(如果分析仪响应时间为 10 s，则预置时间为 10 s，t=15 s)，然后系统开始取样，持续运行 10 s (t=25 s)即为 ASM5025 快速检查工况。ASM5025 快速检查工况结束后继续运行至 90 s(t=90 s)即为 ASM5025 工况。

2) ASM2540 工况

ASM5025 工况检测结束后，车辆立即加速至 40.0 km/h，测功机以车辆速度为 40.0 km/h，加速度为 1.475 m/s^2 时的输出功率的 25%作为设定功率对车辆加载。工况计时器开始计时(t=0 s)。车辆以(40.0±1.5)km/h 的速度持续运转 5 s，如果底盘测功机模拟的惯量值在计时开始后持续 3 s 超出所规定误差范围，工况计时器将重新开始计时(t=0 s)。如果再次出现该情况，检测将被停止。系统将根据分析仪最长响应时间进行预制，(如果分析仪响应时间为 10 s，则预时间为 10 s，t=15 s)然后系统开始取样，持续运行 10 s(t=25 s)即为 ASM2540 快速检查工况。ASM2540 快速检查工况结束后继续运行至 90 s(t=90 s)即为 ASM2540 工况。

4. 瞬态工况法

瞬态工况法是使汽车在底盘测功机上运转以模拟汽车真实运行工况，在加载情况下测定汽车发动机排出的各种废气成分的瞬态浓度值，可以真实反映汽车实际行驶时排放特征。瞬态工况法的试验循环包含了怠速、加速、匀速和减速等各种工况，所以要比怠速法和 ASM 法复杂。瞬态工况法的排气污染物测量值的单位以 g/km 表示。

由于这种排放测试系统不仅体积庞大，而且造价昂贵，从而限制了它的广泛使用。至今，各国按多工况循环法制定的汽车行驶排放标准仅作为定型车鉴定、科研和生产抽检之用。

瞬态工况法排放测试系统的基本配置，如图 7-11 所示。它采用的测试设备有底盘测功机、排气取样系统和排气分析仪。

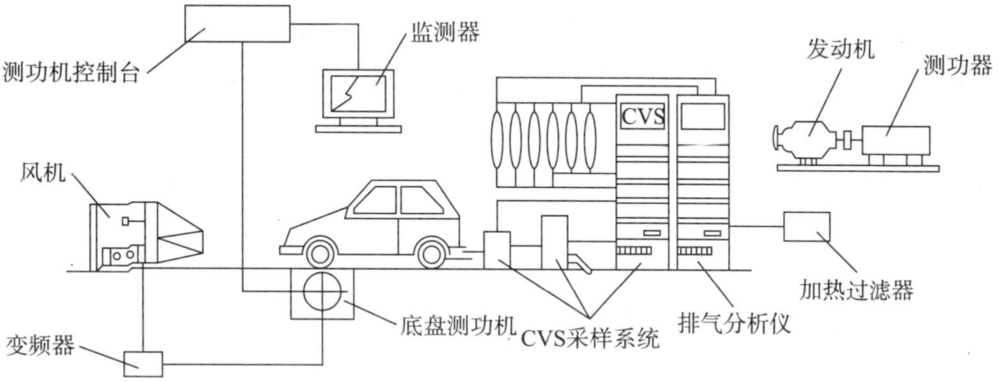

图 7-11 瞬态工况法排放测试系统

底盘测功机应配备功率吸收装置和惯性飞轮组（或电模拟惯量），以模拟道路行驶阻力和汽车加速惯量。它应装备双滚筒，且滚筒直径为 200～530 mm，可适用于最大总质量≤3 500 kg 的轻型汽车。其最大功率要保证在 100 km/h 时为 56 kW，最大安全测试速度为 130 km/h。

排气取样系统采用临界流量文氏管（CFV）式定容取样系统（CVS），可以连续计量和在控制条件下用环境空气稀释采集排气样气。取样探头安装在 CVS 系统内，其结构应保证采集的样气为连续的、等容积的。由于设备所在试验场地环境温度可能较低，要求取样管为加热式，加热温度最低为 50℃、最高为 120℃，试验期间应能够对该温度进行监控。

排气分析系统应能对 HC、CO、CO_2、NO_x 几种排气污染物自动取样、积分和记录。对分析仪器的准确度、精度、漂移、抗干扰、噪声等有关特性的要求与美国 EPA420-R-00-007 法规中相关规定一致。总碳氢化合物（THC）分析采用 FID 法，CO 和 CO_2 分析均采用 NDIR 法，NO_x 分析应采用 CLD 法。

与稳态工况相比，瞬态工况法不仅能够识别排放高的车辆，而且能够判别车辆是否得到正确维修，并能对活性碳罐蒸发排放控制系统的功能进行检查。

5. 简易瞬态工况法

简易瞬态工况法是美国最新开发的一种在用车排放测试方法，以克服瞬态工况法费用太高的缺点。该方法成本略高于稳态工况法，但比瞬态工况法低，测试精度较高。

简易瞬态工况法仍采用与瞬态工况完全相同的运行工况，与瞬态工况法使用相同的底盘测功机，并吸取了瞬态工况测量稀释排气量最终可得出污染物排放质量的优点，其简易之处是吸取了 ASM 可直接利用简便式废气分析仪就可对各个污染物浓度测试的特点，采用一个被称为"气体流量分析仪"的装置来测得汽车的排气流量（经稀释），经处理计算，最终也可得出在用车每种污染物排放质量。由于没有采用复杂的 CVS 废气分析系统，操作简单，设备投资降低 50%。

简易瞬态工况污染物排放试验设备包括一个至少能模拟加速惯量和匀速负荷的底盘测功机、一个五气排气分析仪和一个气体流量分析仪组成的采样分析系统。它可以实时地分析汽车在负荷工况下排气污染物的排放质量。简易瞬态工况法排气污染物测量值的单位也用 g/km 表示。

简易瞬态工况法和瞬态工况法的测试工况和所使用的底盘测功机相同。五气排气分析仪对 CO、

HC和CO_2采用NDIR法进行分析，对NO采用电化学法进行分析。

气体流量分析仪的作用是要最终检测出排放污染物的质量。其结构由微处理器、锆氧气传感器、鼓风机、通气室、流量传感器、温度和压力传感器组成。其中锆氧传感器用来测试在测试过程中稀释气体的氧气浓度改变的传感装置，它也可以测量测试开始时环境空气的氧气浓度。通过与五气排气分析仪氧气浓度比较，还可以用来计算稀释比率。流量传感器测得的流量值是稀释气体的实际流量，该流量值经过温度和压力补偿校正后，就可以得到稀释气体的标准流量。

采样系统有两个分支，一个分支是五气排气分析仪采样管抽取小量原始排放气体送至五气排气分析仪，分析原排放污染物浓度；另一个分支是气体流量分析仪的抽气机吸入排气管剩余排放气体，与环境空气混合稀释后，送至气体流量分析仪，通过分析得到排气流量。

在数据采集过程中，系统将实时测量的排放气体浓度和稀释流量值送给计算机，并由计算机计算出每秒的污染物质量排放值。

7.3.3 柴油车排气烟度检测方法

对于在用柴油车的排气烟度检测，应按《车用压燃式发动机和压燃式发动机汽车排气烟度排放限值及测量方法》(GB3847—2005)中有关规范进行。

1. 自由加速烟度检测

1）烟度计准备

烟度计开机后，预热一段时间(滤纸式烟度计为5 min以上，不透光度烟度计为15 min以上)。

必要时，应进行校准检查。对于滤纸式烟度计可用烟度卡进行；对于不透光烟度计可用线性检查和滤光片检查。

(1) 自动线性检查：仪器自动生成一个50%满足量程的检查信号，并自动检查相应的输出是否符合要求。

(2) 滤光片检查：将滤光片插入仪器检测单元的检查插口内，仪器显示相应读数，误差是否大于±2%不透光度。

2）车辆准备

(1) 柴油发动机应充分预热。检测前，发动机处于怠速工况。

(2) 采用至少3次自由加速过程或其他等效方法对排气系统进行吹拂。

3）检测程序

柴油车自由加速烟度检测，分自由加速滤纸烟度法和自由加速不透光烟度法两种测试方法。其检测程序如下：

(1) 安装取样探头。将取样探头插入排气管，深度不小于300 mm，并使其中心线与排气管轴平行。

(2) 吹除积存物。起动发动机，急加速3次，如图7-12所示，以吹净排气管内积存的碳渣。

(3) 测量取样。对于滤纸式烟度计，应将烟度计的采样脚踏板开关置于加速踏板上，迅速将加速踏板踩到底，持续4 s，然后松开加速踏板11 s。对于不透光烟度计，须在1 s内将加速踏板完全踩到底，使喷油泵在最短时间内供给最大供油量。对每一个自由加速测量，在松开加速踏板前，发动机必须达到断油点转速。

滤纸式烟度计，循环测量4次，取后3次读数的算术平均值即为所测自由加速烟度值。

不透光烟度计，至少测量6次，计算结果取最后3次自由加速测量结果的算术平均值。在计算均值时可以忽略与测量均值相差很大的测量值。

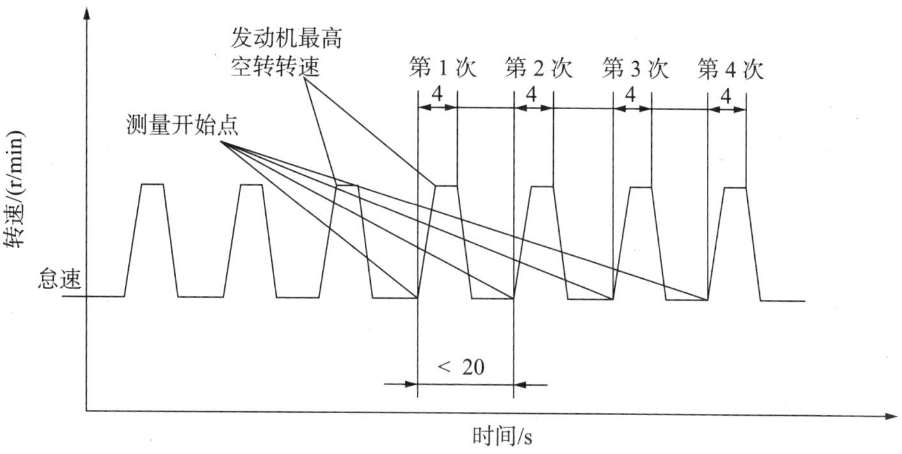

图 7－12　自由加速烟度检测规范

2. 加载减速烟度检测

使用加载减速法进行排气烟度检测，使用的检测设备主要包括底盘测功机、不透光烟度计、发动机转速传感器等，由中央控制系统集中控制。

1）检测准备

(1) 连接好发动机转速传感器，以测量发动机转速。

(2) 选择合适的挡位，使加速踏板在最大位置时，受检车辆的最高车速最接近 70 km/h。

(3) 由计算机判断测功机是否能够吸收受检车辆的最大功率，如果车辆最大功率超过了测功机的功率吸收范围，不能进行检测。

2）检测程序

(1) 正式检测开始前，应按以下步骤操作，以使控制系统能够获得自动检测所需的初始数据：

① 起动发动机，变速器置空挡，逐渐增大加速踏板直到开度达到最大，并保持在最大开度状态，记录此时发动机的最大转速，然后松开加速踏板，使发动机回到怠速状态。

② 使用前进挡驱动被检车辆，选择合适的挡位，使加速踏板处于全开位置，测功机指示的车速最接近 70 km/h，但不能超过 100 km/h。对装有自动变速器的车辆，应注意不要在超速挡下进行测量。

(2) 计算机对上述步骤获得的数据自动进行分析，判断是否可以继续进行检测，所有被判定不适合检测的车辆，都不允许进行加载减速试验。

(3) 在确认车辆可以进行烟度检测后，将底盘测功机切换到自动检测状态。

① 加载减速测试的过程必须完全自动化，在整个检测循环中，都是由计算机控制系统自动完成对底盘测功机加载减速过程的管理。

② 自动控制系统采集三组检测状态下的检测数据，以判定受检车辆的排气光吸收系数 K 是否达标，3 组数据分别在 VelMnxHP 点、90％VelMnxHP 点和 80％VelMnxHP 点获得。

③ 上述 3 组检测数据包括轮边功率、发动机转速和排气光吸收系数 K，必须将不同工况的检测结果都与排放限值进行比较。若修正后的最大轮边功率低于所要求的最小功率.或者测得的排气度光吸收系数 K 超过了标准规定的限值，均判定该车的排放不合格。

(4) 检测开始后，应始终将加速踏板踩到底，直到检测系统通知松开加速踏板为止。在试验过程中，应实时监控发动机冷却液温度和机油压力。一旦冷却液温度超出了规定的温度范围，或者机油压力偏低时，都必须立即停止检测。冷却液温度过高时，应松开加速踏板，将变速器置空挡，使车辆停止运转。然后，使发动机在怠速工况下运转，直到冷却液温度重新恢复到正常范围为止。

(5) 检测过程中,检测员应时刻注意受检车辆或检测系统的工作情况。

(6) 检测结束后,打印检测报告并存档。

3) 检测车辆的卸载程序

(1) 在受检车辆驶离底盘测功机以前,应检查是否已经完成相关的检测工作,并完成对相关检测数据的记录和保护。

(2) 按下列步骤将受检车辆驶离底盘测功机

① 从受检车辆上拆下所有测试和保护装置。

② 举起底盘测功机举升板,锁住转鼓。

③ 去掉车轮挡块,确认受检车辆及其行驶路线周围没有障碍物或人员。

④ 慢慢将受检车辆驶离底盘测功机,并停放到指定地点。

7.4 汽车排气污染物检测结果分析

7.4.1 在用汽油车排气污染物检测结果分析

通过汽车尾气排放的检测结果,根据尾气中不同成分气体的含量,对发动机的燃烧状况进行综合评价,为诊断发动机各系统的故障提供依据。汽车发动机各系统在实际工作中的状况对发动机的燃烧会产生不同的影响,因此会影响到汽车排放污染物的产生,这些影响通过各种运转参数表现,如燃油供给系统和进排气系统在汽车运行时表现的空燃比,点火系统表现的点火正时和点火能量等。

1. 影响汽车尾气排放的主要因素

1) 空燃比的影响

汽车尾气排放主要与发动机混合气形成、燃烧过程及燃烧结束后在排气过程中的化学反应有关。汽油发动机在怠速运转时,理想的空燃比为 14.7∶1,由于空气中的主要成分为氧(O_2)和氮(N_2),汽油中的主要成分为碳(C)和氢(H_2),最理想的结果是发动机排放出二氧化碳(CO_2)、水(H_2O)及氮(N_2),但发动机无法达到百分之百的燃烧效率,因此会产生一些不平衡燃烧气体,其中包括:一氧化碳(CO),碳氢化合物(HC),氮氧化物(NO_x),二氧化碳(CO_2)和氧(O_2)。

碳氢化合物(HC)有未参加燃烧的燃油碳氢化合物分子,有燃烧过程中高温分解和合成的中间产物和部分氧化物,如醛、烯及芳香烃等,有不完全燃烧产物以及润滑油的碳氢化合物等成分。CO 主要来自空气不足情况下可燃混合气的不完全燃烧,是汽油机尾气中有害成分浓度最大的物质。CO_2 是困扰混合气燃烧的产物,它能够反映出燃烧的效率。

在发动机尾气中 NO_x 主要是指 NO,NO 在大气中逐渐和氧或臭氧结合形成 NO_2。NO 的产生主要取决于燃烧温度以及氧的浓度。当温度超过 2 000℃时,氧分子会分解成氧原子,它和氮分子化合生成 NO。

如图 7-13 所示,随着空燃比的增加,CO 的排放浓度逐渐下降,当空燃比小于 14.7∶1 时(混合气变浓),由于空气量不足引起不完全燃烧,CO、HC 的排放量增大。空燃比接近理论空燃比 14.7∶1,燃烧越完全,CO、HC 降低,O_2 接近于零,而 CO_2 值升高。当空燃比超过 16.2∶1 时(混合气变稀),由于燃料成分减少,用通常的燃烧方式已不能正常着火,产生失火,使未燃 HC 大量排出。混合气过浓将产生大量的 CO、HC,混合气过稀将引起失火而生成过多的 HC。

2) 点火正时的影响

点火提前角对 CO 的排放没有太大的影响,过分推迟点火会使 CO 没有时间完全氧化而引起 CO 排

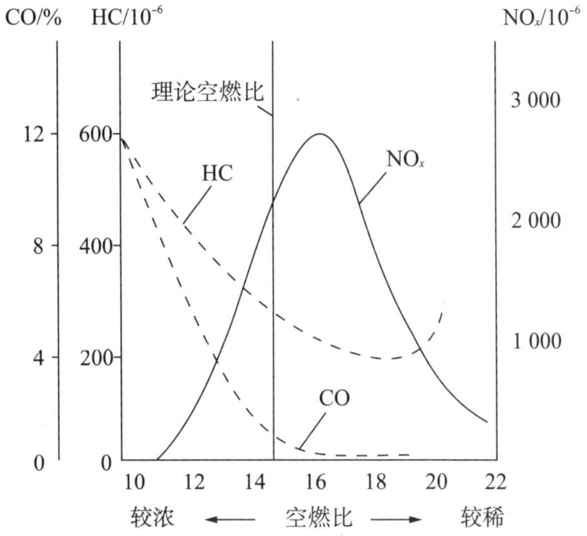

图 7－13　空燃比与汽车尾气成分的关系

放量增加，但适度推迟点火可减小 CO 排放。实际上当点火时间推迟时，为了维持输出功率不变需要开大节气门，这时 CO 排放明显增加。随着点火提前角的推迟，HC 的含量降低，主要是因为增高了排气温度，促进了 CO 和 HC 的氧化。点火提前角与汽车尾气成分的关系，如图 7－14 所示。

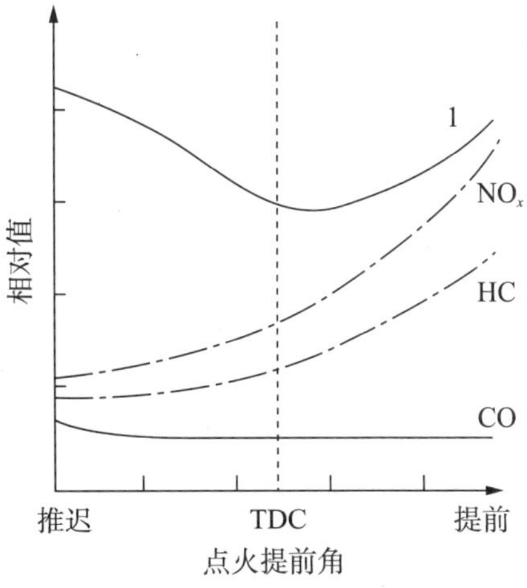

图 7－14　点火提前角与汽车尾气成分的关系

3）点火能量的影响

火花塞电极间隙影响点火能量，HC 的排放浓度常随着火花塞电极间隙的增加而减少，而 CO 的排放浓度则随着火花塞电极间隙的增大而增加；但当火花塞电极间隙继续增大时，CO 的排放浓度则又随之降低。

4）气缸密封性的影响

进排气门、气缸衬垫的密封性，活塞、活塞环、缸套的磨损与密封性等，都会影响汽车尾气的排放。如气缸压力过低会使燃烧不良，不仅使燃油经济性下降，而且 HC 和 CO 的排放量增加。

5）有关装置工作状况的影响

曲轴箱强制通风装置、燃油箱蒸发控制装置的工作状况与 HC 的生成有关，二次空气喷射、进气预热的工作状况与 HC、CO 有关，催化转化器的工作温度、转化效率、使用寿命则影响 HC、CO、NO_x 的生成。

2. 汽车尾气检测结果与系统故障的分析

不同工况下汽车尾气排放浓度值范围，如表 7－5 所示。

表 7－5　　不同工况下汽车尾气排放浓度值范围

转速	CO/%	$HC/10^{-6}$	CO_2/%	O_2/%
怠速	0.5～3	0～250	13～15	1～2
1 500 r/min 空负荷	0～2.0	0～200	—	1～2
2 500 r/min 空负荷	0～1.5	0～150	13～15	1～2

汽车尾气测试值与系统故障的关系，如表 7－6 所示。

表 7－6　　汽车尾气测试值与系统故障对应规则表

CO	HC	CO_2	O_2	系统故障
很高	很高/高	低	低	混合气浓
很低	很高/高	低	很高/高	混合气稀
高	低	正常	正常	点火过迟
低	高	正常	正常	点火过早
低	很高	低	高	间歇性失火
低	很高	低	低	气缸压力低
变化	变化	低	正常	EGR 阀泄露
低	低	低	高	排气管漏气

HC 的读数高，说明燃油没有充分燃烧。混合气过浓或过稀（可通过 CO 和 O_2 的含量来判定到底是混合气过浓还是过稀）、点火系统缺火或点火能量不足、配气相位不正确、点火正时不准确、油压过高或过低、气缸密封性不良、发动机温度过低、混合气由燃烧室向曲轴箱泄漏、三元催化转换器故障、二次空气喷射控制系统故障、燃油蒸发控制系统不能正常工作、温度传感器不良、喷油嘴漏油或堵塞等因素都将导致 HC 读数过高。

CO 的读数是零或接近零，则说明混合气充分燃烧。CO 的含量过高，表明燃油供给过多、空气供给过少，燃油供给系统和空气供给系统有故障，如喷油嘴漏油、燃油压力过高、空气滤清器不洁净被阻塞，其他问题如三元催化转换器有故障、二次空气喷射控制系统存在故障、燃油蒸发控制系统不能正常工作、活塞环胶结阻塞、曲轴箱强制通风系统受阻、点火提前角过大或水温传感器有故障等。

CO_2 是可燃混合气燃烧的产物，CO_2 的高低反映出混合气燃烧的好坏即燃烧效率。可燃混合气燃烧越完全，CO_2 的读数就越高，混合气充分燃烧时尾气中 CO_2 的含量达到峰值 13%～16%（无论是否装有催化转化器）。当发动机混合气出现过浓或过稀时，CO_2 的含量都将降低。当排气管尾部的 CO_2 低于 12%时，要根据其他排放物的浓度来确定发动机混合气是过浓还是过稀。燃油滤芯太脏、燃油油压低、喷油嘴堵塞、真空泄漏、EGR 阀泄漏等将造成混合气过稀，而空气滤清器阻塞、燃油压力过高等都可能导致混合气过浓。

O_2 的含量是反映混合气空燃比的最好指标，其读数是最有用的诊断数据之一，和其他 3 个读数一起能帮助找出诊断问题的难点。如上所述，可燃混合气燃烧越完全，CO_2 的读数就越高。与此相反，燃烧正常时，只有少量未燃烧的 O_2 通过气缸，尾气中 O_2 的含量应为 1%～2%。O_2 的读数小于 1%说明混合气过浓，O_2 的读数大于 2%表示混合气太稀。混合气过浓，O_2 的读数低而 CO 的读数高；反之，混合气过稀，O_2 的读数高而 CO 的读数低。导致混合气过稀的原因很多，如燃油滤芯太脏、燃油油压低、喷油嘴堵塞、真空泄漏、EGR 阀泄漏等。而空气滤清器阻塞、燃油压力过高等都可能导致混合气过浓。

当 O_2 读数偏低、而 CO 读数偏高时，应主要检查混合气过浓的原因，如喷油器有故障(喷油器密封不严造成燃油泄露)、燃油压力调节器损坏造成燃油压力过高、与燃油喷射系统有关的传感器和发动机控制模块存在故障、曲轴箱强制通风系统存在故障使过多的曲轴箱窜气参与燃烧、燃油蒸发控制系统不能正常工作造成混合气过浓等。

当 O_2 读数偏高、而 CO 的读数偏低时，应主要检查混合气过稀的原因，如真空泄漏、燃油压力过低、喷油器堵塞、控制系统存在故障、二次空气喷射控制系统有故障、排气系统密封性不良、EGR 阀泄漏等。

利用功率平衡试验和尾气分析仪的读数，可指出每个缸的工作状况，进行各缸工作均匀性判断。如果每个缸 CO、CO_2 的读数都下降，HC、O_2 的读数都上升，且上升和下降的量都一样，表明每个缸都工作正常。如果只有一个缸的变化很小，而其他缸都一样，表明这个缸点火和燃烧不正常。另外，当某缸不工作时，O_2 的浓度即会增加。如四缸发动机当有一缸不工作时，其浓度将上升到 4.75%～7.25%，若有两缸不工作，则会上升到 9.5%～12.5%。

7.4.2 在用柴油车排气烟度检测结果分析

在用柴油车排气烟度检测结果超标，主要原因是柴油机供油系统调整不当所致。此外，柴油机气缸活塞组和曲柄连杆机构的技术状况及柴油的质量等对排放烟度也有影响。柴油机供油系统调整不当和相关系统技术状况的变化，主要表现在柴油机出现冒黑烟、蓝烟及白烟故障。其黑烟对排放烟气检测结果的影响最大。柴油机工作时黑烟浓重，其故障多属于喷油量过大，雾化不良，各缸喷油量不均匀，喷油时刻过早，调速器失调和空气滤清堵塞等因素引起，建议主要检查：

(1) 检查个别缸喷油量。用分缸停止供油和结合观察排气烟色的方法予以判别。如某缸停止供油(旋松喷油器)后，烟色减轻，即为该缸喷油量过大。

(2) 检查该缸喷油泵柱塞调节齿扇固定螺钉是否松脱。

(3) 检查喷油器是否良好。检查喷油器时，可将喷油器从气缸体上拆下，仍然连接高压油管，用旋具撬动该缸喷油泵柱塞弹簧座，作喷油动作，观察喷油雾化情况和有无滴油现象。若雾化不良，则应解体检查喷油器。

(4) 检查调速器。若各缸喷油量均过大，应打开调速器盖，检查调节齿杆的刻度是否向喷油泵体内移动过多(刻线应与喷油泵壳后端面平行)，同时，还需检查调速器飞块是否卡滞而引起喷油量过大。如在柴油机冒黑烟同时，还可以听到气缸内有清脆敲击声，则说明喷油时刻过早，应正确校准喷油正时。如检查中发现空气滤清器堵塞(滤芯脏污)，应即清洗、吹净，并按规定加注新润滑油。

此外，柴油车冒黑烟还与柴油质量有关，为使着火性能良好，一般柴油机选用十六烷值为 40～45 的柴油为宜。若十六烷值超过 65，则柴油蒸发性变差，致使燃烧不彻底，工作时也可发生冒黑烟现象。

7.5 汽车噪声检测

为了保护环境和人们的身心健康，在有关环保和机动车噪声法规中，明确规定了噪声标准，其中包括噪声评价指标、检测仪器设备和检测方法等。

7.5.1 汽车噪声的评价指标

1. 噪声的声压和声压级

声压是指声波作用于大气，使大气压强发生变动的变动量，声压的单位用 Pa 表示。声音的强弱取决于声压，声压越大听到的声音越强。正常人刚刚能听到的最微弱声音的声压为 2×10^{-5} Pa，称为人耳的“听阙”，使人耳产生疼痛感觉的声音的声压为 20 Pa，称为人耳的“痛阙”。

从“听阙”(2×10^{-5} Pa)到“痛阙”(20 Pa)相差达百万倍。显然，用声压的绝对单位来表示和度量声音的强弱很不方便，于是引入声压级参数。声压级是指某点的声压 P 与基准声压(听阙声压)P_0 的比值。取常用对数再乘以 20 的值，单位为分贝(dB)。

听阙的声压级为 0 dB，痛阙的声压级为 120 dB。因此，人耳听觉范围内的声压级为 0～120 dB。

2. 噪声的频率和响度级

人耳对声音的感觉不仅与声压有关，而且也与频率有关。人耳可闻声音的频率范围为 20～20 000 Hz。一般的声源，并不是仅发出单一频率的声音，而是发出具有很多频率成分的复杂声音。声音听起来之所以会有很大的差别，就是因为它们的组成成分不同造成的。为此为全面了解一个声源的特性，仅知道它在某一频率下的声压级是不够的，还必须知道它的各种频率成分和相应的声音强度。由于频率不同，听起来并不一样响。相反，不同频率的声音，虽然声压级也不同，但有时听起来却一样响，用声压级测定的声音强弱与人们的生理感觉往往不一样。因而，对噪声的评价常采用与人耳生理感觉相适应的指标，这个指标就是响度级，其单位用“方”来表示。选取 1 000 Hz 的纯音作为基准音，其噪声听起来与该纯音一样响，该噪声的响度级就等于这个纯音声压级的分贝数。

3. 噪声级

为了能测出与人耳感觉相一致的响度级，理应使用“响度级计”来测量声音的强弱，但要设计和制造出对于不同频率的声音均具有与人耳感觉一致的仪器较为困难。为了模拟人耳在不同频率有不同的灵敏性，在声级计内设有一种能够模拟人耳的听觉特性，把电信号修正为与听觉近似值的网络，这种网络称作计权网络。

通过计权网络测得的声压级，已不再是客观物理量的声压级，而是经过修正的声压级，称作计权级或噪声级。国际电工委员会(IEC)对声学仪器规定了 A、B、C 等几种国际标准计权网络，它们是参考国际标准等响曲线而设计的，单位记作 dB(A)、dB(B)、dB(C)。由于 A 计权网络的特性曲线接近人耳的听感特性，故目前普遍采用 A 计权网络对噪声进行测量和评价，记作 dB(A)。

7.5.2 声级计的结构与工作原理

声级计是一种能把噪声以近似人耳听觉特性测定其噪声级的仪器。声级计根据测量精度分为精密声级计和普通声级计，根据所用电源分为交流式声级计和直流式声级计。

声级计一般由传声器、放大器、衰减器、计权网络、检波器、指示器和电源等组成，所需电源由干电池供给。声级计的外形结构，如图 7－15 所示。

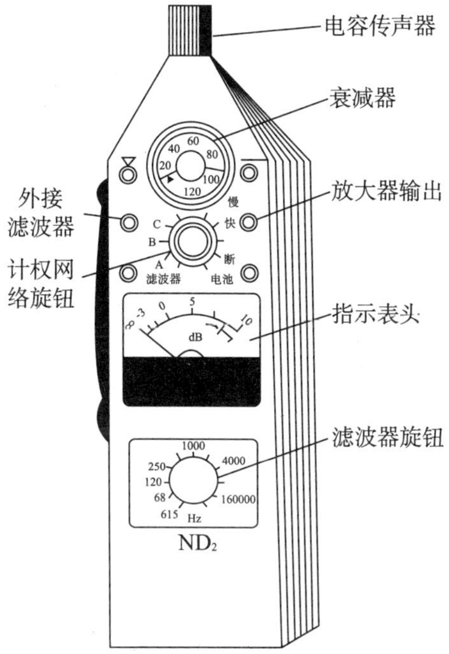

图 7－15　声级计

普通型声级计工作原理框图，如图 7－16 所示。

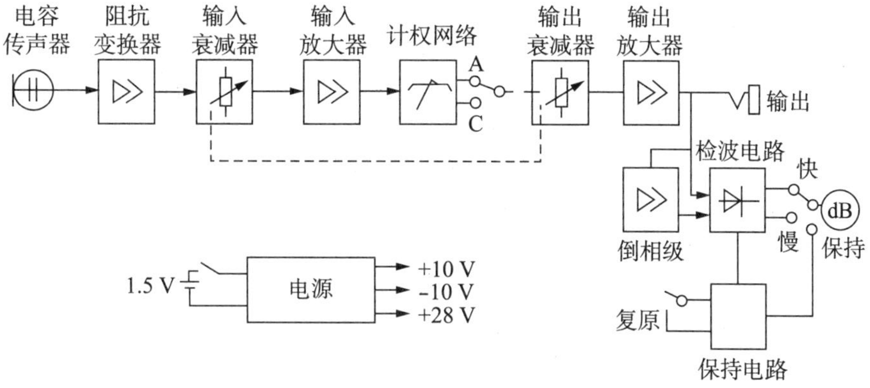

图 7－16　普通型声级计工作原理框图

1. 传声器

传声器是把声压信号转变为电压信号的装置，也称为话筒，是声级计的传感器。常见的传声器有晶体式、驻极体式、动圈式和电容式。

动圈式传声器由振动膜片、可动线圈、永久磁铁和变压器等组成。振动膜片受到声波压力以后开始振动，并带动着和它装在一起的可动线圈在磁场内振动，以产生感应电流。

电容式传声器主要由金属膜片和靠得很近的金属电极组成，实质上是一个平板电容。金属膜片与金属电极构成了平板电容的两个极板，当膜片受到声压作用时，膜片发生变形，使两个极板之间的距离发生变化，电容量也发生变化，从而产生交变电压，其波形在传声器线性范围内与声压级波形形成比例，实现了将声压信号转变为电压信号的作用。

2. 放大器

电容传声器把声信号变成电信号，这个电信号一般是很微弱的，不足以使指示器产生指示，因此，需要用放大器把电信号加以放大。声级计中的放大器要求有一定的放大量、一定的动态范围、较宽的频率范围和非线性失真要小(不大于1%)等。目前流行的许多国产与进口的声级计,在放大线路中都采用两级放大器,即输入放大器和输出放大器,各组放大器前都接有衰减器。

3. 衰减器

声级计不仅要测量微弱信号,也要测量较强的信号,也就是要有较大的测量范围,例如要测量25~140 dB范围声级。声级计的检波器和指示器不可能有这么宽的量程范围,因此,要采用衰减器,衰减器是用来改变信号的衰减量,以便使表头指针指在适当的位置。为了提高信噪比,我们将衰减器分为输入衰减器和输出衰减器两部分,输出衰减器接在第一组放大器和第二组放大器之间,而且在一般测量时,使输出衰减器尽量处在最大衰减位置。这样,当测量较大信号时,由于输出衰减器的衰减作用,使输入衰减器的衰减量减小,加到第一组放大器的输入信号就提高了,信噪比也得到提高。

4. 计权网络

为了模拟人耳听觉在不同频率有不同的灵敏性,在声级计内设有一种能够模拟人耳的听觉特性,把电信号修正为与听感近似值的网络,这种网络称为计权网络。通过计仅网络测得的声压级,已不再是客观物理量的声压级(叫线性声压级),而是经过听感修正的声压级,称为计权声级或噪声级。计权网络一般有A、B、C三种。A计权声级是模拟人耳对55 dB以下低强度噪声的频率特性。B计权声级是模拟55~85 dB的中等强度噪声的频率特性,C计权声级是模拟高强度噪声的频率特性。三者的主要差别是对噪声低频成分的衰减程度的不同:A衰减最多,B次之,C最少。A计权声级由于其特性曲线接近于人耳的听感特性,因此,是目前国内外噪声测量中应用最广泛的一种常用A计权声级评价城市交通噪声和工厂噪声,有的还具有B、C计权声级。从声级计上得出的噪声级读数,必须注明测量条件。如单位为dB,且使用的是A计权网络,则应记为dB(A)。

5. 检波器和指示器

检波器用来将放大器输出的交流信号检波(整流)成直流信号,以便在指示器上获得适当的指示。这个直流电压的大小要正比于输入信号的大小。根据测量的需要,检波器分为峰值检波器、平均值检波器和均方根值检波器。峰值检波器能给出一定时间间隔中的最大值,平均值检波器能在一定时间间隔中测量其绝对平均值。均方根值检波器能对交流信号进行平方、平均和开方,得出电压的均方根值,最后将均方根电压信号输送到指示器。

6. 电源

对于便携式声级计,为了便于现场测量,要求用电池供电。声级计除供给电容传声器极化电压外,另外还要供给各部分需要的不同工作电压和电流。因此,需要把电池电压变换成各种电压。一般采用直流变换器,首先由振荡器把直流电压变成交流电压,通过变压器变压,然后再由整流电路整流成所需要的各种直流电压。为了保证输出电压稳定,通过负反馈电路控制调整管或直接控制加到振荡器的电压,这样当电池在使用中电压降低、负载不同及环境变化时,输出电压保持不变,从而保证了声级计各部分正常工作。

7.5.3 汽车噪声检测方法

根据《营运车辆综合性能要求和检验方法》(GB18565—2001)中规定,对于在用汽车,从汽车定置噪声、客车车内噪声、驾驶人耳旁噪声和喇叭声级四个方面,对汽车噪声进行控制,并规定了噪声的限值和测量方法。

1. 定置噪声

1) 汽车定置噪声限值

汽车定置噪声是指被检车辆定置(不行驶)在测量场地上,发动机处于空载运转状态,按GB16170—

19963 中规定的方法测得的噪声。其限值如表 7－7 所示。

表 7－7　　汽车定置噪声限值　　单位：dB

车辆类型	燃料种类		1998 年 1 月 1 日前出厂车辆	1998 年 1 月 1 日起出厂车辆
轿车	汽油		87	85
轻型客车、货车	汽油		90	88
轻型客车、货车、越野车	汽油	$n\leqslant$4 300 r/min	94	92
		$n>$4 300 r/min	97	95
	柴油		100	98
中型客车、货车、大型客车	汽油		97	95
	柴油		103	101
重型货车	柴油	$P\leqslant$147 kW	101	99
		$P>$147 kW	105	103

注：P—发动机额定功率；
　　n—发动机额定转速。

2）测量程序

（1）车辆位置和状态

① 车辆尽量置于测量场地的中央，变速器挂空挡，拉紧驻车制动器，离合器接合。

② 发动机机罩、车窗与车门应关闭，车辆的空调器及其他辅助装置应关闭。

③ 测量时，发动机冷却液温度、机油油温应符合汽车制造厂的规定。

（2）测量次数

每类试验的每个测点重复进行试验，直到连续出现 3 个读数的变化范围在 2 dB 之内为止，并取其算术平均值作为测量结果。

（3）噪声测量

排气噪声测量场地和传声器位置，如图 7－17 所示。

① 传声器位置

a. 传声器与排气口端等高，在任何情况下，距地面不得小于 0.2 m。

b. 传声器的参考轴应与地面平行，并和通过排气口气流方向且垂直地面的平面，呈 45°±10°夹角。传声器朝向排气口，距排气口端 0.5 m，放在车辆外侧。

c. 车辆装有两个或更多的排气管，且排气管之间的间隔不大于 0.3 m，并连接于一个消声器时，只需取一个测量位置。传声器应选择位于最靠近车辆外侧的那个排气管。如果两个或两个以上的排气管同时在垂直于地面的直线上，则选择离地面最高的一个排气管。

d. 装有多个排气管，并且各排气管的间隔又大于 0.3 m 的车辆，对每一个排气管都要测量，并记录其最高声级。

e. 排气管垂直向上的车辆，传声器放置高度应与排气管口等高，传声器朝上，其参考轴应垂直地面。传声器应放在离排气管较近的车辆一侧，并距排气口端 0.5 m。

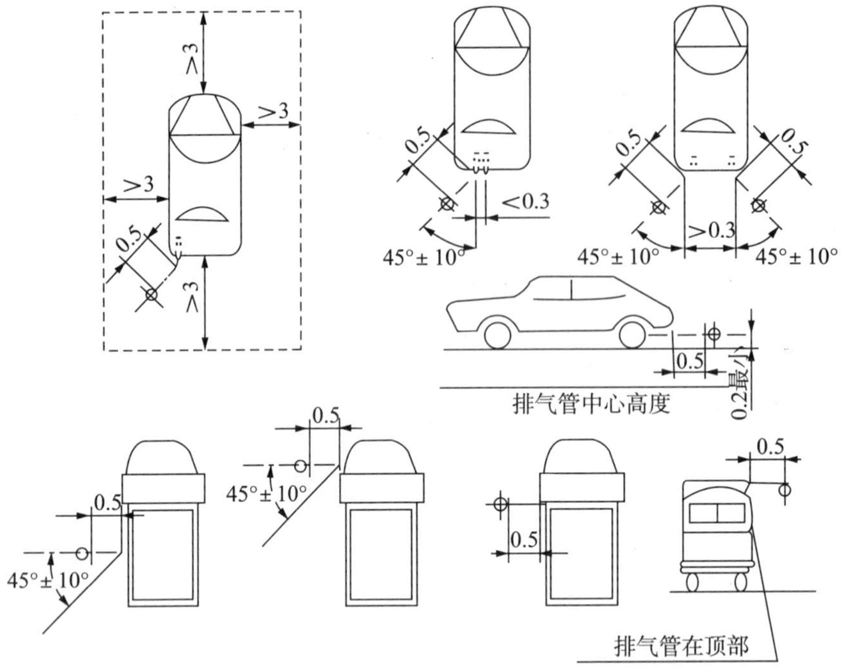

图 7－17　排气噪声测量场地和传声器位置(单位: m)

f. 车辆由于设计原因(如备胎、油箱、蓄电池等)不能满足 a 和 b 放置时，应画出测点图，并标注传声器选择的位置。传声器朝向排气口，放在尽可能满足上述条件，并距最近障碍物大于 0.2 m 的地方。

② 发动机运转条件

发动机转速取$\frac{3}{4}n\pm 50$ r/min(n 为汽车制造厂家规定的发动机额定转速)。

③ 测量时，当发动机稳定在上述转速后，测量由稳定转速尽快减速到怠速过程的噪声，记录最高声级值。

2. 客车车内噪声

1) 客车车内噪声的限值

GB7258—2004 规定，客车以 50 km/h 的速度匀速行驶时，客车车内噪声声级不大于 79 dB(A)。

2) 测量条件

(1) 道路条件

汽车车内噪声一般受道路表面结构的粗糙度影响很大，平滑路面可以产生平稳的车内噪声。因此，试验路段应该是硬路面，必须尽可能平滑，不得有接缝、凸凹不平或类似的表面结构，否则，将会增加汽车内部的声压级。道路表面必须干燥，不得有雪、污物、石块、树叶等杂物。

(2) 车辆条件

① 发动机和轮胎条件：在测量过程中，发动机的所有运行条件，如燃料、润滑油、点火正时或喷油时间等，都应该符合制造厂家的规定。在测量开始前，发动机应该稳定在正常的工作温度范围内，或以中等速度行驶一段路程。所采用的轮胎应该与制造厂家规定的型号一致。轮胎气压必须符合制造厂家的规定要求。

② 车辆在测试噪声时，必须是空载(除驾驶人、测量人员和测试装备外，不得有其他负荷)。

只有汽车的标准装备、测试装备和必不可少的人员方可留在车内。在公共交通用车且座位在 8 个以上的车辆中，在车内的人员不得超过 3 人。

③ 车门窗、辅助装置、可调节的座椅的进风口及出风口，如有可能，都必须关上。辅助装置，如刮水器、暖风装置、风扇以及空调等，在测量试验过程中不得工作。

(3) 车辆运行条件

从车辆匀速行驶、全油门加速行驶和车辆定置两种运行条件中选出可以代表被检车车内噪声的运行条件。

① 匀速行驶。从 60 km/h 或最高车速 40%(取两者较小值)到 120 km/h 或最高车速的 80%(取两者较小值)范围内，至少以等间隔的 5 种车速进行 A 声级测量。

② 全油门加速行驶。当汽车达到稳定的初始工作状态(变速器处于最高挡位，发动机应有一个最低的初始转速)，须尽可能快地使油门全开，同时启动记录装置开始记录，直到发动机转速达到(汽车制造厂)规定额定转速的 90%或达到 120 km/h 车速(取两者较小值)，记录停止。

③ 车辆定置。变速器置于空挡。使发动机在低速空转；然后，将油门尽可能快地完全打开，使发动机加速到最高空转，并在此位置上至少持续 5 s。

(4) 测点位置

① 一个测量点须选在驾驶人座位。对于轿车来说，也可以在后排座位上追加一个测量点。对于客车，应该考虑在中间和后部追加测量点，沿汽车纵向轴线附近。

② 传声器离车厢壁或座椅垫的距离必须大于 0.15 m。传声器应以最大灵敏度的方向水平指向测量位置坐着或站立的乘客视线方向。

a. 座位处的传声器位置，如图 7-18 所示。传声器的垂直坐标是(无人)座椅的表面与靠背表面的交线以上(0.7±0.05)m 处，水平坐标应在座椅的中心面(或对称面)上。在驾驶人座位上，水平横坐标向右到座位中心面的距离为(0.20±0.02)m。

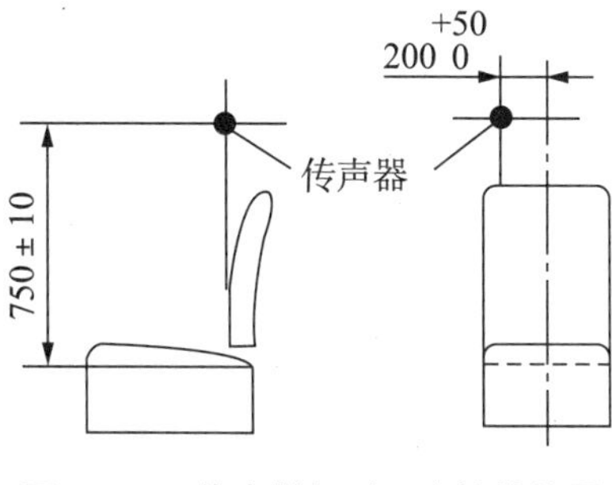

图 7-18 传声器相对于座椅的位置

b. 站立处的传声器位置。垂直坐标应在地板以上(1.6±0.1)m 处。水平坐标应在所选测点站立的位置上。

c. 卧姿的传声器位置。卧姿指客车或货车的卧铺等状态。传声器须放在(无人)枕头的中部以上(0.15±0.02)m 处。

3) 车内噪声测量方法

(1) 对于匀速行驶试验，至少要在车内噪声测量条件中所规定的 5 种车速下记录 A 计权声级的数值。按 GB 7258—2004 的规定，客车只测以 50 km/h 车速匀速行驶时的车内噪声。

(2) 对于油门全开加速试验，应记录在所规定的加速范围内出现的 A 计权声级最大值，并应在报告中加以说明。

(3) 对于定置噪声试验，应记录怠速时 A 计权声级读数和油门全开过程中最大声级读数，并应在报告中加以说明。

3. 驾驶人耳旁噪声

1) 驾驶人耳旁噪声的限值

按《机动车运行安全技术条件》(GB7258—2004)中规定,汽车驾驶人耳旁噪声声级应不大于 90 dB(A)。

2) 驾驶人耳旁噪声测量方法

(1) 测点位置。测量汽车驾驶人耳旁噪声一般选在驾驶人的右耳附近,声级计按图 7－18 所示测点位置放置,声级计的传声器应朝向驾驶员耳朵方向。

(2) 测量时车辆状态。测量汽车驾驶人耳旁噪声时,车辆应处于静止状态且变速器置于空挡,发动机应处于额定转速状态,车辆门窗应紧闭。

(3) 环境噪声应低于被测噪声值至少 10 dB(A)。

(4) 声级计应置于"A"计权、"快"挡。

4. 喇叭声级

1) 汽车喇叭声级限值

为了使汽车喇叭起到警示功能,喇叭声级不能过低,但同时为减少喇叭噪声对城市环境的影响,喇叭声级应作适当控制,根据 GB18565—2001 的规定,喇叭声级应在 90～115 dB(A)的范围内。

2) 喇叭声级测量方法

汽车喇叭声的测点位置,如图 7－19 所示。测量汽车喇叭声级时,应将升级计置于汽车前 2 m、离地高 1.2 m 处,其传声器朝向汽车,轴线与汽车纵轴线平行。

测量时应注意不被偶然的其他声源峰值所干扰。测量次数宜在 2 次以上,并注意监听喇叭声是否悦耳。

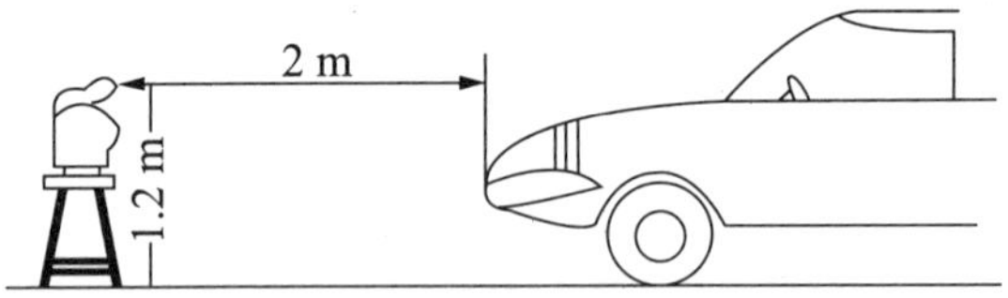

图 7－19　汽车喇叭噪声的测点位置

7.5.4　汽车噪声的影响因素

汽车噪声是由汽车产生的不同频率、不同声强组合在一起而形成的杂乱的声音。按照噪声产生的过程,可将汽车噪声源大致分为两类:一类是与发动机运转有关的噪声,主要包括发动机运转时发出的燃烧噪声、机械噪声、进排气噪声和风扇噪声,以及发动机运转时所带动的各种附件(如压气机、发电机等)发出的噪声;另一类是与汽车行驶有关的噪声,主要包括传动机构(变速器、传动轴及驱动桥)的机械噪声、轮胎发出的噪声、制动器噪声、车身振动及和空气作用所发出的噪声。汽车的这些噪声源主要引起车外噪声和车内噪声,车外噪声是交通噪声的重要公害源,车内噪声关系到车辆乘坐的舒适性。为此,很有必要对汽车噪声的影响因素进行分析。

1. 发动机噪声

1) 燃烧噪声的影响

燃料的不正常燃烧会使燃烧噪声增大。发动机燃烧噪声是混合气燃烧时,使气缸内压力急剧上升产生的动负荷和冲击波引起的高频振动,经气缸盖、气缸套、活塞、连杆、由轴及主轴承传播而辐射出来的噪声。

汽油机的正常燃烧噪声,在发动机噪声中占次要的地位。但是,对爆震和表面点火等不正常燃烧所产生的噪声，必须给予重视。当爆震时，气缸内的气体压力急剧上升，产生“敲缸”，其主要是由于汽油品质不良和点火提前角过大等因素造成的。对于压缩比高的汽油机，由于积炭多，产生过热，引起表面点火，从而导致气缸内压力剧增，这样，就会产生“工作粗暴”，对这种现象，只要清除燃烧室积炭，即可消除。

2）机械噪声

发动机机械噪声是发动机运转过程中，由于气体压力及机件的惯性作用，使相对运动零件之间产生撞击和振动而形成的噪声。主要包括：活塞连杆组噪声（活塞、连杆、曲轴等运动件撞击气缸体产生的噪声）、配气机构噪声（气门开闭冲击声、配气机构冲击声和气门弹簧振动声）、柴油机供给系统噪声（喷油泵噪声、喷油器噪声和喷油管噪声）及其他机械噪声（发电机噪声、空气压缩机噪声，液压泵噪声）。

活塞连杆组噪声是发动机最主要的机械噪声源。其噪声大小与活塞和缸壁间隙、发动机转速、负荷、活塞与缸壁间润滑条件、活塞的结构及材料、活塞环数及张力、缸套厚度等有关。在使用中，随着发动机技术状况的变化，如因磨损使各配合副间隙增大，润滑条件变差及连接件和紧固件松动等，都会使机械噪声增大，因此，使用中加强发动机各机构的维护，保持其技术状况良好，可以避免机械噪声的增大。

配气机构噪声是由于气门开启和关闭产生的撞击以及系统振动而形成的噪声。气门运动速度、气门间隙、配齐机构结构形式、零部件刚度及质量等是影响配气机构噪声的主要因素。

柴油机供油系统噪声主要是由于喷油泵、喷油器和高压油管系统振动引起的。其中喷油泵形成的噪声是主要的机械噪声。为降低喷油泵噪声，需提高泵体刚度，采用特种金属或塑料材料，采用隔声罩等。

3）进、排气噪声的影响

进、排气噪声是由于发动机在进、排气过程中的气体压力波动和气体流动所引起的振动而产生的噪声。按照噪声形成的机理，都属于空气动力噪声。其中排气噪声是仅次于发动机本体噪声并与风扇噪声同等重要的噪声源，有时往往比发动机本体噪声高 10～15 dB(A)。进气噪声比排气噪声小，但是它所特有的低频成分可使车身发生共振，是产生车内噪声的原因之一。进、排气噪声主要包括从吸气、排气部位放射出的空气声，进、排气系统零件表面激发声及排气系统的漏气声。

降低进、排气噪声的主要措施是保持消声器的消声效果良好。如果消声器损坏，会使其消声效果变差，造成排气噪声增大。此外，在使用过程中，要注意进、排气系统的紧固作业和接头的密封状况，以减小表面辐射噪声和漏气噪声。

4）风扇噪声

在风冷发动机中，风扇噪声是重要的噪声源。特别是近年来，一些车辆由于安装隔声装置和装设车内空调系统及排气净化装置等原因，使发动机罩内温度上升，风扇负荷加大，噪声变得更加严重。

影响风扇噪声的因素，除了风扇的结构、材料和效率等因素外，使用中正确维护是降低风扇噪声的有效途径。例如，使用中一定要保持风扇、散热器、导风罩的相对位置，因为风扇与散热器之间具有适当的距离及风扇与风罩之间具有适当的间隙，对降低其噪声是有意义的。试验表明，风扇与散热器的最佳距离为 100～200 mm（载货汽车）。这样，既能充分发挥风扇的冷却能力，又可以使噪声最小。随着风扇与散热器之间距离的增加，风扇的冷却能力、流量和噪声都要增加。风扇前后的导风罩及其他零部件是产生涡流噪声的重要来源之一，因此，它对风扇噪声的影响也很大。在风冷发动机上，为了减少液力损失，风扇入口处呈流线型，风扇及导风罩组成的气流通道形成光滑表面，并设置导向装置，以改善冷却风的流动状态，从而降低冷却系统的噪声。风扇和导向装置之间具有适当的间隙，间隙过小，会使噪声明显增大。这一间隙通常为叶轮外径的 59%。因此，在使用中，应经常检查风扇和导风罩是否松动，风扇叶片是否变形，如有松动和变形，应予紧固和校正，保持风扇、散热器和导风罩的相对位置关系。

2. 传动机构噪声

变速器噪声主要是因齿轮振动引起的噪声，以及轴承运转声、润滑油搅拌声、发动机振动传至变速器箱体而辐射的噪声等。齿轮机构噪声是由齿轮啮合时所产生的噪声和齿轮固有振动噪声所组成。影响齿轮噪声的因素主要有：齿轮的运转状况，齿轮的设计参数，齿轮的加工精度等。选择合适的齿轮材料，设计固有的振动频率高、密封性好、隔热声性能强的齿轮箱等均可减少变速器噪声。

传动轴噪声主要表现为汽车行驶中传动轴发出周期性响声，且车速越高，响声越严重，甚至引起车身发生抖动、驾驶人握转向盘的手有麻木感，这是由于传动轴变形、轴承松旷及装配不良等因素造成的。提高装配精度，检查平衡片有无脱落，避免超速行驶，可减少传动轴噪声。

驱动桥噪声在汽车行驶时车后部发出较大的响声，且车速越高，响声越大。主要是齿隙不合适、齿轮装配不当、轴承调整不当等原因造成的。

3. 制动噪声

制动噪声是汽车制动过程中由制动器摩擦诱发引起制动器等部件振动发出的声响，通长称为制动尖叫声。特别是制动器由热态转为冷态时更容易产生这种噪声。改高频噪声不仅影响汽车的舒适性，还会给驾驶员带来不必要的担心。

鼓式制动器比盘式制动器产生的噪声大，通常发生在制动蹄摩擦片端部和根部与制动接触的情况下。其噪声大小取决于制动蹄摩擦片长度方向上的压力分布规律，以及手制动系统及零部件刚度的影响。

4. 轮胎噪声

轮胎噪声包括：轮胎花纹噪声、道路噪声、弹性振动噪声以及轮胎旋转时搅动空气引起的风噪声。

花纹噪声和道路噪声都是轮胎和路面相互作用而产生的噪声。汽车行驶时，轮胎接地部分胎面花纹沟槽内的空气以及路面的微小凹凸与地面间的空气，在轮胎离开地面时受到一种类似于泵的挤压作用引起周围空气压力变化从而产生噪声。弹性振动噪声是由于轮胎不平衡、胎面花纹刚度变化或路面凹凸不平衡原因激发胎体振动而产生的噪声。影响轮胎噪声的因素主要有：轮胎花纹、车速及负荷、轮胎气压、传配情况、轮胎磨损程度、路面状况等。

本 章 小 结

(1) 汽油车排气污染物的评价指标有：一氧化碳(CO)、碳氢化合物(HC)、氮氧化物(NO_x)、过量空气系数(λ)。柴油车排气污染物的评价指标有：自由加速法烟度(采用波许 Bosch 单位，用“Rb”表示)、自由加速法烟度(采用光吸收系数 K，用“m^{-1}”表示)、加载减速法烟度(采用光吸收系数 K，用“m^{-1}”表示)。

(2) 目前使用的汽车排气分析仪中，汽油车尾气排放污染物的检测仪器有：红外线分析仪、氢火焰离子分析仪、化学发光分析仪。不分光红外线分析仪主要用于检测除使用闭环控制电子燃油喷射系统和三元催化转化器技术以外的在用汽车排气污染物的排放浓度。四气体/五气体分析仪可对 CO、HC、NO_x、CO_2、O_2 等五种气体进行检测。对于这五种气体成分的浓度通常采用两种不同的方法进行检测，其中(HC、CO_2 通过不分光红外线不同波长能量吸收的原理(即 NDIR 法)来测定。而 NO_x、O_2 的浓度通常采用电化学的原理来测定，排气中含氧量的浓度通过测试通道中设置氧传感器即可测定。

(3) 柴油车排气烟度的检测仪器有：滤纸式烟度计、不透光烟度计。滤纸式烟度计结构简单.调整方便，测定值可靠性高，价格低廉；滤纸试样直观性好，便于保存，适宜于稳态工况的测定。但缺点是只能测排气中黑色的碳烟，当柴油机在怠速及低负荷运转时，因排温低及其他原因排出的油雾及水蒸气形成的蓝烟和白烟却不能测出。不透光式烟度计是利用透光衰减率来测定排气烟度，可分为全流式和分流式两类。

(4)《点燃式发动机汽车排气污染物排放限值及测量方法(双怠速法及简易工况法)》(GB18285—2005)规定了汽油车怠速和高怠速工况下排气污染物的限值。GB18285—2005 标准中规定轻型汽车高怠速转速为(2 500±100)r/min，重型汽车的高怠速转速为(1 800±100)r/min。

(5) 对于使用闭环控制电子燃油喷射系统和三元催化转化器技术的汽车，进行过量空气系数(λ)的测定。发动机转速为高怠速时，λ 应在 1.00±0.03 或在制造厂家规定的范围内。

(6) 从 2005 年 7 月 1 日起，点燃式发动机在用汽车的排放监控，采用 GB 18285—2005 标准规定的双怠速法排气污染物排放限值测量方法；在机动车保有量大，污染严重的地区，采用 GB 18285—2005 标准附录 B、C、D 中所列的简易工况法。

(7)《车用压燃式发动机和压燃式发动机汽车排气烟度排放限值及测量方法》(GB3847—2005)中，对 GB 3847—2005 标准实施前后的在用汽车，根据生产日期的不同规定了不同的排放限值。对于 2001 年 10 月 1 日起生产的装配压燃式发动机的在用汽车，应按《在用汽车自由加速试验不透光烟度法》进行自由加速试验；对于 2001 年 10 月 1 日前生产的装配压燃式发动机的在用汽车，应按《在用汽车自由加速试验滤纸烟度法》的要求进行自由加速试验。自 2005 年 7 月 1 日起，压燃式发动机在用汽车排放监控，采用 GB 3847—2005 标准规定的排气烟度排放限值及测量方法。在机动车保有量大，污染严重的地区，可采用标准附录 J 中规定的加载减速工况法。

(8) 在汽车的使用过程中，发动机的技术状况变化，如系统故障、空燃比、点火提前角等技术状况发生变化，电控燃油喷射发动机各传感器和各执行机构的技术状况变化，都对汽车的排气污染物检测结果有很大影响。通过分析其影响因素，找出故障原因并予以排除，以减轻汽车排气污染物对大气的污染。

(9) 噪声的主要评价指标有声压与声压级、噪声频率和响度级、噪声级等。声级计是一种能把噪声以近似人耳听觉特性测定其噪声级的仪器。声级计根据测量精度分为精密声级计和普通声级计，根据所用电源分为交流式声级计和直流式声级计。声级计一般由传声器、放大器、衰减器、计权网络、检波器、指示表头和电源等组成。

(10) 根据《营运车辆综合性能要求和检验方法》(GB18565—2001)中规定，对于在用汽车，从汽车定置噪声、客车车内噪声、驾驶人耳旁噪声和喇叭声级四个方面，对汽车噪声进行控制，并规定了噪声的限值和测量方法。

(11) 汽车噪声的影响因素主要有两类：一类是与发动机运转有关的噪声，主要包括发动机运转时发出的燃烧噪声、机械噪声、进排气噪声和风扇噪声，以及发动机运转时所带动的各种附件(如压气机、发电机等)发出的噪声；另一类是与汽车行驶有关的噪声，主要包括传动机构(变速器、传动轴及驱动桥)的机械噪声、轮胎发出的噪声、制动器噪声、车身振动及和空气作用所发出的噪声。

复习思考题

1. 判断题

(1) 当混合气处于比理想空燃比浓的范围时，随着空燃比的提高，CO 和 HC 浓度增加，NO_x 浓度

下降。 （ ）

(2) 点火时刻对 NO_x、HC 浓度影响很大，无论在任何转速和负荷条件下，增加点火提前角，均使 NO 的排放浓度增加。 （ ）

(3) 取样管插入排气管中的深度对尾气分析仪测量的排气浓度值影响很大。 （ ）

(4) 发动机开始暖机后就可以使用尾气分析仪进行尾气检测。 （ ）

(5) 汽油机在怠速小负荷时，充气量少，混合气浓，温度低，燃烧速度慢，易引起不完全燃烧，使排气中的 CO、HC 含量增多。 （ ）

(6) 在发动机处于冷态或预热不够充分，发动机没有达到正常工作温度的状态下测得的尾气参数，对故障没有分析价值。 （ ）

(7) 对在用柴油车排放检测只进行车辆自由加速试验滤纸烟度法检测。 （ ）

(8) 符合排放标准的车辆也可能存在故障。 （ ）

(9) 车内噪声的检测方法是车辆以常用挡位、50 km/h 以上的不同车速匀速行驶，分别用声级计"慢"挡测量"A"、"C"计权声级。 （ ）

(10) 汽车喇叭声级在距车前 2 m、离地高 1.2 m 处用声级计测量时，其值应为 90～115 dB。（ ）

2. 选择题

(1) 按《点燃式发动机汽车排气污染物限值及测量方法(双怠速法和简易工况法)》(GB18285—2005)规定，进行怠速排放测量时，应将排气分析仪取样探头插入排气管中，深度不少于（ ）mm。

A. 300　　B. 400　　C. 500

(2) 对（ ）和装有三效催化转化器的汽车，GB18285—2005 规定，要进行过量空气系数的测定。

A. 使用闭环控制电子燃油喷射系统的汽车

B. 轿车

C. 污染严重超标的汽车

(3) 使用不分光红外线(NDIR)气体分析仪测量汽油车排放污染时，是在汽油机（ ）工况下测量的。

A. 双怠速　　B. 自由加速　　C. 全负荷

(4) 当测试的一氧化碳(CO)、碳氢化合物(HC)高，二氧化碳(CO_2)、氧气(O_2)低时，表明发动机工作混合气（ ）。

A. 很稀　　B. 很浓　　C. 很不均匀

(5) 自 2001 年 10 月 1 日起至 GB3847—2005 实施之日生产的汽车，应按要求进行自由加速试验，自然吸气式发动机所测得的排气光吸收系数应小于等于（ ）m^{-1}。

A. 2.0　　B. 2.5　　C. 3.0

(6) 按《压燃式发动机和压燃式发动机汽车排气烟度排放限值及测量方法》(GB3847—2005)的规定，2001 年 10 月 1 日前生产的柴油车的排气污染物的检测应用（ ）进行检测。

A. 烟度计　　B. 不透光烟度计　　C. 烟度计和不透光烟度计

(7) 按《压燃式发动机和压燃式发动机汽车排气烟度排放限值及测量方法》(GB3847—2005)的规定，装配压燃式发动机的车辆排放污染物的检测，应采用（ ）。

A. 怠速法　　B. 双怠速法　　C. 自由加速试验法

(8) 采用滤纸烟度法测量柴油机烟度是在（ ）下进行。

A. 低速　　B. 自由加速　　C. 全负荷

(9) GB18285—2005 规定轻型汽车排气污染物检测时的高怠速为(　　)。

A. (1 500±100)r/min　　B. (1 800±100)r/min　　C. (2 500±100)r/min

(10)《机动车运行安全技术条件》(GB7258—2004)规定,客车以 50 km/h 的速度匀速行驶,客车车内噪声声级不大于(　　)dB。

A. 75　　B. 79　　C. 85

3. 填空题

(1) 汽车排气中的________等气体,对红外线分别具有吸收一定波长的性质,而且红外线被吸收的程度与________之间有一定的关系。

(2) NHA-506 型废气分析仪采用不分光红外吸收法原理,测量汽车排放废气中的________、碳氢化合物(HC)和二氧化碳(CO_2)的成分,用电化学电池原理测量排气中的________和氧气(O_2)的成分,并可根据测得的CO、CO_2、HC 和 O_2 的成分计算出过量空气系数 λ。

(3) 汽车尾气排放出来的 NO_x 和 HC,在太阳光紫外线作用下,会进行一系列的________反应,形成一种毒性较大的________。

(4) 柴油车自由加速烟度检测,分________和________两种测试方法。

(5) 根据《营运车辆综合性能要求和检验方法》(GB18565—2001)中规定,对于在用汽车,从汽车________、________、驾驶人耳旁噪声和喇叭声级四个方面,对汽车噪声进行控制,并规定了噪声的限值和测量方法。

4. 问答题

(1) 叙述汽油车排气污染物的双怠速检测法。

(2) 影响汽车排气污染物的使用因素有哪些?

(3) 如何对柴油车自由加速烟度进行测试?

(4) 叙述 NHA-506 型废气分析仪的组成及基本检测原理。

(5) 什么是汽车噪声? 汽车噪声源如何分类?

8 汽车前照灯和车速表检测

学习目标

知识目标

(1) 熟悉汽车前照灯的评价指标和车速表误差的形成原因；

(2) 掌握汽车前照灯和车速表的检测标准及检测方法；

(3) 了解前照灯检测仪和速度台的基本结构与工作原理。

能力目标

(1) 学会正确使用前照灯检测仪、速度台等检测仪器设备；

(2) 学会应用前照灯检测仪进行汽车前照灯发光强度和光束照射位置的检测；

(3) 学会应用速度台进行车速表误差的检测；

(4) 能根据检测结果分析前照灯和车速表的状况，并进行必要的调整。

8.1 汽车前照灯评价指标

前照灯是汽车在夜间或在能见度较低的条件下，为驾驶人提供行车道路照明的重要设备，而且也是驾驶员发出警示，进行联络的灯光信号装置。所以前照灯必须有足够的发光强度和正确的照射方向。由于在行车过程中，汽车受到振动，可能引起前照灯部件的安装位置发生变动，从而改变光束的正确照射方向，同时，灯泡在使用过程中会逐步老化，反射镜也会受到污染而使其聚光的性能变差，导致前照灯的亮度不足。这些变化，都会使驾驶人对前方道路情况辨认不清，或在与对面来车交会时造成对方驾驶人眩目等，从而导致事故的发生。因此，应定期对前照灯的发光强度和光束照射位置进行检测、校正。

8.1.1 发光强度

发光强度表示光源在一定方向范围内发出的可见光辐射强弱的物理量，单位为坎德拉，简称“坎”，用符号 cd 表示。按国际标准单位 SI 的规定，若一光源在给定方向上发出频率 540×1 012 Hz 的单色辐射，且在此方向上的辐射强度为每球面度 1/683 W 时，则此光源在该方向上的发光强度为 1 cd。

照度表明受光物体被光源照明的程度，其单位为勒克斯，用符号 lx 表示。1 lx 等于 1.02 cd 的点光源在半径为 1 m 的球面上产生的光照度。在前照灯发光强度不变的情况下，被照物体离光源越远，被照明的程度越差，照度越小。若发光强度用 I(cd)表示，照度用 E(lx)表示，前照灯距物体的距离为 s(m)，则三者之间的关系为

$$E=\frac{I}{s}$$

对汽车前照灯发光强度的要求，如表 8-1 所示。

表 8-1　前照灯远光光束发光强度要求　单位：cd

检查项目	新注册车		在用车	
车辆类型	两灯制	四灯制	两灯制	四灯制
汽车，无轨电车	15 000	12 000	12 000	10 000

注：允许四灯制的机动车其中两只对称的灯达到两灯制要求视为合格。

8.1.2 光束照射位置偏移值

前照灯应能防止眩目，以免夜间两车相会时，使对方驾驶人眩目，而造成交通事故。对前照灯光束照射位置偏移值的要求有如下几点：

(1) 机动车在检验前照灯的近光光束照射位置时，前照灯在距离屏幕 10 m 处，光束明暗截止线转角或中点的高度应为 0.6～0.8H(H 为前照灯基准中心高度，下同)，其水平方向位置向左向右偏差均不得超过 100 mm。

(2) 四灯制前照灯其远光单光束灯的调整，要求在屏幕上光束中心离地高度为 0.85～0.90H，水平位置要求左灯向左偏不得大于 100 mm，向右偏不得大于 170 mm；右灯向左或向右偏均不得大于170 mm。

(3) 机动车装用远光和近光双光束灯时以调整近光光束为主。对于只能调整远光单光束的灯，调整远光单光束。

(4) 机动车每只前照灯的远光光束发光强度应达到表 8-1 的要求。测试时，其电源系统应处于充电状态。

8.2 汽车前照灯检测设备

前照灯检验仪是按一定测量距离放在被检车对面，用来检验前照灯发光强度和光轴偏斜量的专用设备。

8.2.1 前照灯检测仪的检测原理

前照灯检测仪的类型很多，但基本检测原理类似，一般均采用能把吸收的光能变成电流的光电池作为传感器，按照前照灯主光束照射光电池产生电流的大小和比例，来测量前照灯发光强度和光轴偏斜量。

1. 发光强度的检测原理

测量前照灯发光强度的电路由光度计、可变电阻和光电池等组成，如图 8-1 所示。按规定的距离使前照灯照射光电池，光电池便按受光强度的大小产生相应的光电流使光度计指针摆动，指示出前照灯的发光强度。

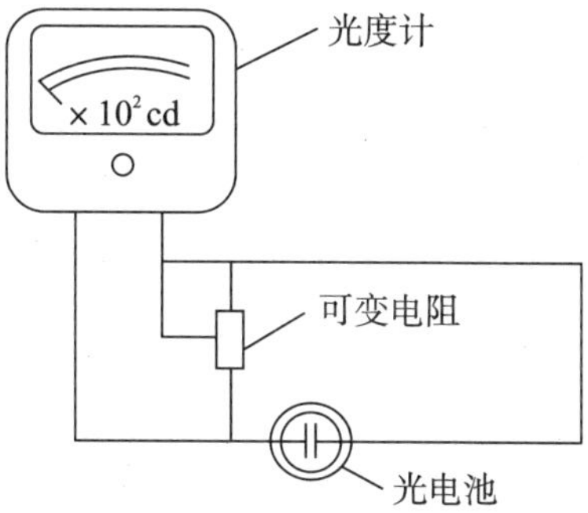

图 8-1　发光强度的检测原理图

2. 光轴偏斜量的检测原理

测量前照灯光轴偏斜量的电路，如图 8-2 所示，由两对光电池组成，左右一对光电池 $S_{左}$、$S_{右}$ 上接有左右偏斜指示计，用于检测光束中心的左右偏斜量；上下一对光电池 $S_{上}$、$S_{下}$ 上接有上下偏斜指示计，用

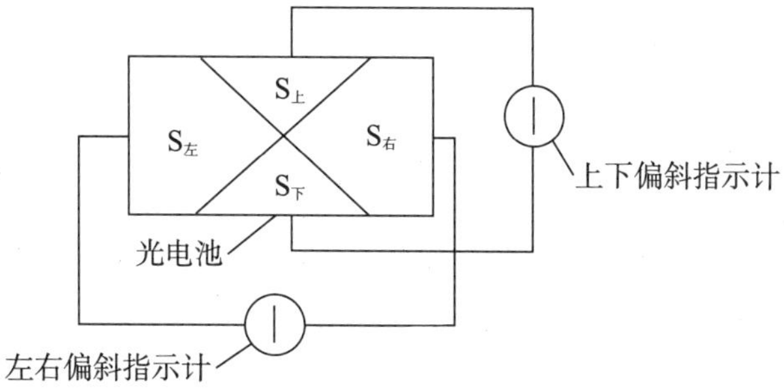

图 8-2　光轴偏斜量检测原理图

于检测光束中心的上下偏斜量。当光电池受到前照灯光束照射时，如果光束照射方向偏斜，将分别使光电池的受光面不一致，因而产生的电流大小也不一致。光电池产生的电流差值分别使上下偏斜指示计及左右偏斜指示计的指针摆动，从而检测出光轴的偏斜方向和偏斜量。

图 8－3 所示为光轴无偏斜时的情况，这时上下偏斜指示计的指针和左右偏斜指示计的指针均垂直向下，即处于零位。图 8－4 所示为光轴有偏斜时的情况，这时上下偏斜指示计的指针向“下”方向偏斜，左右偏斜指示计的指针向“左”方向偏斜。

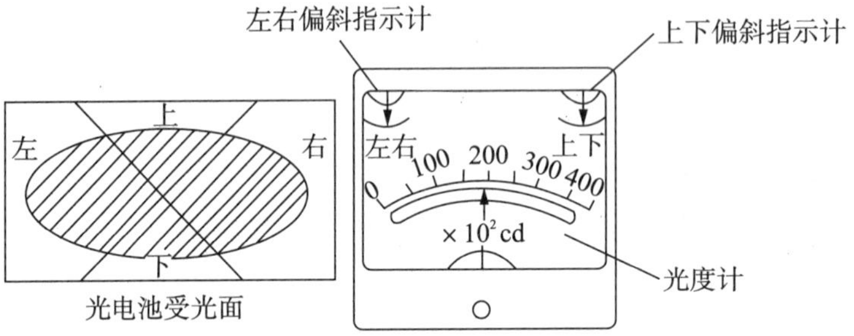

图 8－3　光轴无偏斜时的情况

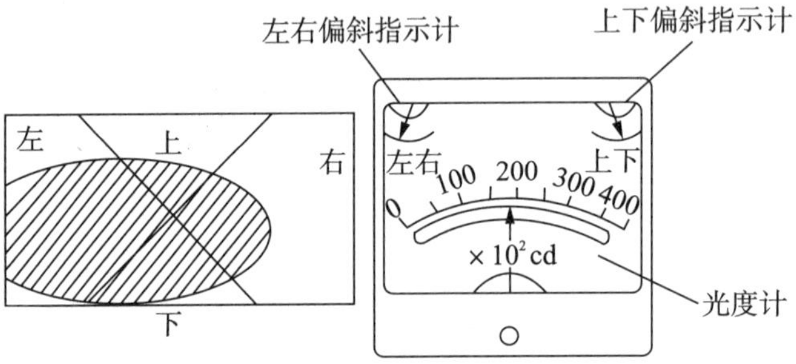

图 8－4　光轴有偏斜时的情况

若通过适当的调节机构，调整光线照射光电池的位置，使 $S_{左}$ $S_{右}$ 和 $S_{上}$ $S_{下}$ 每对光电池受到的光照度相同，此时每对光电池输出的电流相等，两偏斜指示计的指针均指向零位，其调节量反映了光束中心的偏斜量。当偏斜指示计指针处于零位时，光电池受到的光照最强，四块光电池所输出电流之和表明了前照灯的发光强度。

8.2.2　前照灯检测仪的类型与结构

按照前照灯检测仪的结构特征与测量方法不同，常用汽车前照灯检测仪可分为聚光式、屏幕式、投影式和自动追踪光轴式四种类型。这些不同类型的前照灯检测仪均由接受前照灯光束的受光器、使受光器与汽车前照灯对正的照准装置、前照灯发光强度指示装置、光轴偏斜方向和偏斜量指示装置及支柱、底板、导轨、汽车摆正找准装置等组成。

1. 聚光式前照灯检测仪

聚光式前照灯检测仪是利用受光器的聚光透镜把前照灯的散射光束聚合起来，并导引到光电池的光照面上，根据其对光电池的照射强度，来检测前照灯的发光强度和光轴偏斜量。检测时，检测仪放在距前照灯前方 1 m 处。聚光式前照灯检测仪的结构，如图 8－5 所示。

2. 屏幕式前照灯检测仪

屏幕式前照灯检测仪在固定屏幕上装有可以左右移动的活动屏幕，在活动屏幕上装有能上下移动的内部带有光电池的受光器。前照灯的光束照射到屏幕上，检测发光强度和光轴偏斜量。通常测试距离为 3 m。

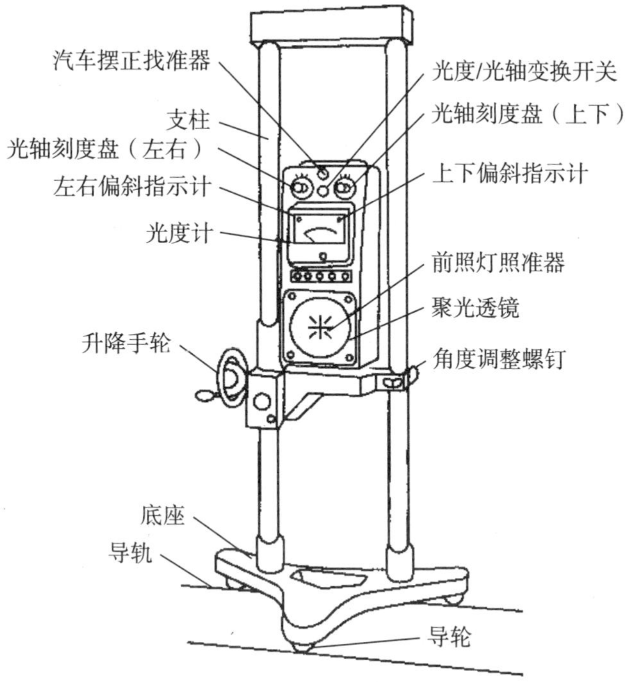

图 8-5　聚光式前照灯检测仪

屏幕式前照灯检测仪的构造，如图 8-6 所示。在固定的屏幕上装有可以左右移动的活动屏幕，在活动屏幕上装有能上下移动的内部带光电池的受光器。检验时，移动受光器和活动屏幕，根据光度计指示值为最大时的位置找到主光轴的方向，然后由固定屏幕和活动屏幕上的光轴刻度尺即可读出光轴偏斜量，同时可从光度计的指示值得出发光强度。

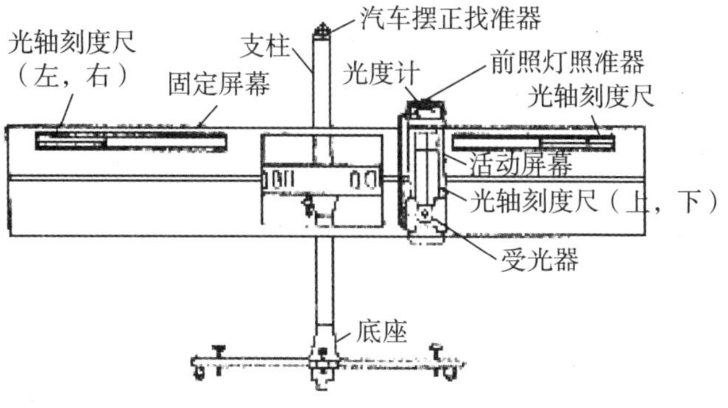

图 8-6　屏幕式前照灯检测仪

3. 投影式前照灯检测仪

投影式前照灯检测仪采用把前照灯光束的影像映射到投影屏上，来检测发光强度和光轴偏斜量。检测时，测试距离一般为 3 m。其构造如图 8-7 所示。

在聚光透镜的上下和左右方向装有四个光电池。前照灯光束的影像通过聚光透镜、光度计的光电池和反射镜后，映射到投影屏上。检测时，通过上下、左右移动受光器使光轴偏斜指示计指示为零，从而找到被测前照灯主光轴的方向，然后根据投影屏上前照灯光束影像的位置，即可得出主光轴的偏斜量，同时可从光度计的指示中读取发光强度。

根据投影式前照灯检测仪光轴偏斜量的检测方法不同，有投影屏刻度检测法和光轴刻度盘检测法。

投影屏刻度检测法是在投影屏上刻有表示光轴偏斜量的刻度线，根据前照灯影像中心在投影屏上所处的位置，即可直接读出光轴的偏斜量。

光轴刻度盘检测法是转动上下与左右光轴刻度盘，使前照灯光束影像中心与投影屏坐标原点重合，然后从光轴刻度盘上读取光轴偏斜量。

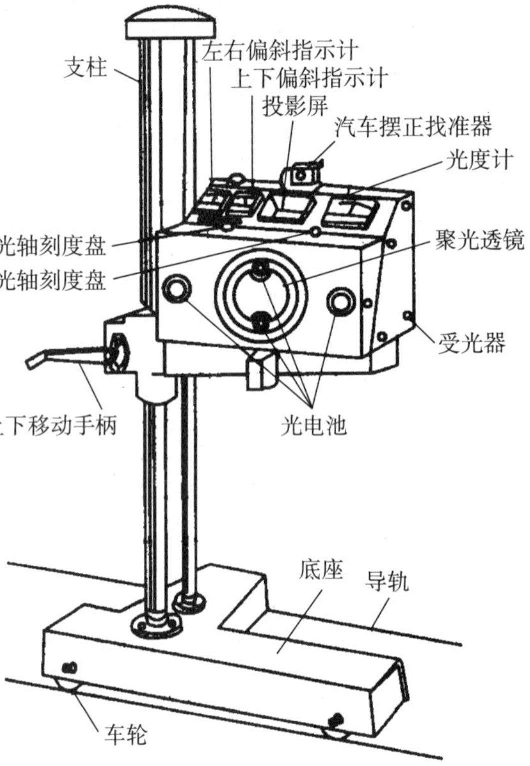

图 8－7　投影式前照灯检测仪

4. 自动追踪光轴式前照灯检测仪

自动追踪光轴式前照灯检测仪采用受光器自动追踪光轴的方法检测前照灯发光强度和光轴偏斜量，一般检测距离为 3 m。其构造如图 8－8 所示。

检测时，前照灯的光束照射到检测仪的受光器上。此时，若前照灯光束照射方向偏斜，则主、副受光器的上下光电池或左右光电池的受光量不等，由其电流的差值控制受光器上下移动的电动机运转，或使控制箱左右移动的电动机运转，并通过传动机构牵动受光器上下移动或驱动控制箱在轨道上左右移动，直至受光器上下、左右光电池受光量相等为止。在追踪光轴时，受光器的位移方向和位移量由光轴偏斜指示计指示，此即前照灯光束的偏斜方向和偏斜量、发光强度由光度计指示。

5. 采用 CCD 图像传感器的全自动前照灯远近光检测仪简介

常见的检测设备有南华厂生产的 QD－1003、NHD－6101 型远近光检测仪，浙大鸣泉生产的 QDC－1B 型远近光检测仪和佛山厂生产的 FD－103 型远近光检测仪是在全自动远光检测仪基础上结合 CCD 图像传感器和先进的图像处理技术发展而来的。

南华产 NHD－6101 和佛山产 FD－103 型检测仪在透镜的前后安装有两个 CCD 摄像机，分别负责光轴的跟踪和前照灯配光性能和照射方向的分析，南华产 QD－1003 型检测仪在透镜后安装有一个 CCD 摄像机用于前照灯配光性能和照射方向的分析，而光轴的跟踪仍沿用以前的光电池方法。有的检测仪的立柱上装有扫描光电管阵列，其作用是扫描汽车前照灯的大概位置，以便光接收箱快速定位。

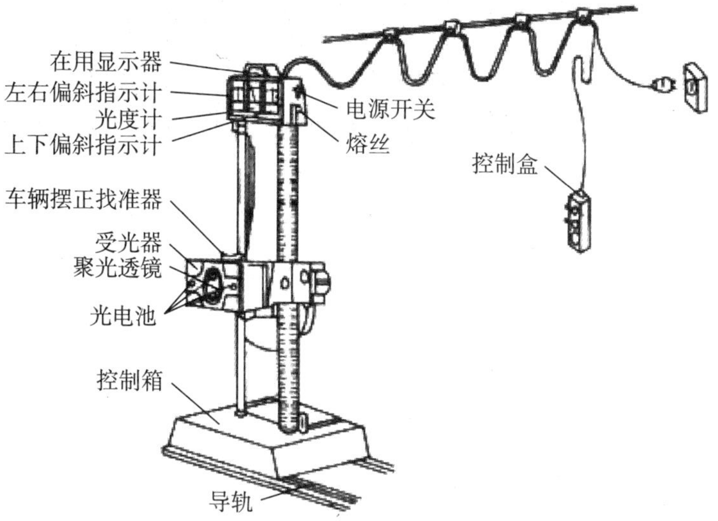

图 8-8 自动追踪光轴式前照灯检测仪

1）前照灯光轴的定位原理

根据机动车前照灯远光或近光的配光特性、CCD测量技术特点和聚光透镜的聚光特性，可以对进入仪器光接收箱未进行聚光的机动车前照灯远光光束进行拍摄，利用高性能计算机和先进的图像处理技术对整个光斑进行量化分析处理，找出前照灯的光轴中心，通过控制系统控制驱动电机，使光接收箱的光学中心和前照灯的远光（或近光）光束中心准确重合。当光接收箱的光学中心和前照灯的远光光束中心准确重合时（图 8-9(a)），上下、左右电机不动，仪器处于平衡状态；当光接收箱的光学中心和前照灯的远光光束中心不重合时（图 8-9(b)），计算机会发出指令，使上下、左右电机走动，直到光接收箱的光学中心和前照灯的远光光束中心准确重合。

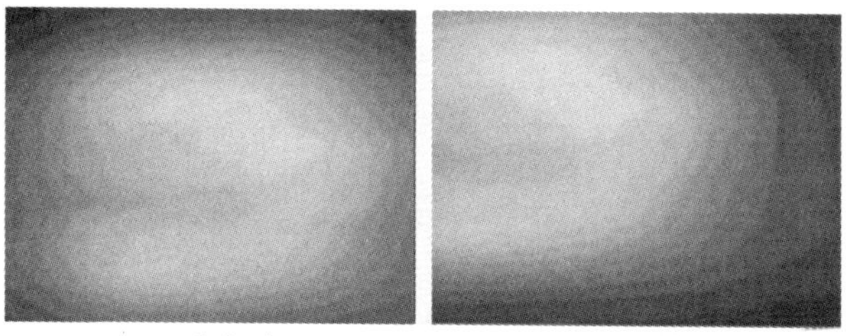

(a) 重合时　　(b) 不重合时

图 8-9 远光光心未进行聚光时的灰度图像

2）偏角和光强的测量

对准光轴后，利用CCD对进入仪器光接收箱经过聚光镜聚光后，聚集在焦平面屏幕上的机动车前照灯远光光斑进行拍摄，利用高性能计算机和先进的图像处理技术对整个焦平面光斑进行量化分析处理，找出其光束中心，不同的偏角的光束其光学中心成像在焦平面上的位置也不同，不同光强的点，其在图像上的灰度也不同，光强越强的点，光斑越白，光强越小的点，光斑越暗。FD-103型前照灯检测仪可以测出机动车前照灯远光的角度和光强。当机动车前照灯远光的偏角为零度时，远光（或近光）灯光束经过聚光透镜聚光后，其成像在焦平面光学中心也在焦平面的中心，其成像在焦平面的光分布图，如图 8-10(a)所示。当机动车前照灯远光的偏角不为零度时，远光灯光束经过聚光透镜聚光后，其成像在焦平面光学中心也不在焦平面的中心，其成像在焦平面的光分布图，如图 8-10(b)所示。

汽车前照灯的近光为非对称式，即光形分布有一条明显的明暗截止线。非对称式配光有两种：一种

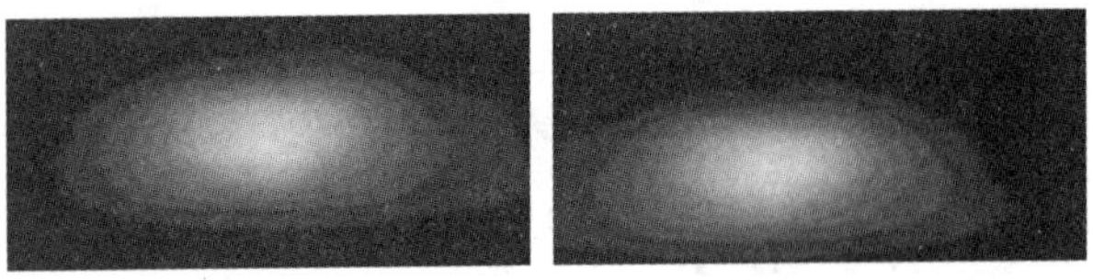
(a) 偏角为零度时　　(b) 偏角不为零度时

图 8-10　聚光后焦平面的光分布图

是在配光屏幕上，明暗截止线的水平部分在 V-V 线的左半边，右半边为水平线向上成 15°的斜线，如图 8-11(a)所示。另一种是明暗截止线右半边为水平线向上成 45°斜线至垂直距离 25 cm 转向水平的折线，由于明暗截止线呈 Z 形，亦称 Z 形配光，如图 8-11(b)所示。

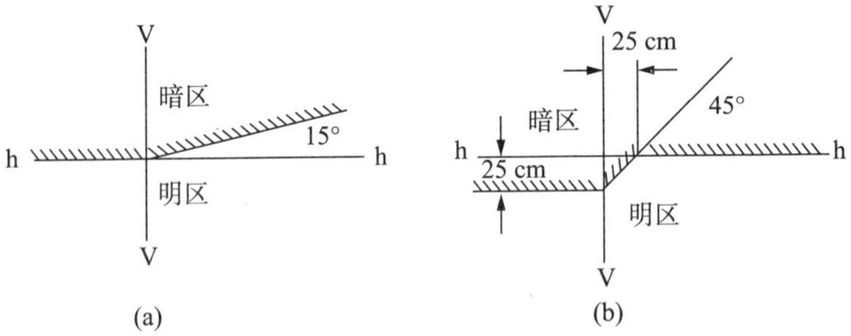

图 8-11　非对称式配光示意图

8.3　汽车前照灯检测方法

8.3.1　汽车前照灯的检测标准

国家标准《机动车运行安全技术条件》(CB7258—2004)中，对机动车前照灯光束照射位置和前照灯光束发光强度作了规定。

1. 前照灯远光光束发光强度检测标准

前照灯远光光束发光强度，如表 8-2 所示。

表 8-2　　前照灯远光光束发光强度检测标准　　单位：cd

机动车类型	检查项目			
	新注册车		在用车	
	两灯制	四灯制	两灯制	四灯制
最高设计时速小于 70 km/h 的汽车	10 000	8 000	8 000	6 000
其他汽车	18 000	15 000	15 000	12 000

注：四灯制是指前照灯具有四个远光光束；采用四灯制的机动车其中两只对称的灯达到两灯制的要求时视为合格。

2. 前照灯光束偏移量检测标准

(1) 在检验前照灯近光光束照射位置时，前照灯照射在距离 10 m 的屏幕上时，乘用车前照灯近光光束明暗截止线转角或中点的高度应为 0.7～0.9H，其他机动车(拖拉机运输机组除外)应为 0.6～0.8H。机动车(装有一只前照灯的机动车除外)前照灯近光光束水平方向位置向左偏不允许超过 170 mm，向右偏不允许超过 350 mm。

(2) 轮式拖拉机运输机组装用的前照灯近光光束照射位置，按照上述方法检验时，要求在屏幕上光束中点的离地高度不允许大于 0.7H；水平位置要求，向右偏不允许超过 350 mm，不允许向左偏移。

(3) 在检验前照灯远光光束及远光单光束照射位置时，前照灯照射在距离 10 m 的屏幕上时，要求在屏幕光束中心离地高度，对乘用车为 0.9～1.0H，对其他机动车为 0.8～0.95H；机动车(装有一只前照灯的机动车除外)前照灯远光光束水平方向位置要求，左灯向左偏不允许超过 170 mm，向右偏不允许超过 350 mm。右灯向左或向右偏均不允许超过 350 mm。

8.3.2 汽车前照灯的检测方法

1. 检测前的准备

(1) 前照灯检测仪的准备在不受光的情况下，调整光度计和光轴偏斜量指示计是否对准机械零点。若指针失准，可用零点调整螺钉调整。

检查聚光透镜和反射镜的镜面上有无污物。若有，可用柔软的布料或镜头纸擦拭干净。

检查水准器的技术状况。若水准器无气泡，应进行修理或更换。若气泡不在红线框内时，可用水准器调节器或垫片进行调整。

检查导轨是否沾有泥土等杂物。若有，应扫除干净。

(2) 被检车辆的准备清除前照灯上的污垢。轮胎气压应符合汽车制造厂的规定。前照灯开关和变光器应处于良好状态。汽车蓄电池和充电系统应处于良好状态。

2. 检测方法

由于前照灯检测仪的厂牌、型式不同，其检测发光强度和光轴偏斜量的具体方法也不尽相同。这里仅就投影式和自动追踪光轴式前照灯检测仪的检测方法做一介绍。

1) 投影式前照灯检测仪的检测方法

将被检汽车尽可能地与前照灯检测仪的轨道保持垂直方向驶近检测仪，使前照灯与检测仪受光器相距 3 m。

用汽车摆正找准器使检测仪与被检汽车对正。

开亮前照灯，移动检测仪，使光束照射到受光器上。

投影屏刻度检测法，要求先使光轴偏斜量指示计的指示为零，然后根据投影屏上前照灯影像中心所在的刻度值读取光轴偏斜量，再根据光度计的指示值读取发光强度值，如图 8－12 所示。

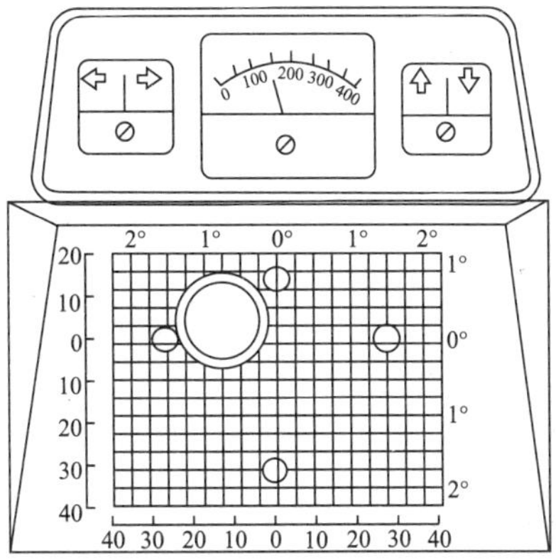

图 8－12　投影屏刻度检测法检测结果示意图

光轴刻度盘检测法，要求转动光轴刻度盘，使投影屏上的坐标原点与前照灯影像中心重合，读取此时光轴刻度盘上的指示值即为光轴偏斜量，再根据光度计上的指示值读取发光强度值，如图 8-13 所示。

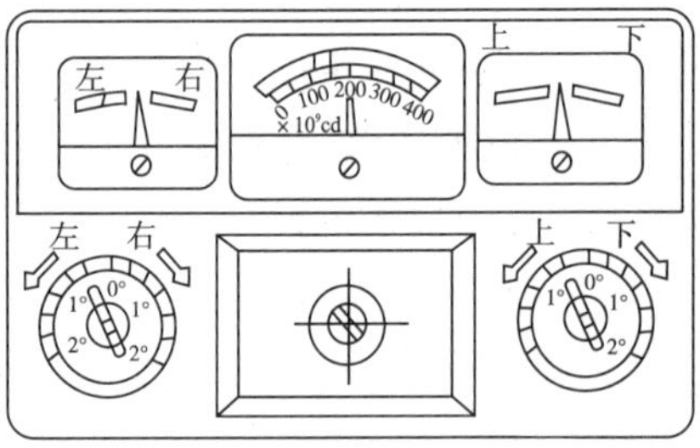

图 8-13　光轴刻度盘检测法检测结果示意图

2）自动追踪光轴式前照灯检测仪的检测方法

将被检汽车尽可能地与前照灯检测仪的轨道保持垂直方向驶近检测仪，使前照灯与检测仪受光器相距 3 m。

用汽车摆正找准器使检测仪与被检汽车对正。

开亮前照灯，接通检测仪电源，用控制器的上下、左右控制开关移动检测仪的位置，使前照灯光束照射到受光器上。

按下控制器上的测量开关，受光器随即追踪前照灯光轴，根据光轴偏斜指示计和光度计的指示值，即可得出光轴偏斜量和发光强度值。

检测完一只前照灯后用同样的方法检测另一只前照灯。检测结束，前照灯检测仪沿轨道或沿地面退回护栏内，汽车驶出。

3. 注意事项

(1) 停车位置要准确，车身纵向中心线要垂直于前照灯检测仪的受光面，否则主要会影响光束左右偏测量的准确性。

(2) 初检与复检时尽量由同一检验员引车操作，驾驶人体重的变化会对光束上下偏测量的准确性和重复性造成影响，尤其对微型车影响较大。

(3) 前照灯检测仪正在移动或将要移动时，严禁车辆通过。

(4) 检测完毕后车辆要及时驶离，车身不得长时间挡住轨道。

4. 前照灯检测仪的保养

(1) 仪器的立柱应保持清洁，并每天加润滑油少许，以利滑行。

(2) 导轨的表面应保持洁净，去除沙粒、油泥、小石子等。严禁加油润滑表面。

(3) 每年对前照灯检测仪进行校准。

8.4　汽车前照灯检测结果分析

前照灯检验不合格有两种情况：一是前照灯发光强度偏低；二是前照灯照射位置偏斜。

8.4.1　前照灯发光强度偏低

1. 左右前照灯发光强度均偏低

(1) 检查前照灯反光镜的光泽是否明亮，如昏暗或镀层剥落或发黑应予更换。

(2) 检查灯泡是否老化,质量是否符合要求,如老化或质量不符合要求,光度偏低者应更换。

(3) 检查蓄电池端电压是否偏低,如端电压偏低,应先充足电再检测。送检汽车普遍存在蓄电池电量不足,端电压偏低的现象。如由蓄电池供电,前照灯发光强度一般很难达到标准的规定;如由发电机供电则大部分汽车前照灯发光强度增加,多数可达到标准规定。

2. 左右前照灯发光强度不一致

检查发光强度偏低的前照灯的反射镜光泽是否灰暗,灯泡是否老化,质量是否符合要求,一般多为搭铁线路接触不良。

8.4.2 前照灯光束照射位置偏斜

前照灯安装位置不当或因强烈震动而错位致使光束照射位置偏斜超标,应予以调整。前照灯光束照射位置偏斜的调整可在前照灯检验仪上进行。

根据检测标准,在检测调整光束照射位置时,对远、近双光束灯以检测调整近光光束为主。如果制造质量合格的灯泡,近光调整合格后,远光光束一般也能合格;若近光光束调整合格后,经复核远光光束照射方向不合格,则应更换灯泡。

8.5 汽车车速表检测

汽车的行驶速度关系到行车安全与运输生产率。为了提高汽车运输生产率应发挥车辆性能所能提供的尽量高的车速,但车速过高超过了汽车性能所允许的界限往往会使汽车失去操纵稳定性与制动距离过长,影响行车安全。此外随着我国高速公路网络的不断完善,高速公路交通事故也日益凸现,为确保高速公路行车安全,高速公路都进行了限速。所以驾驶人必须按照车速表的指示值,准确地控制车速,为此,要求车速表本身一定要准确可靠。车速表经长期使用,由于驱动其工作的传动齿轮、软轴及车速表本身技术状况的变化以及因轮胎磨损使驱动车轮滚动半径的变化,车速表指示误差会愈来愈大。如果车速表的指示误差过大,驾驶人就难以正确控制车速,且极易因判断失误而造成交通事故。为确保车速表的指示精度,必须适时对车速表进行检测、校正。

8.5.1 车速表误差的形成

在行车中,驾驶人通过车速表来了解、掌握车辆行驶速度,这就要求车速表应具有一定的精度,能尽量准确反映车辆的实际速度。但车速表使用时间长后有可能产生指示误差。

汽车的车速表一般是通过速度传感器将汽车行驶速度传递给车速表,使其指示车辆的行驶速度。由于传感器、车速表的制造、装配误差,以及车速表性能下降,或轮胎磨损、轮胎气压不符合规定等因素都可能引起车速表指示的车速与实际车速之间出现误差。

1. 车速表自身的原因

不论是磁电式或电子式车速表,其主轴都是由与变速器相连的软轴驱动的。磁电式车速表(车速表常与里程表做在一起),当主轴旋转时,与主轴固定连接的永久磁铁也一起旋转。其磁场会在铝罩上感应涡流,产生的涡流力矩引起铝罩偏转并带动游丝和指针偏转,最后达到涡流力矩与游丝的弹性反力矩相平衡。车速越高,涡流力矩越大,指针偏转的角度也越大。对于电子式车速表来说,主轴的转动会引起传感器产生与主轴转速成正比的脉冲信号,经电子线路放大后,送到仪表引起指针偏转或给出数字指示。

当汽车长期使用后，车速表内的机械零件难免出现磨损变形，永磁元件可能退磁老化，这些因素都会造成车速表指示值误差增大。

2. 轮胎方面的原因

车速表的转轴一般通过变速器或分动器输出轴上的蜗杆-蜗轮传动副经软轴驱动。在变速器输出轴转速不变的情况下，车速表指示值为定值，而汽车的实际行驶速度还与车轮的滚动半径有关。汽车行驶的速度相当于驱动轮的线速度，显然线速度不仅与转动速度有关，还与车轮的半径有关。

实际上，由于轮胎是一个充气的弹性体，所以汽车行驶时，轮胎在受到垂直载荷、车轮驱动力和地面阻力等作用下会发生弹性变形；另外，由于轮胎磨损、气压不符合标准（过高或不足）等原因也会影响车轮半径的变化。因此车速表指示值与实际车速就会形成误差。

8.5.2 车速表误差的测量原理与检测设备

1. 车速表误差的测量原理

车速表误差的测量需采用滚筒式车速表检验台进行，将被测汽车车轮置于滚筒上旋转，模拟汽车在道路上的行驶状态。

测量时，由被测车轮驱动滚筒旋转或由滚筒驱动车轮旋转，滚筒端部装有速度传感器（测速发电机），测速发电机的转速随滚筒转速的增高而增加，而滚筒的转速与车速成正比，因此测速发电机发出的电压也与车速成正比。

滚筒的线速度、圆周长与转速之间的关系，可表达为

$$v = nL \times 60 \times 10^{-6}$$

式中 v——滚筒的线速度，km/h；

L——滚筒的圆周长，mm；

n——滚筒的转速，r/min。

因车轮的线速度与滚筒的线速度相等，故上述的计算值即为汽车的实际车速值，由车速表检验台上的速度指示仪表显示，称为速度台指示值。

车轮在滚筒上转动的同时，汽车驾驶室内的车速表也在显示车速值，称为车速表指示值。将速度台指示值与车速表指示值相比较，即可得出

$$\text{车速表指示误差} = \frac{\text{车速表指示值} - \text{速度台指示值}}{\text{速度台指示值}} \times 100\%$$

2. 车速表检验台

车速表检验台有三种类型：无驱动装置的标准型，它依靠被测车轮带动滚筒旋转；有驱动装置的驱动型，它由电动机驱动滚筒旋转；把车速表检验台与制动检验台或底盘测功机组合在一起的综合型。

1）标准型车速表检验台

该检验台由速度测量装置、速度指示装置和速度报警装置等组成，如图 8－14 所示。

（1）速度测量装置

速度测量装置主要由框架、滚筒装置、速度传感器和举升器等组成。滚筒一般为 4 个，通过滚筒轴承安装在框架上。在前、后滚筒之间设有举升器，以便汽车进出试验台，举升器与滚筒制动装置联动，举升器升起时，滚筒不会转动。速度传感器一般采用测速发电机式、差动变压器式、磁电式和光电式等多种，安装在滚筒的一端，将对应于滚筒转速发出的电信号送至速度指示装置。

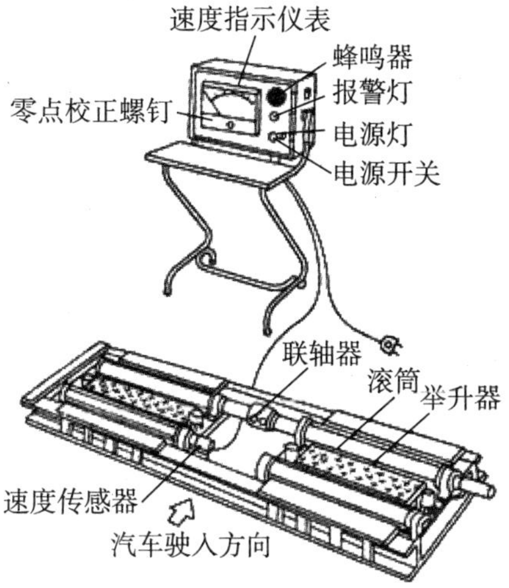

图 8-14　标准型车速表试验台

(2) 速度指示装置

速度指示装置是根据速度传感器发出的电信号大小来工作的。能把以滚筒圆周长与滚筒转速算出的线速度,以 km/h 为单位在速度指示仪表上显示出来。

(3) 速度报警装置

速度报警装置是为在测量时,便于判明车速表误差是否在合格范围之内而设置的。一般有三种形式:

① 用试验台报警装置指示检车速表。当汽车实际车速达到某一规定值(如 40 km/h)时,报警装置的报警灯发亮或蜂鸣器发响指示驾驶人车辆已达到检测车速,注意观察驾驶室车速表指示值是否在合格范围内(如合格范围为 38～48 km/h)。

② 以指示仪表上涂成绿色区域表示车速表指示值与实际车速误差的合格范围。试验时,汽车车速表指示值达到某一检测车速(如 40 km/h)时,同时观察试验台速度表指示值是否在合格的绿色区域(33.3～42.0 km/h)内。

③ 同时具备上述两种装置的报警装置。

2) 驱动型车速表检验台

汽车车速表的转速信号多数取自变速器或分动器的输出端,但对于后置发动机的汽车,如车速表软轴过长,会出现传动精度和寿命方面的问题,因此转速信号取自前轮。驱动型车速表检验台就是为适应后置发动机汽车的检测而制造的,其结构如图 8-15 所示。

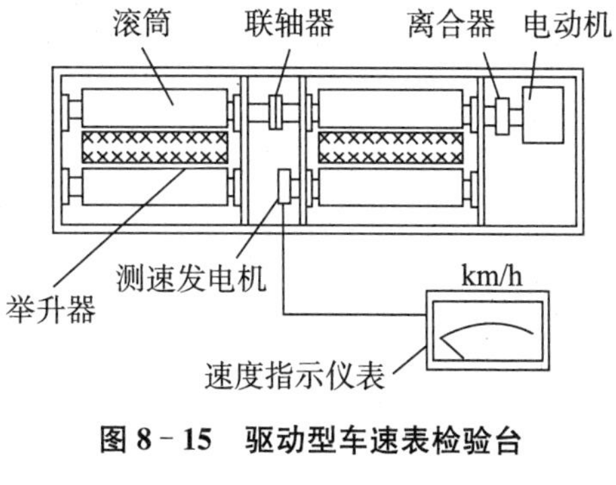

图 8-15　驱动型车速表检验台

这种检验台在滚筒的一端装有电动机,由它来驱动滚筒旋转。此外,这种检验台在滚筒与电动机之间装有离合器，若试验时将离合器分离，又可作为标准型检验台使用。

8.5.3 车速表的检测方法

因型式、牌号不同，不同的车速表检验台其使用方法也不同。因此在使用前一定要认真阅读试验台《使用说明书》，按《使用说明书》的规定正确使用。

1. 检测前的准备

1）车速表检验台的准备

(1) 在滚筒处于静止状态检查指示仪表是否在零点上，若指针不在零点上，可用零点调整旋钮（或零点调整电位计）调整。

(2) 检查滚筒上是否沾有油、水、泥、砂等杂物。若有，应清除干净。

(3) 检查举升器的升降动作是否自如。若动作阻滞或有漏气部位，应予修理。

(4) 检查导线的连接接触情况，若有接触不良或断路，应予修理或更换。

2）被测车辆的准备

(1) 按汽车制造厂的规定检查并补充轮胎气压。

(2) 轮胎上沾有水、油、泥等或轮胎花纹沟槽内嵌有小石子时，应清除干净。

2. 检测方法

(1) 接通检验台电源。

(2) 升起滚筒间的举升器。

(3) 将被检车辆开上试验台，使输出车速信号的车轮尽可能与滚筒成垂直状态地停放在试验台上。

(4) 降下滚筒间的举升器，至轮胎与举升器托板完全脱离为止。

(5) 用挡块抵住位于检验台滚筒之外的一对车轮，防止汽车在测试时滑出检验台。

(6) 使用标准型检验台时应作如下操作：

① 起动汽车，待汽车的驱动轮在滚筒上稳定后，挂入最高挡，松开驻车制动器，踩下加速踏板使驱动轮带动滚筒平稳地加速运转。

② 当汽车车速表的指示值达到规定检测车速（40 km/h）时，读出试验台速度指示仪表的指示值；或当检验台速度指示仪表的指示值达到检测车速时，读取车速表的指示值。

(7) 使用驱动型检验台时应作如下操作：

① 接合检验台离合器，使滚筒与电动机联在一起。

② 将汽车的变速器挂入空挡，松开驻车制动器，起动电动机，使电动机驱动滚筒旋转。

③ 当汽车车速表的指示值达到检测车速时，读取检验台速度指示仪表的指示值；或当检验台速度指示仪表达到检测车速时，读取汽车车速表的指示值。

(8) 测试结束后，轻轻踩下汽车制动踏板，使滚筒停止转动。对于驱动型检验台，必须先关断电动机电源，再踩制动踏板。

(9) 升起举升器，去掉挡块，汽车驶离检验台。

(10) 切断检验台电源。

3. 注意事项

(1) 检查汽车的轴荷，以保证待检汽车轴荷在检验台允许载荷范围。

(2) 对于前轮驱动汽车，应在低速情况下操纵转向盘确保汽车处于直线行驶状态。然后再加速到检测车速。切忌汽车一上检验台就迅速加速。

(3) 对于电机驱动型车速表试验台，要注意滚筒所能驱动的车轮负荷，严禁超载。

(4) 对于电机驱动型车速表检验台，在不用驱动装置进行测试时，务必分离离合器，使滚筒与电动机脱开。

(5) 被检测的汽车，如需连续进行高速试验，为防止轮胎驻波现象的产生，可适当地提高轮胎气压。

(6) 车速表检验台仪表部分应注意避免潮湿和振动。

(7) 车速表检验台滚筒表面应经常保持清洁、干燥，防止泥、水、油污等进入车速表检验台。

(8) 车速表检验台不检测时，严禁在检测台上停放车辆和堆积杂物。

8.5.4 汽车车速表检测结果分析

1. 车速表检测标准

国家标准《机动车运行安全技术条件》(GB7258—2004)中规定，车速表指示误差(最高设计车速不大于 40 km/h 的机动车除外)：车速表指示车速 v_1 与实际车速 v_2 之间应符合关系式

$$0 \leqslant v_1 - v_2 \leqslant \frac{v_2}{10} + 4$$

将被测机动车的车轮驶上车速表检验台的滚筒上使之旋转，当该机动车车速表的指示值(v_1)为 40 km/h时，车速表检验台速度指示仪表的指示值(v_2)为 32.8～40 km/h 范围内为合格。当车速表检验台速度指示仪表的指示值(v_2)为 40 km/h 时，读取该机动车车速表的指示值(v_1)，v_1 的读数在40～48 km/h范围内为合格。

2. 检测结果分析

车速表经检测出现误差，其主要原因是由于长期使用过程中车速表本身出现了故障、损坏，以及汽车轮胎磨损。

车速表内有转动的活动盘、转轴、轴承、齿轮、游丝等零件和磁性元件，这些构件在工作过程中产生的磨损和性能变化会造成车速表的指示误差。对于产生磨损的应予更换。磁力式车速表的磁铁磁力退化，也会引起指针指示值失准，应更换磁铁进行修复。

汽车轮胎在使用过程中由于磨损，其半径逐渐减小。在变速器输出轴转速不变的条件下，汽车行驶速度因轮胎半径的变化而变化，而车速表的软轴是与变速器输出轴相联的，因此车速表指示值与实际车速形成误差。

为消除车速表机件磨损和轮胎磨损形成的指示误差，应借助于车速表检验台适时地对车速表进行检测。

本章小结

(1) 汽车前照灯的评价指标有前照灯的发光强度和光束照射位置，是机动车运行安全检测的必检项目。

(2) 汽车前照灯检测仪有聚光式前照灯检测仪、屏幕式前照灯检测仪、投影式前照灯检测仪、自动追踪光轴式前照灯检测仪，以及全自动前照灯远近光检测仪(采用 CCD、双 CCD 检测技术)。

(3) 前照灯检测仪的基本检测原理，通过采用能把吸收的光能变成电流的光电池作为传感器，按照前照灯主光束照射光电池产生电流的大小和比例，来测量前照灯发光强度和光轴偏斜量。

(4) 全自动前照灯远近光检测仪采用双 CCD 检测技术，用 DSP 对图像进行高速、精确处理，采用硅光电池检测发光强度，确保检测数据的准确性。

(5) 前照灯检测不合格有两种情况：一是前照灯发光强度偏低，二是前照灯照射位置偏斜。应分析查找引起前照灯不合格的原因，进行必要的调整与检修。

(6) 车速表检验台有三种类型：无驱动装置的标准型，由被测车轮带动滚筒旋转；有驱动装置的驱动型，由电动机驱动滚筒旋转；把车速表试验台与制动试验台或底盘测功试验台组合在一起的综合型。标准型车速表检验台由速度测量装置、速度指示装置和速度报警装置等组成。

(7) 国家标准《机动车运行安全技术条件》(GB7258—2004)中规定，车速表指示误差(最高设计车速不大于 40 km/h 的机动车除外)：车速表指示车速 v_1 与实际车速 v_2 之间应符合关系式

$$0 \leqslant v_1 - v_2 \leqslant \frac{v_2}{10} + 4$$

将被测机动车的车轮驶上车速表检验台的滚筒上使之旋转，当该机动车车速表的指示值(v_1)为 40 km/h时，车速表检验台速度指示仪表的指示值(v_2)为 32.8～40 km/h 范围内为合格。当车速表检验台速度指示仪表的指示值(v_2)为 40 km/h 时，读取该机动车车速表的指示值(v_1)，v_1 的读数在40～48 km/h范围内时为合格。

(8) 汽车车速表的误差往往会随汽车使用时间的延长而逐渐增大，造成车速表失准。车速表经检测出现误差，其主要原因是由于长期使用过程中车速表本身出现了故障、损坏，或者汽车轮胎磨损严重。为消除车速表机件磨损和轮胎磨损形成的指示误差，应借助于车速表检验台适时地对车速表进行检测。

复习思考题

1. 判断题

(1) 前照灯检测不合格有两种情况：一是前照灯发光强度偏低，二是前照灯照射位置偏斜。(　　)

(2) 屏幕式前照灯检测仪的测试距离通常为 1 m。(　　)

(3) 自动追踪光轴式前照灯检测仪采用受光器自动追踪光轴的方法检测前照灯发光强度和光轴偏斜量。(　　)

(4) 采用四灯制的机动车其中两只对称的灯达到两灯制的要求时视为合格。(　　)

(5) 在检测前照灯时，只要前照灯的光束照射到前照灯检测仪的受光面上就可实现准确测量。(　　)

(6) 制造质量合格的灯泡，近光调整合格后，远光光束一般也能合格。(　　)

(7) 使用车速表试验台检测车速表时，汽车驶上试验台后应迅速加速。(　　)

(8) 在变速器输出轴转速不变的条件下，汽车行驶速度因轮胎半径的变化而变化。(　　)

(9) 对于常用的双丝灯泡的前照灯，当检测其光束照射位置不符合要求时，应以调整远光光束为主。(　　)

(10) 测试前照灯的远光光束发光强度时，车辆的电源系统应处于充电状态。(　　)

2. 选择题

(1) 检测前照灯发光强度的传感器主要是(　　)。

A. 光电池　　B. 发光二极管　　C. 聚光透镜

(2) 用聚光式前照灯检测仪检测前照灯技术状况时,仪器应放在距前照灯前方(　　)m 处。

A. 0.5　　B. 1.0　　C. 2.0

(3) 用投影式检测仪可检测前照灯的(　　)。

A. 防眩目能力　　B. 使用寿命　　C. 发光强度与光轴偏斜量

(4) 在检验前照灯近光光束照射位置时,近光光束水平方向位置向左偏不允许超过(　　)。

A. 170 mm　　B. 270 mm　　C. 350 mm

(5) 检测车速表时,汽车车速表的指示值达到规定(　　)时,读取试验台速度指示仪表的指示值。

A. 30 km/h　　B. 40 km/h　　C. 50 km/h

(6) 当汽车实际车速为 40 km/h 时,汽车车速表指示值应为(　　)。

A. 36～42 km/h　　B. 33.3～42.1 km/h　　C. 38～48 km/h

(7) 最高设计时速小于 70 km/h 的四灯制汽车,其前照灯远光光束发光强度标准为(　　)cd。

A. 10 000　　B. 8 000　　C. 6 000

(8) 两灯制在用车其发光强度应达到(　　)cd。

A. 15 000　　B. 12 000　　C. 10 000

(9) 以下不属于车速表误差形成原因的是(　　)。

A. 轮胎磨损　　B. 轮胎气压过高　　C. 车速过快

(10) 机动车在检验前照灯的近光光束照射位置时,前照灯在距离屏幕 10 m 处,光束明暗截止线转角或中点的高度应为(　　)(H 为前照灯基准中心高度)。

A. 0.6～0.8H　　B. 0.8～0.9H　　C. 0.85～0.90H

3. 填空题

(1) 前照灯检验仪是按一定测量距离放在被检车对面,用来检验前照灯________和________的专用设备。

(2) 按照前照灯检测仪的结构特征与测量方法不同,常用汽车前照灯检测仪可分为________、________、________和________四种类型。

(3) 车速表误差的形成主要有________和________两方面原因。

(4) 车速表检验台有三种类型:________________,它依靠________旋转;________,它由________旋转;把车速表试验台与制动试验台或底盘测功试验台组合在一起的综合型。

(5) 四灯制前照灯其远光单光束灯的调整,要求在屏幕上光束中心离地高度为________,水平位置要求左灯向左偏不得大于________,向右偏不得大于________;右灯向左或向右偏均不得大于 170 mm。

4. 问答题

(1) 为什么要对前照灯进行检测?

(2) 若左右前照灯发光强度均偏低,应如何检修?

(3) 汽车前照灯近光光束偏移量的检测标准是什么?

(4) 车速表误差的形成原因有哪些?

(5) 为什么要检测汽车车速表?

参考文献

[1] 廖忠诚.汽车检测技术[M].北京：化学工业出版社，2009.
[2] 仇雅莉.汽车整车性能与检测[M].北京：机械工业出版社，2010.
[3] 但佳璧.汽车性能检测与设备[M].北京：人民邮电出版社，2009.
[4] 中国汽车维修行业协会.车辆技术评估(模块H)[M].北京：人民交通出版社，2008.
[5] 邹小明.汽车检测诊断技术[M].北京：人民交通出版社，2006.
[6] 郭彬.汽车使用性能与检测技术[M].西安：西安电子科技大学出版社，2007.
[7] 张爱民.汽车性能检测与评价[M].北京：人民邮电出版社，2009.
[8] 李玉柱.汽车检测与故障诊断技术[M].北京：冶金工业出版社，2009.
[9] 沈辉，徐礼超.汽车检测技术实验教程[M].北京：中国电力出版社，2007.
[10] 李雷.实施汽车检测作业[M].北京：机械工业出版社，2010.
[11] 陈焕江.汽车检测与诊断：上册[M].北京：机械工业出版社，2007.
[12] 常健.汽车使用性能与仪器设备[M].上海：上海科学技术出版社，2007.
[13] 余志生.汽车理论[M].5版.北京：机械工业出版社，2009.
[14] 曹红兵.汽车理论[M].北京：机械工业出版社，2007.
[15] 王海林，迟瑞娟.汽车运用技术[M].北京：北京理工大学出版社，2007.
[16] 娄云.汽车性能与使用技术[M].北京：机械工业出版社，2009.
[17] 赵英勋.汽车运用技术[M].北京：机械工业出版社，2009.
[18] 夏长明.现代汽车维护与保养[M].北京：机械工业出版社，2010.
[19] 徐志军.汽车性能与使用[M].北京：化学工业出版社，2010.